Épreuve de français/philosophie
Prépas scientifiques
Concours 2024-2025

W0410181

Faire croire
en 22 dissertations

Pierre Choderlos de Laclos, *Les Liaisons dangereuses*
Alfred de Musset, *Lorenzaccio*
Hannah Arendt, « Du mensonge en politique » (*Du Mensonge à la violence*) et « Vérité et politique » (chapitre VII, *La Crise de la culture*)

Direction
Sophie Rochefort-Guillouet et Dalie Farah

Patrice Begnana
Audrey Blind
Adrien Bordais
Brahim Boumeshouli
Michel Delattre
Lahoucine El Merabet
Nadège Goldstein
Valentin Grimaud
Philippe Henry
Mustapha Jbilou
Laurence Lecarpentier
Milène Moris
Vincent Puymoyen
Julie Reynaud

ellipses

ISBN 9782340-077881

8/10 rue la Quintinie 75015 Paris

www.editions-ellipses.fr

Sommaire

Introduction

SOPHIE ROCHEFORT-GUILLOUET

Cet ouvrage est destiné aux élèves des Classes Préparatoires aux Grandes Écoles Scientifiques. Il s'agit d'un recueil de 22 dissertations rédigées sur le thème *faire croire*, selon le modèle de celles qu'ils seront appelés à composer, en Lettres-Philosophie, au moment des concours. Cette année, un romancier épistolaire, un poète dramaturge et une philosophe conjuguent leurs approches autour d'un sujet complexe : *Faire croire*. Les trois œuvres au programme, pour aborder le thème choisi, sont les ***Liaisons dangereuses*** de **Laclos**, ***Lorenzaccio*** de **Musset** et des extraits de l'œuvre d'**Hannah Arendt** (***Du mensonge à la violence*** et ***La crise de la culture***).

Faire croire… on songe volontiers au dialogue de sourds entre Alceste et Philinte chez Molière, entre un misanthrope assumé qui revendique une honnêteté absolue au risque de s'exclure du cercle de ses semblables et un brave homme, dont le nom renvoie d'ailleurs étymologiquement à l'idée d'amitié, qui pense qu'un peu d'aimable dissimulation permet aux rapports humains de conserver leur harmonie. *Dissimuler, feindre, paraître*, nous ne sommes pas loin de *manipuler*. Chez Laclos, Madame de Merteuil et Monsieur de Valmont portent ce jeu de dupes au niveau d'un des Beaux-Arts. Lorenzo a si bien intégré le personnage de roué, qu'il endosse pour mener à bien son projet d'assassinat du Duc Alexandre, que cette personnalité d'emprunt finira par le dévorer, comme une nouvelle tunique de Nessus. Quant à Hannah Arendt, elle dissèque la maestria des gouvernants nazis pour couvrir leurs crimes et met à nu les rouges bien huilés de la propagande. Du masque dont se pare le séducteur ou l'intriguant pour parvenir à ses fins, on passe aisément à la communication de masse, d'État ou d'entreprise, qui oriente les opinions en laissant au message l'apparence de la vérité. *La fabrique du consentement* (*Manufacturing consent*, Walter Lippmann, 1922 ; Noam Chomsky et Edward Herman, 1988), dans ses deux versions successives, analyse en ce sens la créativité du pouvoir pour *faire croire*.

Que nous dit ce thème aujourd'hui ? Nous avons dépassé le stade où on se contentait d'effacer à la main, sur les négatifs des photos officielles, le visage des personnalités tombées en disgrâce. *Deep fake* nous permet désormais de fabriquer de faux discours qu'on ne peut quasiment plus distinguer des vrais tant le travail numérique de l'image et de la voix rende crédible la désinformation.

Les dissertations de ce recueil sont précédées d'une méthodologie pratique, permettant aux étudiants d'acquérir la technique de cet exercice réputé, à juste titre, difficile. Les sujets – traités ensuite *in extenso* – se présentent sous la forme d'une phrase, d'une citation, suivie d'une question qui invite à une analyse plurielle et sollicitant les trois œuvres. Les références aux textes du programme proposent un éclairage croisé et fournissent la matière nécessaire pour formuler une problématique et ce, avant de construire pas à pas une dissertation. Le choix a d'ailleurs été fait de conserver le plan apparent dans les dissertations rédigées afin de guider l'approche.

La première étape pour les candidats aux concours est une lecture estivale méthodique des œuvres. Il convient en effet de commencer tôt à réfléchir de façon documentée et pertinente au thème de l'année. Pour nourrir la réflexion, on trouvera également en fin d'ouvrage une fiche d'analyse de quelques films emblématiques sur ce thème de *faire croire*, si riche sur grand écran, comme en témoignant les différentes adaptations cinématographiques du roman de Laclos.

Concluons avec Ulysse, cet *Ulysse aux ruses nombreuses* (dans la traduction nouvelle de Philippe Brunet), le modèle des menteurs, ou plutôt le héros le plus créatif qui soit avec la vérité. Il ment sur son identité au cyclope Polyphème pour sauver sa vie, il ment à ses proches pour tester leur sincérité, il fabule/affabule devant Athéna elle-même qui l'approche sous les traits d'un jeune pâtre, se prétendant marchand, crétois de surcroît… avant que L'épiphanie divine lui révèle la vanité de ses discours. Ulysse *fait croire*, il invente en permanence son histoire et nous rappelle que le jeu d'un acteur est d'autant plus crédible que l'auditoire est conquis par son verbe. La parole d'Ulysse est cependant d'or lorsqu'il dit enfin à ses auditeurs la vérité de ses souffrances et de ses espoirs.

« Méthodes » et techniques de la dissertation

DALIE FARAH

Comme professeure j'ai longtemps enseigné des méthodes, comme écrivaine, je n'en ai jamais eu aucune. Penser, écrire, ne procèdent pas d'une démarche raisonnée qui ressemblerait au montage d'un meuble suédois. À vrai dire, je voudrais vous transmettre ici plus qu'une méthode, j'aimerais que vous trouviez une manière, une posture qui vous sera propre et sera renforcée par les conseils que vous lirez. Aucun esprit ne se ressemble et s'il y a *méthode* il y a celle que l'on trouve pour soi, mais il y a *technique et art* car l'écriture est un artisanat, on apprend à écrire en écrivant.

Le chemin entre la dissertation et vous est un chemin personnel, unique. Il s'agit de vous donner des points d'appui, mais ce sera à vous de construire votre parcours selon le sujet proposé et vos connaissances sur les œuvres. **Croire en une méthodologie magique et procédurale (comme une recette de cuisine), c'est nier sa propre puissance intuitive et sa capacité à créer du sens**. L'intelligence n'est pas l'apanage de ceux qui ont toujours eu des bonnes notes à l'école, il y a une intelligence que l'on développe peu parce qu'on ne la reconnaît pas en soi, c'est l'intuition qui permet par la déduction et la synthèse de données de résoudre des problèmes philosophiques et littéraires.

Bien sûr, il y a **des étapes techniques nécessaires**, il y a **des savoirs savants nécessaires**, il y a aussi des attentes précises. Mais ce qui fait une bonne dissertation c'est le désir d'écrire une **démonstration**, le désir de comprendre une problématique et de l'explorer ; cela passe par des prises de conscience et des exercices. Cet ouvrage vous permettra les deux et veut vous rendre capable de rédiger avec aisance – et donc plaisir- une dissertation académique.

Dans cette optique nous procéderons par questionnement : **se poser les bonnes questions et y répondre de manière progressive, c'est la meilleure manière d'aboutir**. Mes réponses seront pratiques et concrètes et je vous proposerai des exercices d'entraînement sur un sujet précis relié au thème au programme « Faire croire ».

Le thème de cette année sera passionnant à plusieurs titres, au cœur du présent et du passé, au cœur de la philosophie et de la littérature, vous aurez à réfléchir à l'illusion, au mensonge, à la vérité… Les œuvres au programme proposent une expérience exigeante mais d'une grande richesse : il sera question d'amour, de séduction, de sexe, de manipulation, de politique, de documents secrets, véritable *escape game* littéraire et philosophique.

I. La dissertation comparée français-philosophie, qu'est-ce que c'est ?

En première année, l'exercice est inédit pour tout le monde, ce qui est finalement une bonne chose : vous n'avez aucun mauvais réflexe, vous pouvez apprendre avec plus de légèreté et de rigueur. Pour aborder cette épreuve, il faut donc envisager la dissertation comme un exercice scientifique malgré sa teneur philosophique et littéraire.

Vous avez trois œuvres au programme. Ces œuvres constituent des données (idées, exemples, citations, personnages, analyses). Vous avez ensuite un sujet de dissertation, la plupart du temps sous la forme d'une citation. Ce sujet s'apparente à un algorithme dont il faut comprendre la logique pour s'assurer dans quelle mesure il est applicable aux données. Dans cette citation, **on cherchera le paradoxe, c'est-à-dire la question posée par l'apparente contradiction des données**. Parfois le paradoxe est « fourni », il est explicite, d'autres fois, il faut le déduire. **En somme, la citation pose un problème qu'il faut résoudre non avec des réponses mais avec un questionnement pertinent**.

Dès lors, il s'agira de considérer la problématique en comparant son effet sur les différentes œuvres. Cette année, les œuvres sont homogènes dans leur thème et hétérogènes dans leur forme : un roman épistolaire du XVIIIe siècle, un drame du XIXe et deux essais du XXe siècle.

C'est un magnifique programme, la langue de Musset et de Laclos sont un vrai régal, mais sans doute peu communes pour vous. Il vous faudra faire l'effort de vous y plonger, vous en serez récompensés. Même si souvent l'œuvre philosophique sert d'assise à la réflexion globale et les œuvres de fiction sont un peu comme des modélisations expérimentales, dans ce programme l'on pourra puiser dans les trois œuvres pour réfléchir au thème car les trois auteurs possèdent une approche analytique.

Enfin, le programme va permettre une forme d'illustration du thème mais il faudra reconstituer la logique des œuvres. *Les Liaisons dangereuses*, roman épistolaire très connu, est construit dans une tension à la fois psychologique et narrative ; *Lorenzaccio*, est un drame copieux, où les péripéties amoureuses et politiques se multiplient ; « Du mensonge en politique » est un essai, tandis que « Vérité et politique » est un chapitre dans l'ouvrage philosophique *La Crise de la culture*.

L'enjeu d'une dissertation comparée est de chercher des parentés entre des ouvrages proches malgré leurs différences. Vous, étudiants de classes préparatoires, vous allez être des passeurs entre des auteurs qui ne se sont jamais rencontrés. Cette année, ce sera plutôt facile de relier Musset et Laclos, à un siècle près, ils évoquent une jeunesse aux prises avec les mensonges et les pièges de la société ; il faudra aussi et vous vous en amuserez j'espère, relier le « faire croire » du Pentagone au sujet de la guerre du Vietnam évoquée par Arendt et le « faire croire » des personnages de la pièce et du roman.

II. Comment se préparer à la dissertation ?

- **La première étape, essentielle, vitale, c'est la lecture attentive des œuvres. Une lecture estivale est primordiale.** Il faut anticiper les cours, c'est le secret de celles et ceux qui veulent maintenir un rythme de travail régulier en classe préparatoire. Lire attentivement, c'est chercher le sens d'une œuvre à travers un thème mais aussi à travers son expérience de lecture. Vous aimez un passage ? Surlignez-le. Une citation vous étonne, repérez-la. Un autre passage vous semble obscur ? Notez-le. Il sera temps en cours d'année de tirer parti de cette lecture active. Toutes les lectures passives finissent dans l'oubli comme le souvenir d'une journée ordinaire. Quand vous lisez, ne consommez pas les mots, interrogez-les. Faites des relevés subjectifs. Listez des lieux, des personnages, des citations. Fabriquez vos propres données, votre mémoire personnelle. Cela peut paraître fastidieux mais sachez que ce sera déterminant et précieux toute l'année.
- **Puis, le cours du professeur viendra donner sens à vos données, vos notes,** il vous permettra de prendre du recul et de considérer la question au programme dans une perspective à la fois philosophique et littéraire. Tâchez de relire régulièrement vos citations, vos impressions de lecture et celles du cours qui vont se structurer et vous appartenir en propre. Faites des schémas, relevez des citations, réalisez votre propre florilège. J'ai l'habitude de dire à mes étudiants que les personnages et même les auteurs doivent devenir leurs amis. Des amis proches, ceux dont on connaît les véritables défauts et les authentiques qualités. Ceux dont on connaît les douleurs et les joies, les désirs et les peurs. Bref, soyez au plus près de vos textes et vous aurez toutes les chances de pouvoir les analyser.
- **Ensuite, la dernière étape, c'est la pratique de la dissertation**. C'est là que le volume que vous avez entre les mains va pouvoir intervenir.

Nous allons procéder par strate, en suivant une chronologie essentielle à la bonne compréhension des attentes de l'épreuve du concours. Dans un premier temps, lisez attentivement dans l'ordre ce que je vous propose. Puis dans le courant de l'année, en fonction de vos réussites et de vos difficultés, reconsidérez-le/les questions qui vous posent encore problème. Entraînez-vous sur les sujets proposés. Apprenez à travailler en temps limité.

III. Quel est l'objectif d'une dissertation ?

1. Ce que n'est pas une dissertation

Une dissertation, ce n'est pas

× Une récitation de cours même s'il y a des liens entre les deux…

× Un long/court bavardage philosophique sur ce que l'on pense ou pas du sujet.

× Une liste d'exemples des œuvres.

× Un exposé en trois parties, en consacrant une œuvre par partie.

× Le commentaire de la citation du sujet (que l'on découpe en deux ou trois morceaux) et auquel on ajoute quelques références aux œuvres.

× Une liste de citations interrompue de bavardage.

× Un petit peu de tout ça.

× Ces erreurs-là mènent à une note qui ne vous plaira pas….

Que doit-on faire dans une dissertation ? J'y arrive…

2. Démonstration *versus* association d'idées

✓ Une dissertation doit développer une **démonstration**.

✓ Il faut même la penser comme un parcours. Vous partez d'un point A (la question posée) pour aller vers un point B (des réponses données). De manière progressive et raisonnée.

✓ Démontrer nécessite de mettre en relation des concepts (issus des œuvres et du cours), d'associer des exemples, des idées.

✓ Pourtant ce qui fait la force et la précision d'une démonstration, c'est bien le mouvement réfléchi (porté par un plan) d'une pensée qui cherche à élucider la véracité, la réalité, la justesse d'une citation dans le cadre d'un programme.

Tous les sujets sont accompagnés de ce type de formule : « Dans quelle mesure ces propos éclairent-ils votre lecture des œuvres inscrites au programme ? » ou encore « Vous évaluerez la pertinence de ce jugement à la lumière des œuvres au programme. »

✓ Vous mettez en lumière la problématique.

✓ Vous vérifiez « la pertinence » de cette problématique dans les œuvres qui sont au programme.

✓ Puis, vous présentez vos conclusions dans un développement organisé qui permet à votre lecteur de vous suivre depuis un point A (introduction) jusqu'à un point B (conclusion).

3. L'importance du brouillon

Le brouillon est souvent négligé, rapide, non structuré comme si le terme même de « brouillon » signifiait qu'il n'a aucune valeur. C'est une grave erreur. L**e brouillon c'est le plus important, les écrits et pensées intermédiaires feront la qualité de l'exercice finalisé**. Vouloir vite écrire, vite faire un plan, vite conclure, c'est vouloir vite échouer. Donc, on vous donne un sujet, vous prenez une feuille de brouillon et vous **recopiez** sur l'espace de la feuille en laissant des marges pour pouvoir le commenter et l'annoter. Vous recopiez **toujours** le sujet sur une feuille à part pour l'analyser, même s'il est long, même s'il est court, même s'il est facile, même s'il est difficile, même si… tout ce que vous voulez. En le recopiant, on essaie de le mettre en page en fonction de la syntaxe, on pose le sujet, on le regarde dans les yeux, calmement, on prend un stylo, un crayon, on ne le quitte pas des yeux ; on laisse venir ses pensées, ses intuitions, on est prêt.

Parce qu'apprendre à écrire ne consiste pas à suivre des commandements abstraits qu'on appelle méthode qui sous-entend que tout le monde fonctionne de la même manière, voyons ensemble avec un sujet bien concret comment vous pouvez réaliser un exercice académique en gardant votre singularité, nous allons travailler une citation qui pourrait tout à fait être un sujet de concours.

SUJET DE TRAVAIL

« Tout le monde ment. Bien mentir, voilà ce qu'il faut. » fait dire Albert Camus à Stepan dans sa pièce de théâtre *Les Justes*. Vous évaluerez la pertinence de cette affirmation à la lumière du thème et des œuvres au programme.

« Tout le monde ment.

Bien mentir,

voilà ce qu'il faut.»

La disposition sur la feuille permet d'avoir un début d'analyse fondé sur la syntaxe (l'ordre des mots et la structure de la phrase.) Ici l'on va aligner trois moments de la citation. Une affirmation qui va être complétée par une précision au sujet du mensonge. Ensuite, l'on va mettre en valeur les termes importants et surtout LEURS LIENS.

« Tout le monde ment.

Bien mentir,

voilà ce *qu'il faut*.»

Cette pratique, peut paraître anecdotique, voire inutile mais elle est une garantie de ne rien n'oublier, de ne pas extrapoler et d'avoir une première approche. Il faut prendre son temps et ainsi on évite les contresens et les oublis !

C'est une étape primordiale, si vous l'évitez, vous donnez plus de probabilités d'échec à votre travail, à vous de voir !

IV. Que faire à la lecture du sujet ?

Après avoir repéré la structure générale de la phrase, il faut en comprendre la logique pour laisser émerger la thèse de l'auteur, c'est-à-dire la pensée concentrée dans cette citation. La citation, c'est comme un slogan publicitaire ou un vers de poésie, c'est un type de déclaration qui est presque toujours fondée sur une ou plusieurs figures de style, et qui dans une formulation condensée va proposer un conflit (souvent appelé paradoxe) entre plusieurs concepts. **La lecture doit chercher ce conflit**, elle doit le chercher en s'appuyant sur la structure syntaxique, l'usage du lexique. Il faut remobiliser des connaissances de collège et de lycée sur la **cohésion** de la phrase (s'il n'y a qu'une phrase) et de la **cohérence** d'un passage (s'il y a plusieurs phrases). L'ordre des mots, l'ordre des phrases ne sont pas aléatoires, il faut s'entraîner à en chercher la logique en analysant les choix d'écriture pour en déduire une pensée. L'objectif est d'être capable après analyse de formuler une assertion du type : « l'auteur pense que… » Ici le conflit tient à l'éloge du mensonge, une forme d'encouragement à mentir alors que la morale le réprouve.

1. Analyse

Dans la citation que nous avons choisie, on complète le brouillon en interprétant les mots. Si le devoir est à faire à la maison on consulte un dictionnaire, son cours, les notions vues en classe. Mon site fétiche pour les définitions, c'est celui-ci : https://www.cnrtl.fr/. Voilà ce que cela peut donner pour la citation qui nous occupe.

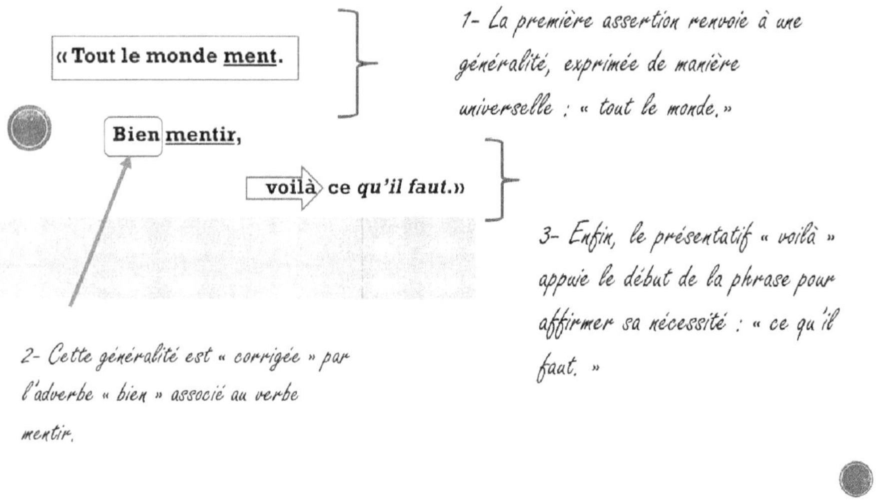

Évidemment, plus vous avancerez dans l'année, plus votre capacité d'élucidation sera précise et rapide. Quand vous aurez lu les œuvres, il est probable que de multiples idées vous viennent à l'esprit, notez-les sur une feuille à part, ce seront des outils pour construire votre plan… On sous-estime souvent la puissance de l'intuition qui n'est finalement qu'un mécanisme naturel de la pensée.

Vos capacités intuitives se développeront grâce à la pratique et surtout grâce à une habitude très simple : **faites confiance aux premières idées qui vous passent par la tête**. Oui, je suis très sérieuse ! Nourri deux heures par semaine par le cours de votre enseignant, nourri de vos lectures, des exercices, vous êtes riche d'une matière qui surgit avec justesse, **encore faut-il apprendre à la laisser venir. L'intuition a besoin de liberté, de confiance, et elle nourrit aussi la confiance en soi, en sa puissance de pensée**.

2. Reformulation et thèse

Après avoir analysé la citation, il faut nécessairement passer par une étape de reformulation, c'est-à-dire présenter la thèse de l'auteur de manière à fixer un point de départ pour votre réflexion. Prenez l'habitude de la formuler sous la forme suivante :

- L'auteur pense que…
- L'auteur affirme que…
- L'auteur définit…, etc.

En reformulant la thèse, on se détache de la syntaxe pour faire apparaître la pensée de l'auteur de manière simple et accessible. Cela tient en une ou deux phrases. Cette étape est cruciale. Une dissertation réussie c'est **un désir de cohérence**, **un désir de relier sans tricher**, sans craindre, sans manipuler la citation.

Pour proposer une formulation juste qui vous protège de tout hors-sujet, il faut appliquer plusieurs principes :

- Règle N° 1 : **rien ne se perd** (on n'enlève aucun concept présent dans la citation)
- Règle N° 2 : **rien ne s'ajoute** (on n'apporte aucun concept absent de la citation)
- Règle N°3 : **on hiérarchise les idées de la citation** (tous les mots ou propositions n'ont pas la même valeur)

Pour cela ne négligez pas une ressource vitale : le bon sens.

Évidemment, cela demande plusieurs essais pour réussir à manier ces règles, entraînez-vous avec les sujets présents dans cet ouvrage et ceux donnés par votre enseignant. Pour notre sujet, cela donnerait ceci :

Pour Stepan, personnage d'Albert Camus, le mensonge est universel, ce qui importe c'est de bien le pratiquer.

Ici, il y a une « petite » difficulté, le thème « faire croire » n'apparaît pas directement, il faudra absolument faire le lien avec lui à partir de la citation. Ce sera courant avec ce thème qui renvoie à plusieurs concepts philosophiques différents. (Attention aussi de distinguer en littérature la « pensée » de l'auteur et celle d'un personnage qui ne se confondent que rarement.)

3. Ce qu'il ne faut pas faire : quelques exemples

Pour vous montrer les erreurs **à éviter, voici quelques exemples À NE PAS SUIVRE !** Une thèse mal formulée, c'est le hors-sujet quasi assuré… Pardonnez-moi, les thèses un peu caricaturales sur ce sujet.

✕ Pour Stepan, le mensonge est nécessaire.	**La règle n° 1** *n'est pas respectée et* **la règle n° 3** *non plus. Le hors-sujet pointe son nez.*
✕ Pour Stepan, il faut mentir à tout le monde.	**La règle n° 1** *n'est pas respectée et amène à une généralisation excessive. Le sujet ne sera pas traité avec précision.*
✕ Pour Stepan, les bons menteurs sont ceux qui mentent à tout le monde.	**La règle n° 2** *n'est pas respectée et amène à une présentation partielle et erronée du sujet car l'auteur ne propose pas pas de mentir à tout le monde. Le hors-sujet est possible.*
✕ Pour Stepan, il faut qu'il y ait plus de menteurs.	*Là, ce sont* **les trois règles** *qui ne sont pas respectées. La thèse est partielle, et mauvaise hiérarchisation amène à un contresens généralisant. Le hors-sujet est plus que probable.*

DONC Il ne faut pas :

- **ajouter,**
- **retrancher,**
- **modifier l'ordre et la logique**

que vous avez repérés dans votre analyse.

V. Comment trouve-t-on une problématique ?

La problématique,
pose un problème,
sous-tend un paradoxe, c'est-à-dire

une apparente contradiction, elle-même présente dans la thèse de l'auteur.
Il suffit alors d'interroger...cette thèse.

UNE PROBLEMATIQUE NE SE TROUVE PAS, ELLE SE DEDUIT.

Il est courant de voir un étudiant se jeter avec angoisse sur une citation pour en extraire comme un alchimiste fou une problématique en or dissimulée dans une citation faite de boue. Cela n'a pas de sens ; pas plus que ceux qui observent leur phrase, sidérés par une formule comme un lapin de Pâques ébloui par les phares d'une voiture...

Si vous avez procédé avec méthode en suivant les étapes précédentes en respectant le « protocole intuitif et déductif » et les règles de cohérence, la problématique apparaît comme l'aboutissement de ce processus, c'est une simple posture logique. La problématique, pose un problème, lui-même présent dans la thèse de l'auteur. Ce problème c'est le paradoxe de la thèse que chaque concepteur de sujet s'oblige à glisser dans la formulation de la citation. **Donc pas de farfadets ni de licornes, pas de mystères mystiques : DE LA LOGIQUE ET DU BON-SENS.**

1. Interroger la thèse

Interroger la thèse consiste à mettre **en question** la thèse.

- Pour déduire une problématique, il faut mettre à jour un conflit, un paradoxe dans la citation.
- La thèse rend compte
  - ✓ D'une définition paradoxale
  - ✓ D'une relation paradoxale
  - ✓ D'un processus paradoxal

Le Larousse définit le paradoxe comme une opinion contraire à « l'opinion admise », et dans un second sens comme des faits, des éléments qui semblent « défier la logique parce qu'ils présentent des aspects contradictoires. »

Par exemple, dans la citation de Camus, il y a plusieurs possibilités.

RAPPEL DE LA THÈSE

Pour Stepan, personnage d'Albert Camus, le mensonge est universel, ce qui importe c'est de bien le pratiquer.

PROBLÉMATIQUES POSSIBLES

- **Sous forme d'une question totale** (c'est-à-dire une question à laquelle on répond par oui ou par non) :

Stepan a-t-il raison de constater l'universalité du mensonge pour exiger la maîtrise du « faire croire » ?

→ Le mensonge est-il universel ? Nécessite-t-il une maîtrise ?

- **Sous forme de question partielle** : (c'est-à-dire avec un mot interrogatif)

Dans quelle mesure Stepan a-t-il raison de constater l'universalité du mensonge pour exiger la maîtrise du « faire croire » ?

→ En quoi le mensonge est-il universel ? Nécessite-t-il une maîtrise ?

Les questions partielles permettent un approfondissement de la thèse dans la construction même du plan. Se demander « **pourquoi** », « **comment** », « **dans quelle mesure** » et « **en quoi** » une thèse est juste, cela offre l'avantage de la nuance. Quand le sujet se présente comme l'explication d'un mécanisme, les questions partielles deviennent nécessaires.

- **Sous forme de plusieurs questions :**

Doit-on s'accorder avec Stepan pour affirmer l'universalité du mensonge ? Doit-on alors simplement maîtriser l'art de bien mentir ?

Quand la problématique offre deux ou trois temps de réflexions, mieux vaut plusieurs questions qu'une question fourre-tout sans queue ni tête. **En somme, plus les formulations sont simples, plus vous comprenez ce que vous écrivez, plus vous avez de chances d'être… compris.**

De cette manière, le HORS-SUJET est impossible !

2. Qu'est- ce qu'une mauvaise problématique ? (Au cas où…)

Qu'est-ce qu'une BONNE problématique ?

Une/deux question(s) qui interrogent DIRECTEMENT la thèse de l'auteur.

Qu'est-ce qu'une MAUVAISE problématique ?
TOUTES LES AUTRES.

Pour vous montrer les possibles erreurs, voici quelques… mauvais exemples classés selon la gravité croissante des erreurs :

× *Une question trop restrictive qui n'aborde qu'une partie du sujet (qui n'est pas hors-sujet et ne disqualifie pas le candidat)*	Mentir est-il universel ?
× *Une question trop générale qui certes englobe le sujet mais ne permet pas de le traiter directement. (Dangereuse car va perdre de vue le sujet)*	Faut-il choisir le mensonge plutôt que la vérité ?
× *Une question qui prend les mots du sujet au hasard, ou même un seul mot ou pas de mot du tout. (Approche très partielle qui amène au hors-sujet)*	Bien mentir est-il normal ?
× *Une question qui n'a pas de sens et reprend les mots du sujet dans le désordre.*	Doit-on penser que mentir « comme tout le monde » est une bonne chose ?
× *Une question décalée et trop éloignée de la thèse.*	Faut-il mentir devant tout le monde ?

VI. Comment trouve-t-on un plan ?

Il suffit de répondre à la question que vous avez vous-même posée !

Souvent les étudiants paniquent et se demandent comment trouver un plan. Il ne s'agit toujours pas de vous transformer en détective, en extra-lucide, en médium ou d'avoir des supers pouvoirs ; pas question non plus de croire que seuls les étudiants « bons » en français ou en philosophie au lycée sont les seuls « élus » qui peuvent accéder à la problématique et au plan suprêmes…

La problématique, comme vous l'avez vu dépend de votre technique d'analyse, de votre bon sens, et de votre rigueur. Et en tant que scientifique, futurs ingénieurs, devinez quoi ? Ce sont des qualités que vous possédez. En plus ou moins grande quantité, je vous l'accorde… Mais en quantité suffisante pour acquérir une aisance dans la construction des plans de dissertation. Je vais le redire ici, dès lors que vous avez lu les œuvres et/ou que vous en avez une connaissance précise, que vous suivez les cours de votre enseignant, **l'épreuve du concours vous est accessible par une approche intuitive ET rigoureuse**.

Nous avons donc déjà montré que la problématique est DÉDUITE d'un sujet par le biais d'une analyse lexicale et analytique qui établit la thèse de l'auteur.

Il en est de même avec le plan.

Le plan est une réponse directe à la problématique posée. La formulation du plan doit DECOULER de la formulation de la problématique.

✓ON NE « TROUVE » PAS UN PLAN.
✓ON LE <u>DEDUIT</u>

1. Le plan dialectique

Le plan va **dépendre** de la problématique, il faut le penser comme une **RÉPONSE** et non comme un programme ou un exposé. **Vous devez rédiger une démonstration et non une description**.

On conseille l'usage du plan dialectique, le fameux thèse/antithèse/synthèse qui correspond plutôt à ceci :

I. Première partie

Démonstration *partielle* ou *totale* de la thèse de l'auteur

II. Deuxième partie :

Contradiction *partielle* de la thèse de l'auteur

III. Troisième partie

Dépassement de la contradiction des deux premières parties

Concrètement, à quoi cela peut-il correspondre ? Nous allons choisir trois problématiques formulées différemment. Vous observerez comment les formulations des parties **épousent scrupuleusement** celles des problématiques. Malgré la proximité des questions, les plans peuvent différer et traiter le sujet. Les dernières parties offrent des dépassements qui varient selon l'orientation de la problématique. Il y a toujours plusieurs possibilités. **Le tout est de rester cohérent.**

<table>
<tr><td>Exemple 1 : Doit-on s'accorder avec Stepan pour affirmer l'universalité du mensonge et s'intéresser à l'art de « bien mentir » ?

QUESTION TOTALE</td><td>I. Certes, les œuvres au programme nous amènent à considérer le mensonge comme universel, et sa pratique comme un art.
II. Pour autant, ce n'est pas une pratique universellement désirée et désirable.
III. Dès lors, la question ne serait-elle pas de considérer la place de l'art du « faire croire » dans le monde ?</td></tr>
<tr><td colspan="2">✔ La question totale amène à formuler par une thèse qui englobe les deux angles du sujet : l'universalité du mensonge et sa pratique quasi artistique. L'antithèse, amène à poser le paradoxe, à opposer à la thèse un angle contradictoire. Enfin, la « synthèse » offre l'angle mort du paradoxe proposé.</td></tr>
<tr><td>Exemple 2 : Dans quelle mesure Stepan a-t-il raison de constater l'universalité du mensonge pour exiger la maîtrise du « faire croire » ?

QUESTION PARTIELLE</td><td>I. Certes, mentir est universel et seul compte alors l'art de « faire croire ».
II. Pour autant, cet art et cette pratique ne sont pas désirés par tous.
III. Dès lors, comment résoudre l'équilibre entre vérité et mensonge dans la société ?</td></tr>
<tr><td colspan="2">✔ Ici encore, la formulation de la problématique induit la formulation de la thèse : reprise de la notion d'art et du thème au programme : « faire croire ». L'antithèse est l'angle de contradiction de cette thèse-là (différent de la précédente) ; ce qui implique que « l'angle mort » du paradoxe soit différent aussi et s'interroge sur la résolution du paradoxe et la question d'un équilibre du « faire croire ».</td></tr>
<tr><td>Exemple 3 : Stepan a-t-il raison de constater l'universalité du mensonge ? Existe-t-il vraiment un art nécessaire du mensonge ?

PLUSIEURS QUESTIONS</td><td>I. Certes, le mensonge est universel et peut nécessiter d'être maîtrisé.
II. Pour autant, l'art du mensonge peut aussi paraître détestable.
III. Dès lors, comment œuvrer à une société qui aime plus la vérité que le « faire croire » ?</td></tr>
</table>

Ces trois plans fonctionnent sans que l'on puisse dire formellement que l'un est meilleur que l'autre. C'est la réalisation, la rédaction qui feront la différence. Tout plan logique est bon.

Comment vérifier que mon plan est bon ?

En somme, un bon plan répond à notre problématique. Faites le test : lisez la question et le titre des parties, cela doit être logique et fluide et correspondre de manière DIRECTE. L'approche thématique est dangereuse car le plus souvent elle empêche l'analyse et s'en tient à une description superficielle.

PS. Lorsque le sujet est particulièrement paradoxal, on peut commencer dans la première partie par contredire la thèse de l'auteur, puis dans une seconde, montrer dans quelles conditions elle peut être éventuellement valable, enfin dans la dernière partie, envisager une question plus centrale par rapport aux œuvres et moins caricaturale que l'opposition marquée par le sujet de dissertation. Mais ce type de plan est rare.

VII. Comment trouve-t-on la troisième partie ?

Les deux premières parties **découlent** de la problématique qui **découle** de la thèse qui **découle** de l'analyse du sujet. La troisième partie a pour objectif de dépasser l'opposition. Quand on a dit ça – et je suis sûre qu'on vous l'a déjà dit – on n'a rien dit du tout. Parce qu'il faut avouer que cette troisième partie ne se présente pas tout de suite avec son tutu rose prête à entamer un solo du Lac des Cygnes. Il faut de la pratique pour la trouver ; la métaphore que j'utilise est celle de « **l'angle mort** ». L'angle mort est une zone inaccessible au champ de vision direct, on doit opérer un mouvement de tête ou utiliser un miroir. Je vous vois soupirer, tortiller la tête et penser, mais oui, bien sûr… **Lorsque vous avez compris qu'un sujet présente un paradoxe, une interrogation ambivalente, il vous faut penser votre troisième partie comme un angle qui n'est pas visible lorsqu'on se concentre sur l'opposition.**

Que veut dire dépasser l'opposition ?

→ C'est **renoncer au paradoxe** proposé par le sujet

→ C'est **envisager un autre angle.**

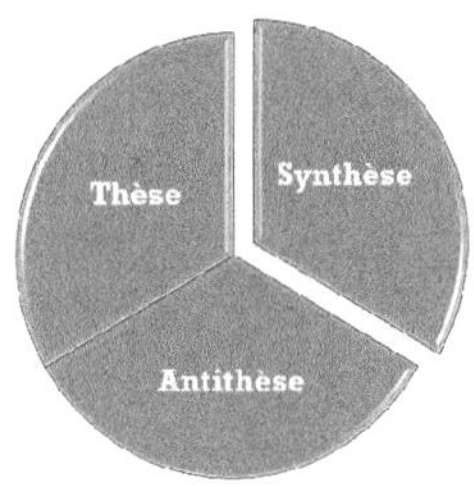

Pour le sujet qui nous occupe, sitôt que l'on aura évalué cette opposition (assez simple) sur l'universalité du mensonge et sa pratique, l'on peut s'interroger sur la manière de considérer le « faire croire » dans une forme d'équilibre social.

Une troisième partie peut

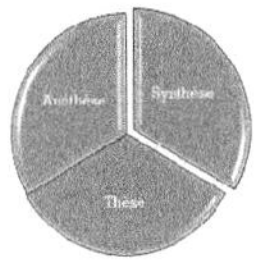

- Penser une cause ou une conséquence de l'opposition
- Chercher à redéfinir ce qu'une opposition ne fait que mettre en vis-à-vis
- Proposer de généraliser un processus perçu dans l'opposition
- Proposer un contrepied à l'opposition trop binaire
- Adosser le paradoxe à la réalité

C'est sortir d'une ornière où s'affrontent deux vérités partielles qui ne s'excluent pas.

Bien sûr, **sans la lecture des œuvres, poser un dépassement est impossible**. Par ailleurs, il est possible que vous tâtonniez au début pour envisager cette troisième partie, c'est normal, soyez patient(e).

VIII. Comment détailler un plan ?

La plupart du temps, les étudiants arrivent à construire un plan en deux (ou trois) parties. Il est plus difficile ensuite de trouver des dissertations où les candidats ont pris soin de subdiviser leur pensée, c'est-à-dire de subdiviser en sous-parties. Prendre soin de construire des sous-parties, c'est se protéger d'un devoir superficiel, généraliste qui, dans le meilleur des cas, ne peut dépasser la note de 8 ou 9 dans certains concours (s'il est parfaitement rédigé et illustré) ou 5 ou 6 dans d'autres.

1. Subdiviser

Pour subdiviser une partie, il faut réfléchir à ce qui la compose ou ce qui l'amène à exister. Parfois ce sont des exemples qui nous amènent à trouver les sous-parties, parfois des éléments du cours, ou encore le plan des autres dissertations réalisées en cours d'année. Il est important, par exemple, de considérer les plans de cet ouvrage. La multiplicité des rédacteurs permettra d'aborder le sujet de manière subjective et diverse. Cherchez à comprendre la logique des plans proposés, interrogez-vous sur le bien-fondé des enchaînements. Une attitude critique et distante est celle du futur scientifique que vous êtes : observez le mécanisme, repérez les forces de réflexion qui ont présidé aux choix des sous-parties.

2. Hiérarchiser

Il est important ensuite de hiérarchiser les sous-parties et de détailler le plan selon les trois principes suivants.

LOI DE COMPOSITIONTHEMATIQUE : Une/plusieurs sous-partie(s) peut/peuvent *composer, détailler, définir, éclairer* l'argument principal de la partie.

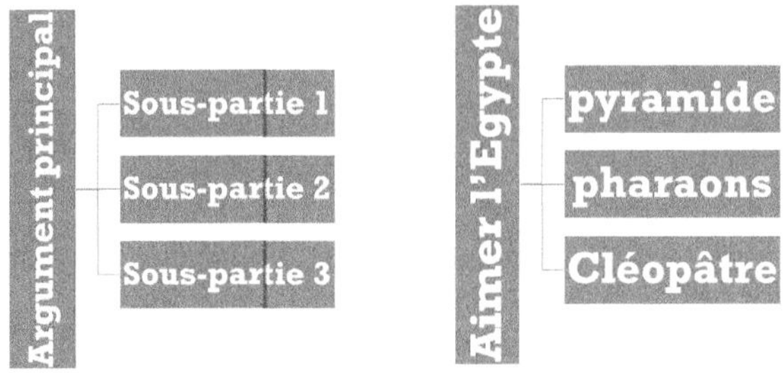

LOI DE PROGRESSION : L'ensemble des sous-parties (2 ou 3) sont *hiérarchisées de manière croissante*. (du moins important au plus important)

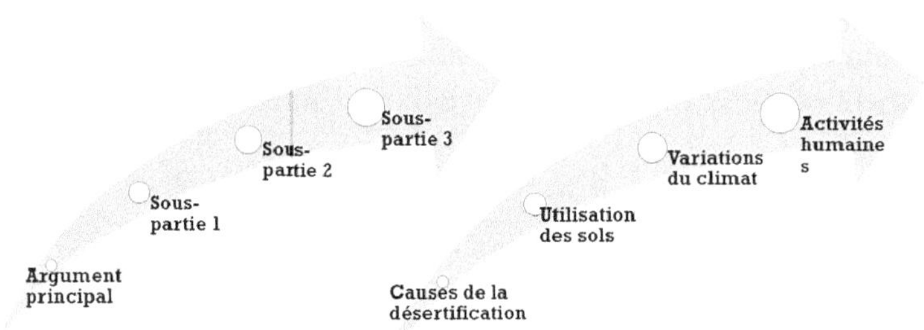

LOI DE DEMONSTRATION : Les sous-parties doivent être conçues comme des *arguments intermédiaires qui démontrent par palier l'argument principal*. (structure en escalier)

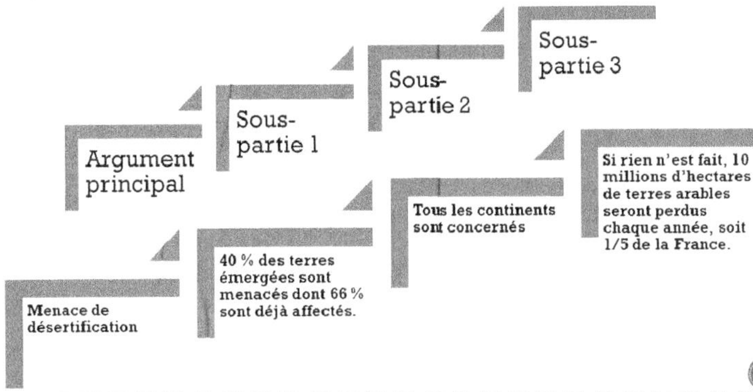

Mais voyons un exemple concret avec notre citation de Camus. Nous allons choisir une des problématiques et le plan afférent. Vous remarquerez que j'utilise et conseille de faire précéder chaque assertion du plan par un connecteur bien particulier : « Certes » qui vient défendre partiellement ou totalement la thèse de la citation ; « Pour autant » qui vient s'opposer à la thèse de manière partielle et « dès lors qui présente la troisième partie qui ouvre le champ de la contradiction du I et du II.

Exemple 1 : Stepan a-t-il raison de constater l'universalité du mensonge et exiger la maîtrise du « faire croire » ?	**I. Certes,** le mensonge paraît universel et exige une maîtrise du « faire croire » **II. Pour autant,** cette nécessité du mensonge n'est pas une valeur commune. **III. Dès lors,** comment le monde peut-il s'aménager entre vérité et mensonge ?

Si nous voulons détailler la première partie, il nous faudra trouver des **arguments intermédiaires** pour montrer l'universalité du mensonge et sa possibilité d'être un art.

I. Certes, le mensonge paraît universel et exige une maîtrise du « faire croire »

1. L'universalité du mensonge
2. L'art de mentir
3. « Faire croire » plutôt que « faire mal »

3. Le rôle des exemples

Sans exemple, il n'y a pas de dissertation. Les exemples choisis dans les œuvres font l'autre moitié de l'argumentation. Vous devez en cours d'année fabriquer vos propres fiches d'exemples à partir de vos lectures estivales mais aussi à partir des ouvrages lus durant l'année, des cours et des exercices réalisés. Plus vos exemples seront **personnels, précis et pertinents,** plus votre argumentation sera de qualité. Rien de plus pénible pour un correcteur qui corrige jusqu'à 500 copies de lire 500 fois le même exemple rebattu, général et passe-partout…

Chaque exemple doit être choisi, et non prétexte à bavardage. Il doit parfaitement correspondre à votre argument, lui aller comme un gant. Par ailleurs, il faut penser à mettre en relation vos exemples. Je conseille d'utiliser un exemple majeur (issu d'une œuvre) qui est développé et ensuite un exemple mineur (issu d'une autre œuvre ou des deux autres) qui lui est adjoint. Il est aussi possible de proposer les trois œuvres pour un même argument majeur. Dans ce cas-là, mieux vaut ne pas surcharger avec un exemple mineur.

On considère comme majeur un exemple particulièrement probant que l'on va analyser en détail, l'exemple mineur corrobore (ou pas) et apporte un éclairage secondaire ou complémentaire.

I. Certes, le mensonge paraît universel et exige une maîtrise du « faire croire »

1. L'universalité du mensonge

Exemple majeur : **LACLOS, *Les Liaisons dangereuses*** : l'épisode de la clé

Exemple mineur : **ARENDT, *La Crise de la culture*** : le lien entre mensonge et politique, lieu commun

2. L'art de mentir

Exemple majeur : **MUSSET, *Lorenzaccio*** : l'art de la séduction, un art du mensonge

Exemple mineur : **ARENDT, *La Crise de la culture*** : le mensonge organisé

3. « Faire croire » plutôt que « faire mal »

Exemple majeur : **LACLOS, *Les Liaisons dangereuses*** : le titre.

Exemple mineur : **ARENDT, *La Crise de la culture*** : le mensonge comme substitut à la violence

LES PRINCIPES ABSOLUS POUR L'UTILISATION DES EXEMPLES

1. Utiliser **toutes les œuvres** dans toutes les parties
2. Choisir ses **exemples** <u>en fonction</u> de **l'argument**
3. **Être précis** dans son exemple (passage précis, détail précis, citation précise.)
4. **Varier** les exemples.
5. Ne pas être allusif, **détailler son exemple** dans la rédaction

IX. Comment redige-t-on une introduction ?

L'introduction, c'est la manière dont vous allez aborder votre lecteur, elle doit être polie, respectueuse et assez solennelle. Choisissez un ton élégant que vous garderez tout au long de la copie, cela n'empêche pas l'humour, mais croyez-moi, une dissertation, c'est comme une soirée VIP : tenue correcte exigée, non pas que vos correcteurs soient guindés, mais il s'avère que l'exercice de dissertation est un exercice guindé malgré tout !

1. Les étapes

LES 4 ETAPES D'UNE INTRODUCTION en 4 PARAGRAPHES

1. Amorce
2. Analyse du sujet et problématisation
3. Problématique
4. Présentation du plan

Chaque paragraphe doit être précédé d'un alinéa, c'est-à-dire un retrait de deux ou trois carreaux.

Idéalement, il faut quatre étapes dans une introduction.

1. **L'AMORCE** : c'est le début, c'est le moment, l'angle qui vous permet de montrer d'emblée que vous avez compris. La réussite d'une amorce dépend d'un premier élément essentiel : elle doit être liée de manière DIRECTE à la thématique du sujet. Pas forcément à sa problématique, mais à sa **thématique**.

Elle peut prendre plusieurs formes :

- Une référence littéraire
- Une référence philosophique
- Une citation (très courte) littéraire ou philosophique
- Une définition littéraire ou philosophique
- Une référence cinématographique
- Une référence picturale etc.

Ensuite, elle doit être brève et permettre non d'étaler des connaissances mais d'amener au sujet avec finesse. Il suffit parfois de prendre un élément dans les œuvres étudiées, dans les dissertations déjà réalisées en cours, ou dans les citations personnelles.

Si vous ne trouvez pas d'amorce, je vous conseille un début « in médias res », c'est-à-dire dans le vif du sujet, plutôt que de commencer à évoquer « l'aube de l'humanité » ou « l'art préhistorique » avant d'en venir au fait. Mieux vaut une amorce directe, juste, pertinente qu'une amorce tordue, maladroite, générale ou absurde.

Par exemple pour notre sujet, il faut faire le lien entre le mensonge et « faire croire », l'on peut soit renvoyer à l'universalité du mensonge ou à la question du « bien mentir » : les deux thèmes nous permettront de parler du sujet de la citation.

- Voilà quelques propositions pour notre sujet :

Type d'amorce	Bonnes amorces (*lien direct avec le thème et précision de la relation entre l'amorce et le sujet*)
Une référence « contemporaine »	L'art du masque est un art contemporain, filtre Snapchat, logiciel d'anamorphisme, il existe de nombreuses voies pour imiter le vrai avec des techniques presque indécelables. Dans la pièce de Camus au XXe siècle, Stepan ne dit pas autre chose quand il affirme l'universalité du mensonge.
Une référence à « l'opinion commune »	Pinocchio voit son nez s'allonger quand il ment. Il est commun d'envisager que « faire croire » et mentir sont visibles, « comme le nez au milieu de la figure ». Pourtant, c'est souvent l'inverse et Stepan dans la pièce de Camus révèle cette universalité invisible du mensonge.
Une référence philosophique	Dans l'allégorie de la Caverne des hommes contemplent des ombres en croyant que ce sont des réalités. Trompés, ils ne savent pas qu'ils sont porteurs de mensonge. C'est bien ce que révèle Stepan dans la pièce de Camus.
Une référence artistique	L'allégorie du mensonge est souvent représentée sous les traits d'une femme qui tient un masque dans sa main. Le masque révèle la possibilité du mensonge de se confondre avec le véritable visage des êtres. C'est cette universalité du mensonge qui est souligné par Camus.
Une référence au programme	Dans la ville de Florence, les aristocrates vont au bal où ils portent des masques. Ils cachent leur identité et jouent de leur pouvoir pour tromper, abuser. Pour Stepan, dans la pièce de Camus, le monde semble imiter ce jeu de dupes.
Une référence au texte source de la citation (Je choisis cette amorce)	Dans la pièce d'Albert Camus, ***Les Justes***, l'acte I s'ouvre sur un groupe de terroristes qui prépare un attentat contre le gouverneur de Moscou : le grand-duc Serge Alexandrovitch. La pièce interroge la légitimité de la violence en résistance à l'homme tyrannique, tortionnaire notamment responsable de la répression sanglante d'une manifestation d'étudiants.

2. L'ANALYSE DU SUJET, c'est donc la seconde étape de l'introduction. Elle est importante, nécessaire, elle témoigne d'emblée de la qualité future de votre dissertation. Pour la rédiger, appuyez-vous sur le travail que vous avez réalisé au brouillon, faites des phrases courtes qui vont reprendre les grandes étapes de votre analyse.

- Voilà ce que cela peut donner pour notre exemple :

> Voinov, un des activistes évoque son malaise à mentir, Stepan balaie son argument d'une sentence : « Tout le monde ment. Bien mentir, voilà ce qu'il faut. »
>
> Ainsi, pour Stepan le mensonge est universel. Il est partagé par « tout le monde », ce qui importe pour lui est de savoir « bien mentir ». Il plaide alors pour un art du « faire croire » nécessaire dans la société.

Il est nécessaire de **RECOPIER LA CITATION DANS L'INTRO** soit en entier de cette façon si le sujet est court, soit par « morceaux » si la citation est longue. Vous pouvez sonder le sujet en posant des questions, faites bien attention qu'elles ne soient pas trop nombreuses et qu'elles n'étouffent pas la réflexion.

3. LA FORMULATION EXPLICITE ET PRÉCISE DE LA PROBLÉMATIQUE constitue la troisième étape de l'introduction. Vous pouvez rédiger une question ou deux. Veillez à ne pas confondre le discours direct et le discours indirect.

- Pour notre exemple, voilà comment l'on peut faire :

> FORMULER UNE PROBLEMATIQUE
>
> ✔ **Inversion sujet/verbe et point d'interrogation = Discours direct**
>
> *Stepan a-t-il raison de constater l'universalité du mensonge et exiger la maîtrise du « faire croire » ?*
>
> ✔ **Pas d'inversion sujet/verbe et point ordinaire = Discours indirect**
>
> *Nous pouvons nous demander si Stepan a raison de constater l'universalité du mensonge pour exiger la maîtrise du « faire croire »*
>
> ✘ **Un mélange entre discours direct et discours indirect = n'importe quoi.**
>
> *Nous pouvons nous demander si Stepan a-t-il raison de constater l'universalité du mensonge pour exiger la maîtrise du « faire croire » ?*

4. Enfin, c'est **LA PRÉSENTATION RÉDIGÉE ET CLAIRE DU PLAN.** Je vous conseille de présenter de manière explicite votre plan en prenant soin de consacrer une phrase par partie ce qui permet une grande clarté et évite les formulations abstraites et confuses.

> **Certes**, les œuvres au programme donnent bien l'image du mensonge comme chose du monde la mieux partagée, chose qui exige une maîtrise du « faire croire ». **Pour autant**, cette nécessité du mensonge n'est pas une valeur commune. **Dès lors**, comment le « monde » peut-il s'aménager entre vérité et mensonge ?

- Ce qui donne entièrement rédigée

Dans la pièce d'Albert Camus, Les Justes, l'acte I s'ouvre sur un groupe de terroristes qui prépare un attentat contre le gouverneur de Moscou : le grand-duc Serge Alexandrovitch. La pièce interroge la légitimité de la violence en résistance à l'homme tyrannique, tortionnaire notamment responsable de la répression sanglante d'une manifestation d'étudiants.	▶ 1	Amorce
Voinov, un des activistes, évoque son malaise à mentir, Stepan balaie son argument d'une sentence : « Tout le monde ment. Bien mentir, voilà ce qu'il faut.» Ainsi, pour Stepan le mensonge est universel. Il est partagé par « tout le monde », ce qui importe pour lui est de savoir « bien mentir ». Il plaide alors pour un art du « faire croire » nécessaire dans la société.	▶ 2	Analyse explicite du sujet et problématisation qui s'appuient sur le travail au brouillon
Stepan a-t-il raison de constater l'universalité du mensonge pour exiger la maîtrise du « faire croire » ?	▶ 3	Formulation explicite et claire de la problématique
Certes, les œuvres au programme donnent bien l'image du mensonge comme chose du monde la mieux partagée, chose qui exige une maîtrise du « faire croire ». Pour autant, cette nécessité du mensonge n'est pas une valeur commune. Dès lors, comment le « monde » peut-il s'aménager entre vérité et mensonge ?	▶ 4	Formulation explicite du plan en trois phases distinctes

X. Comment redige-t-on un paragraphe de dissertation ?

La rédaction d'une dissertation obéit à certaines règles ou plutôt obéit à certains objectifs : vous devez rédiger une démonstration en vous appuyant sur les œuvres. Disserter, c'est donc écrire un essai argumenté dont les preuves argumentatives résident dans des œuvres bien déterminées par un programme officiel.

1. La structure

Il n'y a à proprement parler aucune structure attendue, mais il y a des étapes nécessaires. Dans un premier temps nous pouvons, notamment en première année nous appuyer sur un schéma établi, puis prendre plus d'aisance en seconde année quand la pratique de l'exercice est acquise.

LES INGREDIENTS OBLIGATOIRES D'UN PARAGRAPHE DE DISSERTATION (sous-partie)

1. La formulation d'un argument (un seul)
2. L'explication de cet argument
3. La présentation d'un exemple majeur
4. Le commentaire de cet exemple majeur
5. Le lien avec un exemple mineur
6. Le commentaire de l'ensemble à relier à l'argument

AFFIRMER CE N'EST PAS DEMONTRER, un paragraphe de dissertation doit absolument être construit.

Voilà ce que cela peut donner pour le premier argument de notre première partie :

PLAN DÉTAILLE AU BROUILLON

I. Certes, le mensonge paraît universel et exige une maîtrise du « faire croire »

1. L'universalité du mensonge

   Exemple majeur : **LACLOS, *Les Liaisons dangereuses*** : l'épisode de la clé

   Exemple mineur : **ARENDT, *La Crise de la culture*** : le lien entre mensonge et politique, lieu commun

---

Ce que reconnaît l'ensemble du corpus, c'est bien l'universalité du mensonge. Stepan a raison, dans les œuvres au programme, « tout le monde ment. »

Le monde dépeint par **Les Liaisons dangereuses**, est un monde où le mensonge s'enseigne et se transmet d'un personnage à l'autre. Ainsi, lorsque le Vicomte de Valmont désire maintenir Cécile Volanges dans son piège, il lui apprend à mentir, à maîtriser le mensonge pour contourner les règles et le regard de sa mère. Pour obtenir la clé de sa chambre détenue par la mère, il conseille un stratagème à la fille : substituer la clé et tenir un bavardage détaillé concernant un employé du château œuvrant à l'entretien des serrures et des clés, car écrit-il « la vraisemblance rend les mensonges sans conséquence, en ôtant le désir de les vérifier. » Cette maîtrise s'apparente d'ailleurs pour **Hannah Arendt** à une forme de « lieu commun » comme elle le signale, au début de son chapitre « Vérité et politique ». La philosophe rend compte d'un lien consubstantiel entre le mensonge et le pouvoir comme si le second produisait le premier par nature. Elle met en vis-à-vis la vérité impuissante et le politique qui la méprise comme si « faire croire » exerçait une domination totale comme le remarque Stepan : « Tout le monde ment. »

Formulation de l'argument principal de la partie I

Formulation de l'argument intermédiaire 1

Présentation de l'exemple majeur : Laclos

Commentaire de l'exemple majeur

Lien et présentation de l'exemple mineur : Arendt

Commentaire de l'exemple mineur

---

2. L'art du lien

La force d'un paragraphe, outre son argument et le choix des exemples, réside dans sa fluidité. Cette fluidité s'obtient par un maillage équilibré entre éléments précis issus des œuvres et commentaires précis de ces mêmes éléments. Il faut ajouter à cela des connecteurs, encadrés dans l'extrait ci-dessus. **Le titre des œuvres dans votre copie doit ABSOLUMENT être souligné** (ici, pour des raisons éditoriales, elles sont en caractères gras), cela balise la lecture et facilite la compréhension. **Pour obtenir une rédaction claire, il faut traiter une idée à la fois, favoriser une syntaxe simple et éviter les phrases trop longues.**

Pour cela, il est nécessaire aussi de varier les verbes introducteurs et bannir les verbes « dire » et « voir » qui ne rendent pas compte de la palette énonciative des auteurs.

Quelques verbes pour introduire les exemples

Un auteur de fiction peut : raconter, décrire, caractériser, peindre, mettre en scène, comparer, dévoiler, énumérer, évoquer, faire apparaître, évoquer, mettre en évidence, rapporter, représenter, révéler, suggérer, utiliser etc.

Un philosophe peut aussi : aborder, affirmer, ajouter, analyser, énoncer, concéder, considérer, constater, démontrer, développer, examiner, expliquer, faire part, illustrer, indiquer, montrer, observer, présenter, remarquer, signaler, souligner etc.

Mémorisez cette liste, faites varier votre lexique : cela enrichira votre style de façon...mécanique !

3. Introduire les exemples

C'est parfois un véritable casse-tête pour l'étudiant que d'introduire un exemple. Entre les « comme dans l'exemple du roman de Truc. » et « comme le dit Machin », voire « on voit dans Bidule » etc.... les maladresses sont si nombreuses que c'est parfois une source majeure de lourdeurs dans l'écriture de la dissertation. Pourtant, il suffit de suivre quelques règles très simples.

Introduire les exemples

1- **De manière directe.** Ainsi, lorsque le Vicomte de Valmont désire maintenir Cécile Volanges dans son piège, il lui apprend à mentir, à maîtriser le mensonge pour contourner les règles et le regard de sa mère.

2- **Par le biais de citations du texte :** Dans la scène 6 du premier acte de Lorenzaccio, Marie pleure les masques de son fils, loin de l'image de l'enfant amoureux de la vérité, elle évoque sa laideur physique et morale car son fils ne fait plus illusion à ses yeux : « il n'est même plus beau, comme une fumée malfaisante, la souillure de son cœur lui est montée au visage. Le sourire, ce doux épanouissement qui rend la jeunesse semblable aux fleurs, s'est enfui de ses joues couleur de soufre, pour y laisser grommeler une ironie ignoble et le mépris de tout. »

3- **En reliant à l'idée qui précède** : Cette maîtrise s'apparente d'ailleurs pour Hannah Arendt à une forme de « lieu commun » comme elle le signale au début de son chapitre « Vérité et politique ».

A éviter les formules lourdes et inutiles du type :
« *Par exemple,* dans la pièce de Musset »
« *On peut donner comme exemple,* le roman de Laclos»
« *On a un bon exemple qui illustre bien cette idée* dans l'essai de Arendt… »

XI. Comment rédige-t-on une conclusion ?

Comme nous avions commencé, il faut terminer : l'art de conclure est un art de la politesse, il nécessite donc des convenances mais aussi des règles.

1. L'objectif

La conclusion a deux objectifs majeurs : faire le bilan de la dissertation et prendre congé de votre lecteur. Votre dissertation n'existe que parce qu'elle est lue ! Vous écrivez TOUJOURS à quelqu'un. Même si vos devoirs sont de plus en plus numérisés, rappelez-vous que votre lecteur est de type humanoïde- pour l'instant- et qu'il a donc les forces et les faiblesses de cette espèce. Prenez-en soin… il vous évalue.

2. Les étapes

Je conseille d'établir une conclusion en 3 étapes

1. **Lien avec la dernière partie, rappel du sujet et de la problématique**
   → Une phrase pour se relier à ce qui précède. Une ou deux autre(s) pour rappeler quel était l'enjeu du devoir (en somme le sujet et la problématique)
2. **Bilan des réponses formulées en fonction des œuvres**
   → Reprendre globalement les réponses apportées par chacune des œuvres. Une ou deux phrase(s) pour chaque œuvre.
3. **Ouverture**
   → Envisagez une réflexion découlant de votre bilan, ou **ne faites pas d'ouverture si vous n'êtes pas sûr(e) d'être élégant(e) ou subtil(e) !**

Il ne faut pas bâcler la conclusion, prenez soin de la rédiger au brouillon, organisez votre temps pour cela. Faites des phrases courtes, simples mais prenez le temps de faire le point. Enfin, pour l'ouverture, je vous conseille de **ne pas changer complètement de thème, de ne pas proposer des ouvertures plaquées, absurdes ou complètement décontextualisées**. Mieux vaut pas d'ouverture qu'une ouverture idiote. (Même principe que pour l'amorce d'une introduction.)

« Faire croire » est l'axiome tragique des sociétés peintes dans les œuvres au programme. La vérité tuera et le mensonge aussi. C'est finalement tout le cynisme de la remarque de Stepan : « Tout le monde ment. Bien mentir, voilà ce qu'il faut.» Face à l'ampleur du mensonge, à son étendue, la vérité semble impossible.

▶ 1 *Lien avec le sujet et rappel de la problématique et bilan général*

Pourtant, si l'on cède à cet art de la falsification, on met en péril le monde, on contraint, on violente pour soumettre. « Faire croire » c'est la triche de la force comme de la faiblesse. Et l'on apprend vite à « mentir ». **Cécile et Lorenzo** en contact avec une société qui les attend après leur jeunesse vertueuse, s'y plient. **Les Etats-Unis** n'auront pas un second Vietnam, mais le mensonge politique ne disparaît pas du pouvoir après 1971. Malgré les conséquences tragiques mises au jour dans les trois œuvres au programme, «faire croire » est un outil de pouvoir et de soumission beaucoup trop puissant pour être abandonné.

▶ 2 *Bilan des réponses formulées en fonction des œuvres*

Donc, dans la sphère sociale, politique ou intime, « faire croire » et bien « faire croire » semblent une garantie de bienséance et d'ordre, une sorte de nécessité. Malgré cela, ne faudrait-il pas engager un pari sur l'avenir ? Il faudrait, comme le conclut la philosophe, que la vérité soit : « le sol sur lequel nous nous tenons et le ciel qui s'étend au-dessus de nous. »

▶ 3 *Ouverture sur la notion de puissance vitale et du sens à donner à la vie*

XII. Comment fait-on des transitions ?

1. À quoi ça sert ?

Une dissertation ne juxtapose jamais : pas de listes d'exemples ou d'arguments : il faut tout relier comme nous le montrons dans l'explication du paragraphe de dissertation. Entre les parties, il faut faire davantage : il faut rédiger des transitions. Cela améliore la fluidité de lecture mais surtout cela permet de suivre votre **fil argumentatif,** c'est-à-dire le cheminement par lequel vous voulez que votre lecteur passe.

2. Où les placer, comment les rédiger ?

Rédiger une transition

Deux transitions nécessaires : à la fin de la première partie et à la fin de la seconde.

- **Vous devez reprendre l'argument principal de la partie pour le relier à un autre argument principal** soit à partir de votre dernier exemple, soit à partir d'une citation.
- **Revenir à l'auteur du sujet** pour faire le point sur ce que vous vouliez démontrer.

Une astuce : *pensez à relire votre partie avant de rédiger votre transition. Pour que votre dissertation soit fluide et toujours bien rédigée : relisez chaque paragraphe avant de passer au suivant et relisez chaque partie avant de passer à la suivante.*

Voilà l'une des transitions de notre dissertation, vous pouvez la détacher de votre devoir en sautant une ligne avant et une ligne après.

Ainsi, l'on pourrait conclure à un universel du mensonge comme l'entend le personnage de Camus, universel qui nécessite une maîtrise. Pour autant, cette nécessité du mensonge n'est pas – à proprement parler- une valeur commune.	Reprise arg partie I Présentation partie II

XIII. Comment présenter une dissertation ?

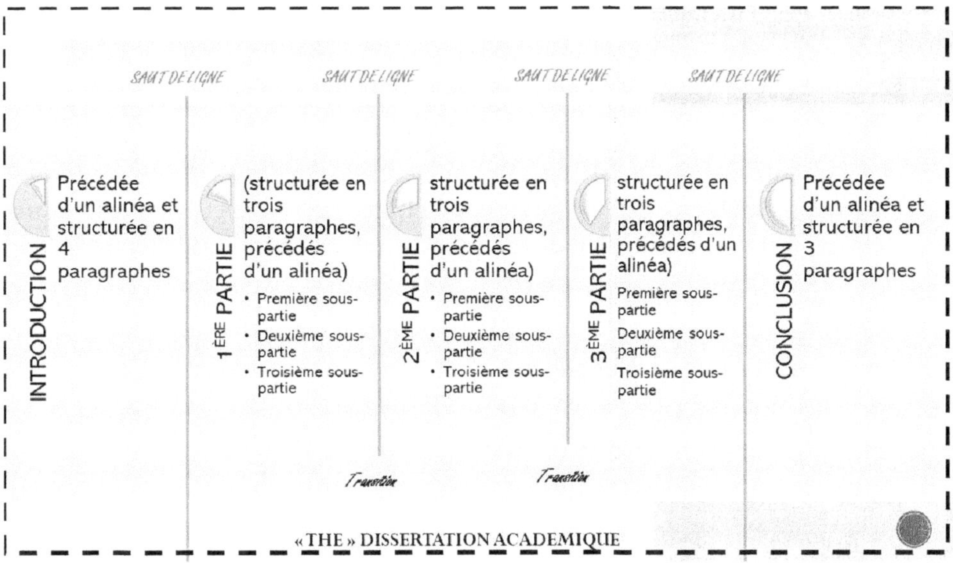

Une dissertation de concours en trois/quatre heures doit comporter au moins une copie d'examen et demi et peut aller jusqu'à deux copies d'examen, pour une écriture de taille ordinaire, cela s'entend. Une partie se compose en une page et demie environ. Les parties doivent être équivalentes et la présentation des parties doit permettre visuellement d'en repérer la structure et les étapes. **Le plan n'est pas apparent, dans cet ouvrage, le plan est explicité pour des raisons pédagogiques**.

Retrouvez l'ensemble de la dissertation rédigée par mes soins sur le sujet de Camus plus loin dans la partie dissertation.

1. Le poids de la forme

Je vous rappelle et ne l'oubliez jamais : **vous écrivez à quelqu'un** pour qu'il/elle suive votre pensée. Dès lors la forme de votre dissertation doit être la plus lisible possible. Votre lecteur doit évaluer entre 200 à 600 copies, selon les concours. L'effet de masse impacte nécessairement sur sa lecture. Il est donc absolument nécessaire de faire des efforts pour améliorer :

- **Votre écriture** : trop petite, confuse, ou trop penchée, elle gène la lecture, la ralentit et fait buter le lecteur comme si vous aviez mis des obstacles sur son chemin. Comment voulez-vous que cela permette d'avoir une juste image de votre pensée ? Choisissez un stylo dont l'encre sera foncée, oubliez les turquoises, les bleus pastels : avec une lumière artificielle, c'est insupportable, il en est de même quand les copies – comme c'est de plus en plus le cas – sont numérisées et corrigées sur écran. Ensuite, évitez de mettre tout et n'importe quoi en majuscules, c'est inutile, surtout pour faire semblant d'avoir cité toutes les œuvres…
- **La qualité de votre relecture** : une copie truffée de fautes d'orthographe est pénalisée et dans le cadre d'un classement, les points perdus pour cela peuvent largement vous porter préjudice. La relecture doit se faire régulièrement et non en fin de devoir. (le fameux quart d'heure que l'on ne prend pas …)
- **Une forme impeccable fait monter une note de manière quasi mécanique, vous auriez tort de la négliger.**

Quelques techniques de relecture efficace

1. **Relire au fur et à mesure** (paragraphe, sous-partie, partie, ensemble de la copie)
2. **Relire son devoir à l'envers** pour ne pas être « pris » par le sens : commencer par la fin.
3. **Relire de manière stratégique et ciblée.** Vérifiez vos terminaisons é/er/ées/ai/ais etc dans chaque paragraphe
   → Vérifiez les groupes nominaux (déterminant+nom+adjectif à harmoniser)
   → Vérifiez le verbe et son sujet de manière systématique
   → Vérifiez les homophones sur lesquels vous avez des difficultés (son/sont ; et/est ; c'est/s'est ; se/ce etc.

Astuce : Etablissez une cartographie de vos erreurs orthographiques (types d'erreur) et ayez ce « document » pour chaque devoir maison. Même si vous faites beaucoup d'erreurs, vous faites toujours les mêmes et il est toujours temps de réviser et apprendre quelques règles…Ce n'est pas une fatalité. Si vous êtes dyslexique, votre handicap peut aussi trouver une compensation dans cette cartographie.

Je recopie le sujet en respectant la syntaxe

J'analyse le sujet pour déduire la thèse

Je formule la thèse

J'interroge la thèse = c'est ma problématique

je déduis mon plan de la problématique

Je subdivise mes parties en sous-parties

Je trouve un exemple majeur et mineur à chaque argument

Je rédige

RECAPITULATIF

FICHE DE RELECTURE ET D'AUTOCORRECTION : LES CRITÈRES DE RÉUSSITE D'UNE DISSERTATION

Étapes	Dissertation N° 1	Dissertation N° 2	Dissertation N° 3
Brouillon et préparation			
Analyse globale du sujet (thèse et intention)			
Analyse détaillée (relation entre les termes)			
Reformulation de la thèse			
Problématisation en relation avec l'ensemble du travail au brouillon			
Introduction			
Bonne amorce			
Analyse du sujet			
Problématisation			
Plan			
Développement			
Taille de la dissertation adaptée à l'épreuve (2 feuilles doubles)			
Contextualisation			
Argumentation			
Traitement des exemples (précision et analyse)			

Étapes	Dissertation N° 1	Dissertation N° 2	Dissertation N° 3
Diversité et pertinence des exemples			
Logique de l'argumentation			
Troisième partie pertinente			
Transitions			
Reprise régulière de la citation et de la pensée de l'auteur			
Références hors programme pertinentes			
Conclusion			
Reprise de la question			
Synthèse « éclairée » des réponses			
Forme			
Écriture lisible et agréable			
Alinéas, paragraphes			
Titres des œuvres soulignés			
Orthographe			
Syntaxe			
Note			

XIV. Schémas d'étude du thème « faire croire »

« Faire croire »

- ☐ Mentir
- ☐ Masquer
- ☐ Manipuler
- ☐ Inventer
- ☐ Modifier
- ☐ Créer une illusion
- ☐ Faire semblant
- ☐ Induire en erreur
- ☐ Tromper
- ☐ Convaincre et persuader
- ☐ Feindre, simuler

Le thème de cette année touche plusieurs aspects philosophiques et littéraires. L'expression « faire croire » renvoie à plusieurs concepts qui sont reliés à l'action et à la parole, l'un entraînant l'autre. « Faire croire » ce n'est pas seulement modifier une réalité, cela peut-être la mimer. Les moyens du « faire croire » sont nombreux et s'étendent dans notre corpus sur plusieurs domaines mais occupent un vecteur principal : le pouvoir. L'on veut « faire croire » par intérêt. Ainsi, paroles et actes s'organisent dans une liste où le mensonge côtoie l'illusion, le masque et toutes les ruses entre jeu de mots et jeu de rôles.

Dans cet ouvrage, nous allons pouvoir explorer cette notion sous trois facettes.

« Faire croire »

- Définitions et conditions du « faire croire »
- Outils et ruses du « faire croire »
- Désirs et nécessités du « faire croire »

Dans un premier temps, nous allons **définir** la notion et établir les « conditions » pour « faire croire ». Souvent l'on veut faire croire que l'on n'est pas ce que l'on est, que l'on va faire autre chose que ce que l'on a prévu, qu'une réalité est, alors que ce n'est pas vrai. Comment fonctionne ce jeu d'illusions ? En quoi consiste-t-il ? Qui permet le mensonge ? Celui qui l'énonce ou celui qui l'écoute ?

Si l'on veut faire croire à de bonnes intentions quand elles sont toutes tournées vers la réalisation d'intérêts privés souvent pulsionnels ou possessifs, « faire croire » devient alors une manière d'être à l'autre qui nécessite **des outils et des ruses** officieuses, visibles ou invisibles. La flatterie est le meilleur biais à la manipulation, mais aussi le chantage, mais encore la rhétorique, de quoi a-t-on besoin pour mentir ?

Enfin, « faire croire » n'est pas qu'une malédiction, ou un acte machiavélique, il est aussi produit par des **désirs et des nécessités** chez l'individu qui *veut* « croire ». On aime aussi l'illusion, être dupé quand ce qui effraie c'est la vérité. Certaines vérités *blessent,* d'autres menacent le pouvoir en place. La vérité menace celles et ceux qui usent du « faire croire ».

Ce thème fera de la vérité le spectre à la fois positif et négatif des uns et des autres : ce qui attire et ce qui fait fuir.

Cette année encore, je me réjouis du thème au programme : il permet à une génération de réfléchir à une question fondamentale dans l'exercice de sa présence au monde. Personne ne compte pour rien, ou pour le dire autrement : chaque créature humaine compte. Les jeux du « faire croire » des sociétés passées et contemporaines visent à créer une hiérarchie dans la valeur des individus selon son genre, sa couleur de peau, son âge, sa santé, son salaire, son métier, le lieu où il vit, son niveau d'étude, ses notes… Cette hiérarchie est une gigantesque escroquerie du « faire croire » qui permet de nombreuses violences à l'apparence légitime.

L'égalité de valeur de la vie humaine est une conquête perpétuelle, une conquête philosophique et politique, individuelle et collective. Dès lors qu'un pouvoir veut « faire croire » qu'une population, une catégorie de population ne vaut rien, il se renforce par les abus qu'il désire exercer. Dès lors qu'une personne veut vous « faire croire » que vous valez moins qu'elle ou que vous ne valez rien, elle légitime sa violence et renforce son pouvoir à votre égard. Ne la croyez pas, elle ment.

Définitions et conditions du « faire croire »

« Une vérité qui ne s'oppose à aucun intérêt ni plaisir humain reçoit bon accueil de tous les hommes. »

Hobbes, *Léviathan*, 1651

➥ *Vous évaluerez la pertinence de cette affirmation à la lumière du thème et des œuvres au programme.*

AUDREY BLIND

Analyse du sujet

- Hobbes énonce avec sarcasme la soumission de la vérité aux passions humaines (ambition, domination, jouissance, etc.)
- La proposition relative caractérisant une vérité faisant facilement consensus comporte en effet la négation même de l'essence de la vérité : impartialité et objectivité.
- Le sujet suggère que le monde humain est condamné au miroitement de vérités partielles et partiales, et que la vérité en tant que telle ne puisse pas s'y manifester.

Enjeux du sujet

1. Il faut étudier ce que devient la vérité dans la sphère politico-sociale, si elle en est exclue ou subordonnée aux intérêts humains.
2. Il faut envisager les modalités pour la vérité de se manifester tout de même et triompher des passions.

PROBLÉMATIQUES POSSIBLES

- En suggérant que la vérité ne peut s'imposer que si elle n'interfère avec aucun intérêt humain, Hobbes ne l'exclut-il pas du monde des hommes avec un trop grand pessimisme ?
- Les hommes ne peuvent-ils fonder la vérité sur des principes plus nobles et transcendants que leurs propres passions, afin d'en viser l'objectivité plutôt que la complaisance ?
- Les hommes sont-ils condamnés à ne croire que ce qui leur plaît ?

ANNONCE DU PLAN

I. **Les hommes ne peuvent accueillir que des vérités qui les flattent**
   1. Une cause anthropologique : la nature humaine gouvernée par les passions
   2. Une conséquence politique : la confiscation de la vérité par les puissants
   3. L'affaiblissement ontologique de la vérité ramenée au rang de simple opinion

II. **Les hommes sont dès lors condamnés à un monde de pure illusion**
   1. La tentation de substituer à la réalité diverses fictions réarrangées
   2. Les menteurs en perdent eux-mêmes la distinction entre le vrai et le faux
   3. Un tel monde en devient inhabitable car l'on ne peut plus y diriger son action

III. **Il faut donc faire dépendre la vérité de normes objectives et impartiales**
   1. La résistance de la réalité et des faits aux tentatives de torsion
   2. Le besoin de la vérité comme socle de référence des vies et actions humaines
   3. L'amour de la vérité s'imposant comme idéal transcendant les vies humaines

Dans ses *Réflexions ou Sentences et Maximes morales*, La Rochefoucauld écrit en 1664 que « *La vérité ne fait pas tant de bien dans le monde que ses apparences y font de mal* ». Il témoigne par-là de la tendance humaine à vouloir déguiser le vrai, faisant de la société un miroitement d'apparences entre lesquelles il devient difficile de distinguer. De même, à la fin du *Léviathan* (1651), Hobbes s'était livré à une maxime sarcastique : « *une vérité qui ne s'oppose à aucun intérêt ni plaisir humain reçoit bon accueil de tous les hommes* ». L'acceptation collective d'une vérité dépendrait donc soit de l'extériorité, soit de la soumission de cette vérité aux passions humaines dominant le jeu social. Si la vérité entre en conflit avec ce à quoi les hommes ont intérêt, elle est désavouée. Or, la précision amenée par la relative est évidemment contradictoire avec l'essence de la vérité elle-même : l'impartialité et l'objectivité. Les hommes sont-ils condamnés aux vérités de complaisance ? Ne peuvent-ils fonder leur rapport au vrai sur des principes transcendant leurs propres passions ? À la lumière des œuvres au programme[1], nous montrerons que les hommes acceptent d'autant mieux la vérité qu'elle flatte leurs intérêts ; pour envisager ensuite qu'une telle règle condamne la société à reposer sur d'incertaines illusions. Enfin, nous chercherons à quelles conditions la vérité peut résister aux arrangements humains pour permettre une interprétation fiable du monde.

1. Les pages indiquées pour les citations d'Hannah Arendt correspondent aux éditions suivantes : *La Crise de la culture*, Paris, Gallimard, coll. Folio essais, 1972 – la section « Vérité et Politique » est abrégée « VP » ; et *Du Mensonge à la violence*, Paris, Pocket, Calmann-Lévy, coll. « Agora », 1972 – la section « Du mensonge en politique » est abrégée « MP »).

I. Les hommes ne peuvent accueillir que des vérités qui les flattent

1. Une cause anthropologique : la nature humaine gouvernée par les passions et l'intérêt

Tout d'abord, Hobbes possède une vision pessimiste de la nature humaine, où chacun n'agit que dans la recherche de son propre intérêt, et croit la vérité qui flatte ses propres passions. Cette tendance humaine est considérée par « *évidente* » par **Arendt** lorsqu'elle rappelle la citation du philosophe (VP, p. 292). Elle peut expliquer que dans *Les Liaisons Dangereuses* de **Laclos**, les personnages préfèrent souvent croire à une « *idée qui [leur] plaît* » plutôt qu'à une vérité désagréable qui leur est présentée, à l'image de Madame de Tourvel dans la lettre XXII qui refuse de croire à la vérité libertine du Vicomte de Valmont dévoilée par Madame de Volanges. Valmont de même préférera la « *façon de voir* » qui le « *sauve de l'humiliation* » d'avouer son amour pour Madame de Tourvel, en mettant sa fascination pour elle sur le compte d'une résistance plus héroïque que de coutume (lettre CXXV). Dans ***Lorenzaccio*** de **Musset**, c'est un attachement naïf à des valeurs démenties par l'état de la société corrompue de Florence qui empêche Philippe Strozzi d'admettre ce que veut lui révéler Lorenzo. Il se contente de s'exclamer « *Quel abîme ! quel abîme tu m'ouvres !* » (acte III, scène 3), incapable d'envisager que les Républicains pourraient ne pas sauver Florence s'ils en avaient l'occasion. Passions et intérêts orientent donc bien le type de vérité auxquelles les hommes croient.

2. Une conséquence politique : la confiscation de la vérité par les puissants

Dès lors, il paraît inévitable que la vérité qui se diffuse soit celle servant le mieux les intérêts de puissants. Au contraire de la « vérité de raison » des systèmes mathématiques ou philosophiques, moins susceptibles d'entrer en conflit avec les intérêts humains, la « vérité de fait » est selon **Arendt** directement menacée « *s'il lui arrive de s'opposer au profit et au plaisir d'un groupe donné* ». Elle est alors « *accueillie* […] *avec* […] *hostilité* » (VP, p. 300), voire oubliée ou effacée. L'exemple détaillé des documents du Pentagone dans sa conférence « *Du mensonge en politique* » montre l'effort par les responsables politiques américains de l'époque de « *se débarrasser des faits* » (MP, p. 17) afin de nier toute réalité ne correspondant pas à l'image que le pays voulait donner de lui-même et du monde. De même, **Laclos** prouve que toute vérité, si elle n'est pas accréditée par un groupe influent, est vouée à l'oubli ou à l'ignorance. Le libertinage de la Marquise de Merteuil est une vérité impensable dans l'ensemble de l'œuvre car elle heurterait les intérêts de groupes de pouvoir comme le parti des prudes qui veut voir en elle « *leur ouvrage* » et de tous les puissants dont elle a gagné la confiance (lettre LXXXI). Maffio au début de la pièce de **Musset** a beau se révolter : son cri de vérité est immédiatement tourné en dérision puisqu'il s'adresse à celui-là même qu'il dénonce sans le savoir : Alexandre de Médicis, Duc de Florence. Toute vérité dérangeant les intérêts d'un pouvoir court le risque d'une censure absolue, la rendant inaudible.

3. L'affaiblissement ontologique de la vérité ramenée au rang de simple opinion

Enfin, ce règne de vérités complaisantes ne peut que favoriser la dictature de l'opinion dominante. La vérité flatteuse ou arrangeante en devient relative ; et le consensus social l'emporte. Chez **Musset**, l'acceptation consensuelle du pouvoir dictatorial des Médicis explique en partie que personne n'agisse pour le rétablissement de la République suite au geste de Lorenzo. L'opinion majoritaire le condamne à la mort : il est lynché par le peuple de Florence : « *Ne voyez-vous pas tout ce monde? le peuple s'est jeté sur lui.* » (acte V, scène 8). Chez **Laclos,** la vérité du jour est celle de l'opinion mondaine la plus en vogue : Prévan voué aux gémonies par la ruse de la Marquise se retrouve porté aux nues par ceux-là mêmes qui l'avaient condamné, mais ce retour en grâce n'en parait pas moins artificiel puisque soumis aux caprices de l'opinion (lettre CLXXIV). Comme le rappelle **Arendt** citant Madison, la « vérité de fait » reposant sur des témoignages est directement influencée par la question du nombre de personnes qui y croient, et par-là même dangereusement rapprochée de l'opinion. C'est alors la pérennité et l'objectivité de la vérité qui ne sont plus garanties.

Par conséquent, en acceptant d'éviter ou de conforter la sphère d'influence des passions humaines, la vérité se dément : son essence implique au contraire une indépendance et une résistance à toute influence. Le constat de Hobbes ne peut aboutir qu'à un monde sans vérité, où l'homme ne peut plus se diriger.

II. Les hommes sont dès lors condamnés à un monde de pure illusion

1. La tentation de substituer à la réalité diverses fictions réarrangées

La frontière conceptuelle entre la vérité et le mensonge s'effrite dans la citation de Hobbes. Une vérité arrangeante n'a en effet au mieux pas de prise sur le monde, au pire c'est un mensonge. **Arendt** explique précisément les dangers que la réalité encourt quand un cercle d'influence cherche à élaborer une réalité parallèle, fictive, par un « *complet réarrangement de toute la texture factuelle* » (VP, p. 323) : l'ensemble vraisemblable et cohérent qui se substitue à la vérité risque d'être plus convaincant que la vérité de fait elle-même, hasardeuse et contingente. De là une inversion dans nos œuvres entre vérité et fiction, dans un monde où l'on a refusé à la vérité d'être indépendante de l'intérêt. Chez **Laclos**, ceux qui se revendiquent le plus de la sincérité et de la vertu sont ceux qui mentent le plus ; le langage à double entente des libertins triomphe dans une duplicité devenue permanente. Valmont désire par exemple produire une réécriture fictive de l'aventure entre Cécile et le chevalier Danceny en ne rendant publique « *qu'une partie de cette correspondance* » (lettre LXVI), afin de compromettre la mère et la fille. Chez **Musset**, Lorenzo rend compte de cette illusion généralisée lorsqu'il assène à Valori qui faisait l'éloge de la religion : « *sans doute, ce que vous dites là est parfaitement vrai, et parfaitement faux, comme tout au monde.* » (acte II, scène 2). Si la vérité objective ne peut se manifester dans le monde humain, l'univers est dominé par une juxtaposition de versions plus ou moins mensongères du réel.

2. Les menteurs en perdent eux-mêmes la distinction entre le vrai et le faux

Dès lors, le sol se dérobe sous les pieds des manipulateurs eux-mêmes. **Musset** montre un héros romantique piégé à son propre jeu, se débattant entre ses idéaux de vérité et le constat d'une humanité déchue. Lorenzo devient le compagnon de débauche du Duc et feint de partager son amour de la luxure, afin de gagner sa confiance et le tuer plus facilement. Cette illusion est accueillie par presque tous dans la pièce sans être remise en question, puisqu'elle ne s'oppose en effet à aucun « *plaisir ni intérêt* » dominants. Mais elle piège Lorenzo lui-même et devient sa réalité : les images du « *rôle* », du « *vêtement maintenant collé à [sa] peau* » (acte III, scène 3), telle une « *robe de Déjanire* » (acte IV, scène 5) traduisent ce qu'**Arendt** décrit comme l'issue inévitable pour tous ceux qui cherchent à substituer une autre réalité, adaptée aux circonstances changeantes, à celle des faits : « *plus un bon menteur réussit, plus il est vraisemblable qu'il sera victime de ses propres inventions.* » (VP, p. 323). Le plus effrayant est sans doute lorsque des autorités politiques connaissent la même illusion et « *ne savent plus distinguer la vérité qui se trouve derrière leurs dissimulations et leurs mensonges* » (MP, p. 35). La vérité n'existe plus quand les menteurs eux-mêmes ne sont plus capables de la discerner.

3. Un tel monde en devient inhabitable car l'on ne peut plus y diriger son action

Enfin, que la vérité soit exclue de la sphère des intérêts humains, ou qu'elle y soit subordonnée, elle devient impuissante pour agir dans le monde. Le drame romantique de **Musset** comporte beaucoup d'incitations à l'action politique : le complot politique des Strozzi échoue car le bavardage remplace l'action : « *nous agissons trop tard* » (acte III, scène 7). En réalité, l'action politique est montrée comme vaine dans un monde où les hommes n'ont plus le courage de tenir compte de la vérité et d'ajuster leurs actions en fonction de celle-ci. Cela explique également le scandale d'État des documents du Pentagone révélant que le pouvoir politique a préféré fabriquer une image géopolitique mensongère du Vietnam plutôt que de fonder ses décisions sur les rapports exacts des services de renseignements : **Arendt** dénonce à ce sujet le « *refus délibéré et obstiné, depuis plus de vingt-cinq ans, de toutes les réalités, historiques, politiques, géographiques* » (MP, p. 36). La justification politique de la guerre s'est ainsi faite au mépris de toute forme de vérité. L'action sociale des libertins chez **Laclos** s'enlise au moment où le couple Valmont/Merteuil ne parvient plus à discerner avec certitude les intentions de l'autre :

« *Que voulez-vous que je vous dise, quand moi-même je ne sais plus que penser ?* » (lettre CXLI). Dès lors, les deux protagonistes ne peuvent que s'auto-détruire : rattrapés par une réalité qu'ils ont tenté de falsifier, leur propre confusion signe leur perte.

En effet, sans pouvoir se référer à une vérité transcendant les intérêts humains, impartiale, objective, « le sens par lequel nous nous orientons dans le monde réel [...] se trouve détruit » (**Arendt**, *VP*, p. 328). *Il est donc indispensable de préserver des critères de vérité objective dans le monde, pour pouvoir le penser et y agir.*

III. Il faut faire dépendre la vérité de normes objectives et impartiales

1. La résistance de la réalité et des faits aux tentatives de torsion

Selon **Arendt**, même face à un mensonge généralisé, la réalité finit toujours par « *prendre sa revanche* » (VP, p. 326). Cela tient à la nature des faits qu'il est très difficile de falsifier pour toujours car « *leur fragilité est étrangement combinée avec une grande résistance à la torsion* » (VP, p. 329) : tout contingents qu'ils soient, ils sont irréversibles. Les opinions construites sur les faits doivent donc en respecter l'intégrité, ce qui n'est possible qu'en garantissant une information fiable, par des structures et organes indépendants comme la presse libre. Ce n'est en effet que tant que la presse américaine n'avait pas révélé les documents du Pentagone que le décalage entre les faits et les décisions politiques restait méconnu. Mais alors, l'interprétation des documents soumis au public est également décisive pour la manifestation de la vérité transcendant les intérêts humains : **Laclos** par exemple rend possible la reconstitution du vrai en donnant l'accès à l'intégralité des lettres échangées ; à Madame de Rosemonde d'une part à la fin de l'œuvre, au lecteur d'autre part par l'ensemble du roman. Une seule lettre n'est qu'un gage de vérité discutable : elle présente surtout l'illusion particulière de son scripteur. L'architecture du sens émerge en revanche dans le lien signifiant de toutes les lettres entre elles. Protéger l'information sur les faits eux-mêmes d'une part, et les livrer à l'intelligence d'un interprète vigilant et objectif d'autre part sont deux conditions de la manifestation de la vérité.

2. Le besoin de la vérité comme socle de référence des vies et actions humaines

Mais la vérité triomphe également en ce qu'elle possède sa propre force de persuasion. La vérité de ce qui est ne se démontre pas, ne se plie pas aux arrangements des uns et des autres : elle s'impose comme matière du réel et forme alors « *le sol sur lequel nous nous tenons et le ciel qui s'étend au-dessus de nous* » (VP, p. 336). **Arendt** pose par cette métaphore que ce n'est pas aux passions de circonscrire le domaine d'application de la vérité, mais à la vérité de circonscrire celui des passions : les actions sociales et politiques humaines doivent respecter « *les lisières* » (*ibid.*) démarquées par la vérité, sans quoi elles privent le réel de toute intégrité. La révélation d'une vérité contraire aux intérêts personnels annule alors immédiatement toute mystification, même celles les plus difficiles à déjouer. La Marquise de Cibo dans la pièce de **Musset** affirme sa liberté irréductible en avouant à son mari qu'elle lui a été infidèle et en dénonçant les agissements du cardinal, pour échapper définitivement à son emprise. Le manipulateur s'en retrouve réduit au silence, « *comme une statue* » (acte IV, scène 4). De même, chez **Laclos**, lorsque Valmont agonisant remet ses lettres à Danceny, il compromet définitivement la Marquise de Merteuil en l'entraînant dans sa propre chute. Ces gestes de rétablissement d'une vérité totale et indiscutable restituent les conditions de la « *persévérance dans l'existence* » (**Arendt**, VP, p. 291) des êtres et des choses.

3. L'amour de la vérité, un idéal transcendant les vies humaines

C'est que l'amour du vrai constitue un idéal transcendant les vies humaines. La vérité, en ce qu'elle manifeste l'accord avec la réalité, est toujours première : le mensonge implique de la connaître pour pouvoir en présenter une version modifiée. Si elle est perdue de vue, comme nous l'avons montré, le mensonge lui-même finit par s'auto-détruire. Dès lors, la recherche de la vérité grandit l'âme humaine en primant l'influence des passions humaines ; elle la fait accéder à une forme de transcendance exaltante. Lorenzo est l'exemple archétypal de l'être solitaire et indépendant manifestant la vérité contre tous, car « *la main qui a soulevé une fois le voile de la vérité ne peut plus le laisser retomber ; elle reste immobile jusqu'à la mort* ». C'est pour forcer la société à voir la vérité en face qu'il tuera le Duc : « *j'en ai assez d'entendre brailler le bavardage humain ; il faut que le monde sache un peu qui je suis, et qui il est.* » (acte III, scène 3). Si son acte reste sans effet dans l'intrigue de la pièce, comme il l'avait d'ailleurs prédit, **Musset** mettant en scène cette trajectoire obstinée de la vérité n'en « *enseigne* » pas moins, comme **Arendt** l'écrit, « *l'acceptation des choses telles qu'elles sont* », en présentant des faits contingents sous forme de récit « *présentant une signification humainement compréhensible* » (VP, p. 333-334). Il y aurait donc un devoir moral à rechercher la vérité en s'élevant au-dessus des passions : si le destin tragique des personnages faisant de la vérité la valeur suprême de la vie frappe le lecteur, il ne leur donne pas moins une aura de grandeur suscitant l'admiration.

En conclusion, le constat sarcastique de Hobbes traduit une tendance humaine à accepter plus facilement les vérités neutres ou flatteuses que celles qui peuvent déranger des intérêts, ou contrarier des passions. Néanmoins, les œuvres au programme révèlent que si la vanité et l'opinion mènent le monde, les hommes ne peuvent plus que vivre et agir dans une vaste illusion. La recherche et la manifestation de la vérité deviennent dès lors un idéal à atteindre, transcendant toute autre considération et participant d'une éthique indispensable pour garantir collectivement une prise sur le réel.

« Diego : — Mentir est toujours une sottise. Nada : — Non, c'est une politique. »

Albert Camus, *L'état de siège*, 1948

➥ *En quoi cet échange éclaire-t-il la nature du mensonge dans les œuvres inscrites au programme ?*

MILÈNE MORIS

Analyse du sujet

- Le mensonge ne serait pas un défaut de jugement, mais le signe d'une intelligence supérieure.
- Polysémie de « une politique » : manière de gouverner, stratégie, ensemble des affaires publiques, mais aussi théorie.
- Énoncé ambigu : dialogue théâtral sans implication directe de l'auteur ni condamnation morale.

Enjeux du sujet

1. Le mensonge est-il irréfléchi ou réfléchi ?
2. Réflexion sur le rapport entre vérité et mensonge en politique, à élargir à la dimension sociale.
3. L'ambiguïté du mensonge, ses différents visages.

PROBLÉMATIQUES POSSIBLES

- Quelle est la nature du mensonge dans nos œuvres ?
- De quoi est-il l'envers ? de la raison ou de la vérité ?
- La vérité peut-elle être une politique pour contrer le mensonge ?

PLAN DÉTAILLÉ

I. **Certes, le mensonge est plutôt une stratégie politique qu'un défaut de jugement**
   1. L'opposition entre l'intelligence et la sottise
   2. La nature politique du mensonge
   3. Sa dimension idéologique et sociale

II. **Cependant, le mensonge politique n'est pas toujours efficace. La vérité peut-elle se faire politique pour combattre le mensonge ?**
   1. La vérité semble impuissante face au mensonge
   2. Les faiblesses du mensonge
   3. Le caractère despotique de la vérité

III. **Les pouvoirs de la fiction : politique et poétique**
   1. La fonction politique des « raconteurs d'histoire » : retour au réel
   2. Une question de perspective et d'interprétation
   3. Le maintien de l'ambiguïté : un difficile partage entre le vrai et le faux

Introduction

Dans son écrit satirique *L'art du mensonge politique* (1733), Jonathan Swift dresse une typologie du mensonge avant d'analyser ses fonctions puis les moyens de le combattre. La pièce d'Albert Camus intitulée *L'État de siège* (1948), poursuit cette interrogation avec inquiétude, montrant comment une ville bascule dans une dictature assimilée à la Peste. Au début de la pièce, un tyran proclame l'état de siège et veut faire croire au peuple que la comète aperçue par tous dans le ciel n'a jamais existé. Quiconque soutiendra le contraire sera puni par la loi. Dans ce contexte, le personnage de Diego énonce que « Mentir est toujours une sottise ». Nada lui rétorque : « Non, c'est une politique ». Ce micro-dialogue permet d'interroger la nature du mensonge et son lien avec le fait de gouverner. Diego généralise son propos en assimilant le mensonge à un défaut de jugement, à une bêtise ou une aberration. Mais Nada réfute catégoriquement l'idée que le mensonge serait irréfléchi et futile. C'est une affaire sérieuse. Une politique (et pas seulement « la » politique) est en effet un moyen de gouverner la cité (*polis*), mais aussi, plus largement, une manœuvre stratégique habile et intelligente, qui peut être d'une redoutable efficacité. Or si le point de vue de Diego est critique, celui de Nada (qui signifie « rien » en espagnol) est plus ambigu : s'agit-il d'un constat lucide, désabusé ou cynique ? Serait-il sur le point de légitimer le mensonge ? On notera toutefois que l'un ni l'autre ne condamnent ouvertement le mensonge pour son caractère immoral. Camus, qui s'est opposé au totalitarisme (Hitler, Franco), nous invite à travers cet échange à nous interroger sur la nature ambiguë du mensonge et à son lien avec le pouvoir. Est-il le revers de la raison ou de la vérité ? Celle-ci peut-elle être politique pour le combattre ? Pour élucider ces questions, nous nous appuierons sur la réflexion philosophique d'**Hannah Arendt** dans « Du mensonge en politique » et « Vérité et politique », sur la pièce d'**Alfred de Musset**, *Lorenzaccio* et le roman épistolaire de **Pierre Choderlos de Laclos** *Les liaisons dangereuses*. Nous verrons que certes, dans nos œuvres, le mensonge est plus une politique stratégique qu'une simple « sottise ». Pourtant, cette politique n'est pas infaillible, surtout quand elle entre en conflit avec la vérité qui, comme le mensonge a ses forces et ses faiblesses. Enfin, c'est par une réflexion sur le mentir-vrai de la fiction que l'on sera amené à repenser la nature politique et poétique du mensonge.

I. Certes, le mensonge est plutôt une stratégie politique qu'un défaut de jugement dans nos œuvres...

1. Quand l'intelligence des menteurs s'oppose à la « sottise »

Mentir, selon Diego, relèverait systématiquement d'un défaut de jugement. Or la sottise n'est-elle pas plutôt la marque des hommes crédules qui accordent naïvement leur confiance à autrui ? Dans la pièce de **Musset**, les citoyens de Florence se sont laissé duper par le pape et Charles Quint, qui ont imposé la « domination absolue » d'Alexandre de Médicis, un véritable « butor ». Florence est en « état de siège », aux mains de la garnison allemande (Acte I, scène 4). Dans *Les liaisons dangereuses*, les libertins, aristocrates brillants mais désœuvrés en temps de paix, sont convaincus de leur supériorité et considèrent que « Les sots sont ici-bas pour [leurs] menus plaisirs » (Lettre 63). Ils manipulent et corrompent Cécile Volanges, jeune fille « sans esprit et sans finesse » (Lettre 38) et le « sot » Danceny (Lettre 54), dont la maladresse enfantine contraste avec leur ruse sans scrupule. Leur intelligence inouïe s'exprime quand il s'agit de prendre le pouvoir ou de le garder, que ce soit par leurs actes ou par la maîtrise de la parole. Calculateurs et hypocrites, Mme de Merteuil et le vicomte de Valmont manigancent, multiplient les feintes et les expédients. Mme de Merteuil explique dans la lettre 81 qu'à quinze ans à peine elle « possédait déjà les talents auxquels la plus grande partie de nos politiques doivent leur réputation [...] ». Cette unique occurrence du mot « politique » dans le roman renvoie à la dissimulation, à la tromperie et au paraître. Les libertins sont machiavéliques : pour ces « roués », tous les moyens sont bons pour séduire, contrôler ou détruire autrui. Nos œuvres montrent donc moins le mensonge comme une « sottise » que comme une prouesse cognitive alliée à la volonté de puissance.

2. Le mensonge est bien une politique

Le pouvoir, trompeur par nature, s'est toujours appuyé sur le mensonge. **Musset** illustre ce poncif en jouant sur la symbolique du masque d'entrée de jeu quand le duc sort déguisé en nonne. Le dramaturge montre ainsi la dissimulation des ressorts du pouvoir (l'alliance entre le trône et le clergé). Dans « Vérité et politique », **Hannah Arendt** note qu'« il est peut-être de la nature du domaine politique de nier ou de pervertir toute espèce de vérité ». Elle s'intéresse particulièrement à la méthode de falsification des faits par les régimes totalitaires, sans oublier que les mensonges ont toujours été considérés comme des « outils nécessaires et légitimes » en politique pour arriver à ses fins. La philosophe distingue nettement ce qui relève de l'erreur de jugement involontaire (ignorance ou illusion) et le mensonge délibéré caractérisé par sa fausseté. Elle donne l'exemple des soviétiques qui ont manipulé les masses en niant l'existence du chômage. Elle dénonce également la réécriture des livres d'Histoire, expliquant que la négation du rôle de Trotski dans la Révolution russe n'a été qu'un premier pas vers son assassinat commandité par Staline. Le mensonge peut donc sembler à première vue inoffensif (« une sottise »), alors qu'en réalité il cherche à détruire (plus qu'à cacher) la vérité des faits, en portant atteinte à la vérité et à la liberté. De même dans *L'État de siège* de Camus, l'apparition de la comète est une « vérité de fait ». Proclamer qu'elle n'a jamais existé n'est pas une ineptie, mais une volonté du pouvoir totalitaire de nier la réalité pour faire régner la terreur.

3. La dimension idéologique et sociale du mensonge

Par définition, une politique est liée à l'organisation et à l'exercice du pouvoir dans une société organisée, mais c'est aussi une doctrine ou une théorie. Dans nos œuvres, le mensonge est toujours au cœur d'une intrigue, d'un plan visant à séduire ou détruire autrui. Les libertins de **Laclos** mènent de front plusieurs liaisons en se concertant : la marquise veut se venger de l'infidélité du Comte de Gercourt en sacrifiant la virginité de Cécile Volanges qui doit devenir sa femme et le vicomte veut faire tomber la vertu de la prude Mme de Tourvel. Pour atteindre cet objectif, ils jouent la comédie en société, pensionnent des traîtres, interceptent des lettres… telle est la politique, cousine « germaine » de l'intrigue selon Figaro (*Le mariage de Figaro*, III, 5) ! L'enjeu est social : grâce aux lettres qui serviront de preuves, il s'agit de rendre publique la défaite de Mme de Tourvel et celle de Gercourt en lui prouvant « qu'il est un sot ». L'objectif est de faire de lui « la fable de Paris » (Lettre 2). En prenant le masque de la décence, les libres penseurs veulent combattre « les principes austères » de la société : la vertu, la fidélité et la religion. Leur tactique (le lexique est souvent militaire), est d'affirmer la prééminence de l'intellect sur les sentiments pour dominer les autres et leur destin. À une autre échelle, plus grave, **Hannah Arendt** analyse dans « Du mensonge en politique » comment le gouvernement américain a menti au peuple concernant l'entrée en guerre contre le Vietnam (les incidents du golfe du Tonkin) et l'enlisement dans cette guerre. Il a menti aussi au Congrès à des fins de propagande, prétextant prévenir le développement du communisme dans le sud-est asiatique. Selon la philosophe la principale raison de tous ces mensonges était de préserver « l'image » de la toute-puissance des États-Unis. Les documents du Pentagone indiquent bien « la hantise de la défaite et de ses conséquences non sur le bien-être de la nation, mais sur la *réputation* des États-Unis et de leur président ». Tous les « scénarios », toutes les théories élaborées par les auteurs des documents du Pentagone (notamment la théorie des dominos) visaient « non pas la conquête du monde, mais à l'emporter dans une bataille dont l'enjeu est 'l'esprit des gens' ». Associés aux militaires, ces soi-disant « spécialistes de la solution des problèmes » férus de théorie ont rejeté tout « sentimentalisme » et ont tout fait pour tenter de justifier rationnellement les décisions du gouvernement.

Que ce soit du côté des gouvernants ou des relations publiques, le mensonge est donc bien une politique, comme le dit Nada. Pourtant, on peut aussi, dans une certaine mesure, donner raison à Diego car cette politique mensongère n'est pas infaillible. Dès lors, on ne peut s'interroger sur la nature du mensonge sans prendre en compte sa fonction, sa finalité, et son rapport à la vérité. Celle-ci est-elle assez puissante pour combattre le mensonge ?

II. La politique du mensonge n'est pas infaillible, surtout quand elle entre en conflit avec la vérité. Mais celle-ci peut-elle se faire politique pour combattre le mensonge ?

1. Faiblesse de la vérité face au mensonge

Notre sujet pose indirectement la question complexe du conflit entre la vérité et la politique. S'interrogeant sur leur dignité respective, **Hannah Arendt** pose la question suivante : « Est-il de l'essence même de la vérité d'être impuissante et de l'essence même du pouvoir d'être trompeur ? ». Selon elle, la vérité de fait est plus vulnérable que la vérité rationnelle car elle est relative et contingente (un mensonge peut s'avérer vrai et de faux témoignages sont toujours possibles). L'autre danger est que le pouvoir pervertisse les vérités de fait en opinions dans des contextes où l'enjeu politique est crucial. De plus, dans des contextes où il est vital que justice soit faite, le « diseur de vérité » met sa vie en danger. Elle prend l'exemple de l'homme qui tente de libérer ses concitoyens de l'illusion à la fin de l'allégorie de la caverne dans *La République* de Platon, puis celui de Socrate, qui a joué sa vie sur le précepte éthique « Il vaut mieux subir le mal que faire le mal ». Enfin, le mensonge peut être un moyen moral de combattre un pouvoir illégitime. Le paradoxe consistant à dire que « le mensonge peut fort bien servir à établir ou à sauvegarder les conditions de la recherche de la vérité » n'est qu'apparent. En effet, tout menteur veut que les choses soient autrement ; il est « acteur par nature ». On comprend pourquoi Lorenzo ne peut lutter à visage découvert : il lui faut simuler la faiblesse pour manipuler le duc et le tuer. Le personnage se présente comme un « Brutus moderne » (III, 3) voulant débarrasser Florence du tyran. Il imagine donc le monde autrement et veut transformer le réel par l'action, rétablir la République. Son attitude s'oppose à celle du patriarche pacifiste et idéaliste, Philippe Strozzi, guidé par de nobles valeurs, mais peu persuasif auprès de son clan républicain, qui finit par se retirer de toute action politique. Mais le bavardage finit par l'emporter sur l'action individuelle et collective.

2. Les faiblesses du mensonge

Le menteur n'est pas infaillible et il ne peut tout maîtriser ni abuser autrui indéfiniment. Les erreurs de jugement peuvent faire échouer tous ses plans. Valmont, pourtant si sûr de lui et de son « empire sur les femmes », est pris au piège de l'amour. La marquise relève au fil des lettres ses imprudences et ses erreurs d'écolier. Elle lui reproche d'avoir commis « sottises sur sottises » (Lettre 106). Selon elle, il a manqué d'imagination et a été maladroit dans ses stratégies d'argumentation face à la « raisonneuse » Mme de Tourvel. Les libertins anticipent mal les réactions de ceux qui contrecarrent leurs plans (notamment la mère de Cécile, Mme de Volanges) et voient la réalité se retourner contre eux. À l'instar de Valmont, Lorenzo tombe dans son propre piège, mais pour des raisons inverses : le masque du vice finit par lui coller à la peau (III, 3). Il ne parvient pas à regagner la confiance des républicains. L'anti-héros romantique et marginal est pourtant lucide sur les raisons de son échec : « Je travaillais pour l'humanité, mais mon orgueil restait solitaire au milieu de tous mes rêves philanthropiques » (III, 3). Brutus est doublé de l'orgueilleux Érostrate. Le meurtre du duc perd en fin de compte son sens politique et Lorenzo court au suicide. Aveuglés par leurs passions et leurs convictions ou leur intérêt personnel, ces « menteurs privés » (selon l'expression d'**Hannah Arendt**) échouent parce qu'ils agissent pour leur propre compte, poussés par une idée fixe. Sur le plan politique, **Hannah Arendt** précise dans « Du mensonge en politique » que dans le cas de la guerre du Vietnam, le mensonge des responsables américains était doublé d'« une ignorance véritablement effarante et de bonne foi de tout l'arrière-plan historique du problème », c'est-à-dire les réalités de la révolution chinoise, le différend entre Moscou et Pékin et le combat des Vietnamiens depuis deux mille ans contre des envahisseurs étrangers. Elle explique que certains des « spécialistes de la solution des problèmes », des « hommes très sûrs d'eux-mêmes » ont, malgré leur indéniable intelligence, menti « par patriotisme erroné ». Ils ont cumulé les erreurs de jugement : leur déconnexion du réel, leur approche trop « rationnelle » des faits, leur mépris des rapports véridiques des services de renseignement. Mais leur « erreur de jugement fondamentale » a été « d'employer le langage de la guerre » et de considérer la politique comme n'étant « qu'une variété des relations publiques » en pensant aux futures élections présidentielles et à l'image des États-Unis dans le monde, sans tenir compte des graves conséquences de leurs décisions. Le mensonge peut donc aussi être assimilé à une « sottise ».

3. Le caractère despotique de la vérité

Dans nos œuvres, la vérité finit par éclater : quand Danceny, après avoir tué Valmont en duel, fait publier les lettres des libertins, la marquise de Merteuil est démasquée et huée à la Comédie Italienne (Lettre 173). Exhibés dans leur vérité, les faits exigent d'être reconnus. Dans « Vérité et politique » **Hannah Arendt** analyse ce mécanisme : « Quand on la considère du point de vue de la politique, la vérité a un caractère despotique », elle est coercitive, « tyrannique ». C'est pourquoi les tyrans la haïssent. Le pouvoir est dérangé ou impuissant face à son évidence inattaquable et les historiens ne peuvent la modifier. Ainsi, comme le disait Clemenceau, il est impossible pour des historiens de dire après coup que la Belgique a envahi la France. Vu sous cet angle, la vérité est de nature « antipolitique » car elle n'admet pas la discussion, alors que celle-ci est censée être le fondement de la politique. Ce type de vérité est au-delà de l'opinion ou du consentement. En fin de compte : « la persuasion et la violence peuvent détruire la vérité, mais ils ne peuvent la remplacer ». Dans « Du mensonge en politique », **Hannah Arendt** rend hommage au courage et à l'intégrité de Daniel Ellsberg, analyste du département d'État, qui a transmis les documents secrets du Pentagone au New York Times et au Washington Post pour les faire publier. Cette action du « diseur de vérité », ancêtre du lanceur d'alerte, conjuguée au contre-pouvoir de la presse libre, a permis de faire éclater la vérité. Mais le peuple peut réagir ou rester indifférent à la vérité et à la survie de la cité, comme les Florentins qui acclament le nouveau duc de Médicis à la fin de *Lorenzaccio*. Le discours final de Côme annonce la retombée dans une politique mensongère.

Le mensonge comme la vérité a donc ses forces et ses faiblesses. Il peut être accompli pour une bonne ou une mauvaise cause, mais la vérité, bien que coriace, lui résiste difficilement. Dès lors, le rôle de la littérature est-il de rétablir la vérité ?

III. Les pouvoirs de la fiction : politique et poétique

L'imagination est centrale pour comprendre comment s'articulent le mensonge et l'action. Elle est aussi au cœur de l'art : le romancier et le dramaturge recréent la réalité, la transforment, mais pour mieux la retrouver. Et c'est par le biais du mentir-vrai, selon l'expression d'Aragon, que s'instaure un jeu subtil entre le mensonge et la vérité.

1. La « fonction politique » des raconteurs d'histoires

La conclusion de « Vérité et politique » opère un dépassement : si le réarrangement historique des faits et le « mensonge organisé » nuisent à la vérité et constituent « une forme d'*action* » à des fins politiques, la littérature, elle, fabrique une autre réalité. **Hannah Arendt** médite sur la « fonction politique du raconteur d'histoire ». En transfigurant les sentiments et en reconfigurant les faits de façon vraisemblable (et non vraie), le bon romancier permet la catharsis, mais aussi une forme de « réconciliation avec la réalité » car il permet de saisir les choses « telles qu'elles sont ». **Musset**, par exemple, s'est inspiré du drame de Georges Sand *Une conspiration républicaine en 1537* et des chroniques de Varchi. Il a rectifié des erreurs historiques et refondu la pièce pour la recentrer sur Lorenzo et le tyrannicide. Il a voulu tendre à ses lecteurs un miroir de l'actualité politique des années 1830, notamment la consolidation de la monarchie avec la proclamation de Louis-Philippe comme roi des Français après les « Trois Glorieuses ». Il a voulu également dénoncer la déchéance politique et la corruption des mœurs, tout en traduisant les aspirations de sa génération qui se sentait sacrifiée, sans avenir. En plongeant dans le passé et en arrangeant les faits, l'écrivain montre donc le réel tel qu'il est –ou du moins tel qu'il le voit –, pour éveiller la conscience de ses concitoyens. Le roman épistolaire de **Laclos** témoigne lui aussi d'une volonté d'action, comme le montre l'épigraphe empruntée à Rousseau : « J'ai vu les mœurs de mon temps, et j'ai publié ces lettres ». Lui qui a tenté avec les Jacobins de faire déchoir Louis XVI et de porter le duc d'Orléans à la Régence, dépeint la décadence morale de la noblesse après la révolution, mais aussi l'hypocrisie sociale généralisée qui pousse à la dissimulation dans un monde fondé sur le paraître. Le mensonge fictionnel permet donc paradoxalement une forme de retour à la réalité politique et sociale pour mieux la penser. Encore faut-il interpréter les faits narrés ou mis en scène.

2. Une question de perspective et d'interprétation

Le théâtre, comme le genre épistolaire, empêche la présence d'un point de vue surplombant. Tel est le cas également dans la citation de Camus qui représente des points de vue antagonistes sans que l'auteur s'engage. Dans le roman polyphonique de **Laclos**, tout est question de perspective et d'interprétation : c'est en croisant la lecture des lettres et en confrontant les regards des personnages sur les autres et sur eux-mêmes que le lecteur pourra forger son opinion. Par exemple, l'épisode de la charité feinte par Valmont au Village est raconté par le vicomte à la marquise (Lettre 21), puis par Mme de Tourvel à Mme de Volanges, ce qui nous permet de mesurer la duplicité du libertin et l'enjeu de la mise scène : toucher la « belle âme » de la Présidente. **Hannah Arendt** analyse l'intérêt de ce perspectivisme à la fin de « Vérité et politique » en s'appuyant sur l'exemple d'Homère qui choisit de chanter autant les actions des Troyens que celle des Achéens. Elle admire cette impartialité, signe de « la poursuite désintéressée de la vérité » qui est aussi le propre de la vérité philosophique. La philosophe s'approprie le concept kantien de « mentalité élargie ». Cette approche objective, qui permet de prendre en compte une pluralité de points de vue, rejoint dans le fond la politique dans ce qu'elle devrait être : une « pensée représentative » et un lieu de débat. La fiction mensongère a donc un pouvoir heuristique. Elle développe aussi notre faculté de jugement.

3. Un jeu subtil entre mensonge et vérité

Toutefois, se forger une opinion n'a rien d'évident dans nos œuvres, tant elles présentent des interprétations opposées et des personnages insaisissables. Ainsi, Lorenzo est la fois fort et faible, main de Dieu et de Satan, ombre et lumière. Juste avant sa mort, il confie à Philippe qu'il a été « honnête » (acte V, scène 6). Nostalgique de la vertu, comme l'est parfois Valmont, il reste un débauché. **Laclos**, lui, entretient l'ambiguïté dans l' « Avertissement de l'éditeur » et dans la « Préface du rédacteur », où l'on peut douter de sa « sincérité » quand il affirme la moralité de ses intentions. Dénonce-t-il la perversion ou s'en fait-il le complice tout en nous associant à une forme de voyeurisme ? En réalité, dans la citation de Camus, comme dans nos œuvres, le problème de la morale est laissé de côté. L'enjeu est moins de condamner l'immoralisme que de connaître les hommes. Bien que son roman ait été qualifié de « sulfureux », **Laclos** se fait moraliste en montrant la complexité de la nature humaine. Selon Raymond Picard, il présente « un des romans les plus intelligents » par sa façon subtile de « démonter l'homme comme un mécanisme d'horlogerie ». Le romancier fait dire à Mme de Volanges dans la Lettre 32 : « L'humanité n'est parfaite dans aucun genre, pas plus dans le mal que dans le bien. Le scélérat a ses vertus, comme l'honnête homme a ses faiblesses ». Ainsi, selon Valmont, Mme de Tourvel, « toute sage qu'elle est, elle a ses petites ruses » (Lettre 25), Mme de Merteuil devine en Cécile la rouée à venir et Valmont découvre qu'« on n'est heureux que par amour » (lettre 155). Nos œuvres résistent donc au partage entre le vice et la vertu, la bonne et la mauvaise foi, le vrai et le faux, pour tenter de nous montrer les hommes tels qu'ils sont.

Conclusion

Le mensonge n'est donc pas, comme l'affirme Diego une simple « sottise ». Qu'il se manifeste dans la sphère politique ou sociale, il est délibéré et ses conséquences peuvent être graves. Il est « une politique » car il requiert une intelligence stratégique et une inventivité redoutables lorsqu'il s'agit de séduire ou de gouverner autrui. Mais malgré sa rationalité et son côté calculateur, le menteur n'est pas toujours à l'abri d'erreurs de jugement ou de comportements insensés. Nos œuvres montrent des hommes machiavéliques ou au contraire idéalistes, pris au piège de leurs propres mensonges, de leur volonté de puissance ou de leur vanité. De plus, face au mensonge en politique, la vérité peut être impuissante ou « tyrannique », comme le montre Hannah Arendt. Elle nous amène à prendre conscience de la nature « non politique » ou « antipolitique » de la vérité, tandis que les fictions de Musset et de Laclos nous permettent de réfléchir à la nature du mensonge littéraire et à son pouvoir émancipateur. Le mensonge est alors moins « une politique » qu'une poétique qui permet au lecteur de renouer avec le réel et de développer sa faculté de jugement en confrontant des opinions. Ce sujet permet donc de mesurer l'ambiguïté inhérente au mensonge, mais aussi l'élasticité de la vérité et la malléabilité de l'opinion. Comme l'écrit Montaigne dans ses *Essais* (I, 9) : « Si, comme la vérité, le mensonge n'avait qu'un visage, nous serions en meilleurs termes. Car nous prendrions pour certain l'opposé de ce que dirait le menteur. Mais le revers de la vérité a cent mille figures et un champ indéfini ».

« La capacité à mentir, à nier ou à déformer la réalité factuelle [...] n'est pas sans affinités avec la possibilité de transformer le réel par l'action, autrement dit d'imaginer que le réel pourrait être autre qu'il n'est. »

Myriam Revault d'Allonnes, *La Faiblesse du vrai*, 2018

➥ *Dans quelle mesure cette réflexion éclaire-t-elle les paradoxes du « faire croire » dans les œuvres au programme ?*

LAURENCE LECARPENTIER

Analyse du sujet

- L'auteure propose un rapprochement entre l'aptitude humaine au mensonge et l'ouverture de certains possibles.
- Les verbes « mentir, nier ou déformer la réalité factuelle » désignent des formes de discours relevant de la manipulation et du « faire croire ».
- L'aptitude à mentir est associée à « la possibilité de transformer le réel par l'action », c'est-à-dire d'« imaginer que le réel pourrait être autre qu'il n'est » : il faut avoir d'abord la possibilité de concevoir une réalité autre, pour la faire advenir par l'action.
- Cette aptitude au mensonge et cette possibilité d'agir sont reliées par des « affinités » ; mais la double négation (« n'est pas sans affinités ») vient souligner le caractère audacieux de ce rapprochement.

Enjeux du sujet

1. Aptitude au mensonge et pouvoir de transformation du réel relèvent d'une même émancipation par rapport aux faits, autorisant la modification d'une réalité insatisfaisante. Il s'agirait ainsi de « faire croire » que la réalité est autre qu'elle n'est, dans l'espoir d'en récolter certains fruits.
2. Cette parenté n'est pas évidente, les deux démarches peuvent sembler contradictoires : il va falloir penser ce paradoxe et réfléchir aux conditions de l'action humaine.

PROBLÉMATIQUES POSSIBLES

- Le mensonge et la capacité à transformer le réel procèdent-ils d'une même source ?
- Les menteurs sont-ils plus propres à l'action que les autres ? Doit-on leur laisser la mainmise sur le réel ?
- Comment faire pour que le pouvoir de s'affranchir du réel serve à le transformer positivement, en préservant le critère du vrai ?

PLAN

I. Mentir, déformer ou nier les faits, permet de transformer le réel

1. L'impuissance de l'honnêteté à « faire croire » et faire agir
2. Il faut alors s'affranchir d'une certaine vérité
3. Le pouvoir du faux

II. Mais le réel résiste à l'imagination, même des meilleurs menteurs

1. Les faits résistent au pouvoir de l'imagination
2. La capacité d'action du menteur s'en trouve limitée
3. La perte du critère du vrai

III. À quelles conditions le « faire croire » peut-il transformer le réel ?

1. Rétablir les faits réels
2. L'imagination peut jouer son rôle créateur
3. Bien délimiter le champ de l'action humaine

Introduction

À l'heure de la « post-vérité » et des « fake news », la philosophe Myriam Revault d'Allonnes analyse les enjeux politiques et philosophiques d'une distorsion des faits inédite dans son ampleur : on peut désormais transformer le fait en simple opinion pour le nier totalement et obtenir l'action voulue sur le réel, la distinction entre vrai et faux devenant superflue. Cette fragilité de la vérité factuelle, si sensible dans les œuvres d'**Hannah Arendt**, **Alfred de Musset** et **Pierre Choderlos de Laclos**, semble laisser aux menteurs et aux manipulateurs un vaste champ d'action. Mais qu'en est-il réellement ? D'où vient cette parenté entre la capacité à s'affranchir du critère du vrai et celle de modifier concrètement le réel ? Faut-il pratiquer le mensonge, distordre les faits pour espérer transformer la réalité ?

I. Mentir, déformer ou nier les faits, permet de transformer le réel

1. L'impuissance de l'honnêteté à « faire croire » et faire agir

Le pouvoir d'action de la vérité ou de l'honnêteté est faible dans les œuvres du programme. Les « vérités de raison » ou les « vérités de fait » (comme les distingue **Hannah Arendt** dans *Vérité et politique*, p. 294) pèsent peu. Socrate, dans *La République*, éprouve les plus grandes difficultés à convaincre son adversaire Thrasymaque, mais aussi ses propres disciples, du fait qu'« il vaut mieux subir le mal que faire le mal » (*ibid.*, p. 311). Les vérités de fait sont encore moins puissantes : les rapports factuels concernant la situation concrète au Vietnam, révélés par les documents du Pentagone, n'ont pas pesé dans les décisions prises (*Du mensonge en politique*, p. 27). Dans la pièce d'**Alfred de Musset**, les personnages honnêtes sont inaudibles et voués à l'impuissance : Philippe Strozzi, qui pourrait prendre la tête des Républicains, ne parvient ni à protéger ses enfants, ni à animer le parti républicain, malgré son désir manifeste : « Agir ! Comment, je n'en sais rien. » (III-3). Par ailleurs, ceux qui détiennent la vérité ne sont pas entendus : à la fin de l'acte IV, les indices concordent pour prouver que Lorenzo est devenu un danger pour Alexandre, mais le duc persiste dans sa confiance en lui ; même le cardinal Cibo est impuissant à « (s)e faire croire ». (IV-4)

2. Il faut alors s'affranchir d'une certaine vérité

Au Vietnam, les services des opérations clandestines ont été chargés d'inventer des faits, de « créer l'événement » (**Hannah Arendt**, *Du mensonge en politique*, pp. 26-27). Il s'agit donc bien de se libérer de la contrainte du réel pour rendre possible l'action. Le mensonge en politique, actif et « agressif », est en effet un outil « parfaitement justifié » (*ibid.*, p. 9). Du reste, une part de la réalité factuelle est sujette à interprétation, contingence qui devient même versatilité chez **Pierre Choderlos de Laclos** : un événement peut être présenté sous deux jours opposés selon les besoins du menteur. Ainsi, le récit de la soirée de Merteuil avec le dangereux Prévan est présentée à Valmont comme une victoire absolue, preuve de son pouvoir incontestable (lettre 85), mais, à Madame de Volanges, comme la confession sincère d'une amie victime d'un odieux attentat (lettre 87) ; Merteuil déforme ainsi les faits à sa guise et fait plier le réel. Pour **Hannah Arendt**, cette liberté mentale par rapport à la réalité est la condition de l'action humaine. Elle identifie même l'imagination comme la source commune de cette aptitude à se libérer de la réalité et à agir, en concevant ce qui n'est pas :« La négation délibérée de la réalité – la capacité de mentir –, et la possibilité de nier les faits – celle d'agir – sont intimement liées ; elles procèdent l'une et l'autre de la même source : l'imagination » (*Du mensonge en politique*, p. 9).

3. Le pouvoir du faux

L'homme peut ainsi transformer le réel par l'action, les grands manipulateurs déployer leurs talents. Dans la pièce d'**Alfred de Musset**, Lorenzo a réussi à gagner la confiance d'Alexandre par une vie de dépravation partagée et parvient à son but : l'assassiner ; le cardinal Cibo parvient à gagner une totale emprise sur le nouveau duc de Florence (Côme de Médicis). Chez **Pierre Choderlos de Laclos**, les deux complices Valmont et Merteuil ont un pouvoir d'action exceptionnel : ils sont à la manœuvre, Merteuil pour se venger de Gercourt, Valmont pour séduire Madame de Tourvel. Ils utilisent leur imagination pour créer des occasions, des obstacles ; après avoir éloigné Danceny de Cécile en révélant leur liaison à sa mère, Merteuil jubile d'exercer un pouvoir réellement démiurgique : « Me voilà comme la Divinité ; recevant les vœux opposés des aveugles mortels, et ne changeant rien à mes décrets immuables. » (Lettre 63) Enfin, dans *Du mensonge en politique* d'**Hannah Arendt**, c'est toute une entreprise gouvernementale de déformation, de négation de faits essentiels et de construction d'un mensonge d'état qui est analysée, avec sa part inquiétante d'autosuggestion chez les « spécialistes de la solution des problèmes ».

Celui qui sait prendre une certaine liberté par rapport à réalité, grâce à son imagination, exerce un véritable pouvoir d'action sur le réel.

II. Mais le réel résiste à l'imagination, même des meilleurs menteurs

1. Les faits résistent au pouvoir de l'imagination

On ne peut pas « faire croire » à n'importe quoi. **Hannah Arendt** montre en quoi l'existence des documents du Pentagone vient déconstruire l'image savamment agencée des États-Unis comme grande puissance ; car la vérité comporte un « élément de coercition » et les faits se caractérisent par une « exaspérante ténacité » (*Vérité et politique*, pp. 305-307). Lorsqu'on les néglige, on risque de s'illusionner soi-même et de se couper de la réalité ; les « trompeurs » ont négligé certains faits, y compris celui que « le public refusait de se laisser convaincre » (*ibid.*). Dans le drame d'**Alfred de Musset**, Lorenzo n'est pas parvenu à duper tout le monde ; Philippe Strozzi l'a percé à jour et le pousse à agir pour le bien de Florence : « Si je t'ai bien connu, si la hideuse comédie que tu joues m'a trouvé impassible et fidèle spectateur, que l'homme sorte de l'histrion ! » (III-3). **Hannah Arendt** pourrait y voir la preuve que le mensonge ne saurait jamais recouvrir toute l'étendue du réel. Enfin, dans *Les Liaisons dangereuses*, Valmont peine à prouver à Merteuil qu'il n'aime pas Madame de Tourvel, car c'est une vérité de fait ; Merteuil a beau jeu de le lui faire remarquer : « C'est de l'amour, ou il n'en exista jamais : vous le niez bien de cent façons ; mais vous le prouvez de mille » (Lettre 134).

2. La capacité d'action du menteur s'en trouve limitée

Dans la pièce d'**Alfred de Musset**, Lorenzo ne convainc pas les adversaires d'Alexandre que celui-ci va être assassiné, car ses mensonges lui ont fait perdre toute crédibilité : « Peut-être que j'ai tort de leur dire que c'est moi qui tuerai Alexandre, car tout le monde refuse de me croire » (IV-7), et ce quelle que soit la stratégie adoptée (dire ou non qu'il sera lui-même l'assassin). Or l'inaction des hommes avertis explique l'échec politique final : l'occasion de renverser le régime n'est pas saisie. Même si le meurtre d'Alexandre par Lorenzo est en lui-même un véritable acte, il n'est pas suivi des conséquences escomptées. Chez **Pierre Choderlos de Laclos**, c'est notamment le mensonge à soi-même qui entrave l'action sur le réel : le fait que Madame de Tourvel refuse d'admettre qu'elle aime Valmont sera cause de sa perte, car elle ne prend pas les mesures nécessaires suffisamment tôt pour résister à ses attaques ; elle reste longtemps dupe de l'idée qu'elle pourra lui faire du bien : par l'exemple de sa vertu (première partie), puis par le don total qu'elle lui fait d'elle-même, pour assurer son bonheur (quatrième partie). Symétriquement, Valmont a beau nier aimer Madame de Tourvel, c'est sur ce point que Merteuil prendra l'avantage sur lui et sera mise en capacité de le blesser mortellement.

3. La perte du critère du vrai

La pièce d'**Alfred de Musset** figure un héros en proie à un questionnement existentiel et identitaire : Lorenzo ne sait plus qui il est ; son visage, changeant selon les points de vue (d'Alexandre ou de Philippe), révèle les contradictions insolubles de sa personnalité, qui le condamnent à l'échec. Pire, le menteur décrit par **Hannah Arendt**, dupe de ses propres mensonges, perd la possibilité de transformer le réel par l'action car il perd le sens de la vérité. D'où l'image du sol qui s'érode : « le mensonge cohérent, métaphoriquement parlant, dérobe le sol sous nos pieds sans fournir d'autre sol sur lequel se tenir. » (*Vérité et politique*, p. 328). Et il n'y a, de fait, aucun remède à cette difficulté, pas de limites aux « possibilités de mentir », d'où un risque d'autodestruction du menteur et d'altération du réel. Chez **Pierre Choderlos de Laclos**, c'est peut-être dans cette logique que Valmont est rentré lorsqu'il écrit à Merteuil : « En vérité, plus je vais, et plus je suis tenté de croire qu'il n'y a que vous et moi dans le monde, qui valions quelque chose. » (Lettre 100) On est au comble du paradoxe : mauvaise foi absolue ou rapport totalement dévoyé à la réalité ? Valmont ne peut plus, à ce stade, revenir sur tous les mensonges échafaudés, dont il est lui-même devenu dupe. Le sol va bientôt s'éroder sous ses pas, comme pour tous les personnages.

La réalité factuelle est-elle si peu solide ? À quelle condition peut-on alors transformer le réel sans l'altérer ?

III. À quelles conditions le « faire croire » peut-il transformer le réel ?

1. Rétablir les faits réels

Hannah Arendt insiste sur la fragilité de la « vérité des faits » et des événements, car « ils adviennent dans le champ perpétuellement changeant des affaires humaines », et « une fois perdus, aucun effort rationnel ne les ramènera jamais » (*Vérité et politique*, pp. 294-295). Mais comme ils constituent la « texture » du champ de l'action humaine, on ne peut les laisser déformer ou nier sans réaction. D'où l'importance de la presse pour fournir « une information véridique et non manipulée » (*Du mensonge en politique*, p. 49). Enfin, la vérité peut avoir un certain pouvoir lorsqu'elle vient s'opposer au « mensonge organisé principiellement » : là le diseur de vérité commence à agir, à « fai(re) un premier pas vers le changement du monde. » (*Vérité et politique*, p. 320). On est alors proche de cette capacité à « transformer le réel par l'action » dont parle Myriam Revault d'Allonnes. Dans le roman de **Pierre Choderlos de Laclos**, même Merteuil et Valmont, qui prennent tant de liberté avec les faits, ont besoin de les connaître pour agir ; ils passent même beaucoup de temps à les analyser et les interpréter (récupérer les lettres, se les faire lire, entrer dans la confidence des autres) ; ils s'envoient des « bulletins » (Lettre 25) et prétendent être l'Historien l'un de l'autre. C'est la révélation finale des faits, avec la publication des lettres de Merteuil par Danceny, qui permettra de défaire tout l'édifice du mensonge.

2. L'imagination peut jouer son rôle créateur

Dans la pièce d'**Alfred de Musset**, même si le projet de république est avorté, l'idée aura fait son chemin, comme le dit Philippe Strozzi : « la république, il nous faut ce mot-là. Et quand ce ne serait qu'un mot, c'est quelque chose, puisque les peuples se lèvent quand il traverse l'air… » (II-1). L'imagination possède sa force propre, qui s'incarne notamment dans le personnage du peintre Tebaldeo, figure éminemment positive, qui ambitionne de réaliser les rêves par la peinture :« Réaliser des rêves, voilà la vie du peintre ». Chez **Hannah Arendt** figure l'idée que l'imagination est indispensable pour bien juger : en effet, la pensée politique nécessite un effort pour

« se représenter » ce que pense l'autre, prendre en compte le point de vue des absents ; or cette indispensable aptitude à une « mentalité élargie » (*Vérité et politique*, p. 307) correspond à un emploi désintéressé de l'imagination ; même quand j'essaie seul de formuler une opinion de qualité, « je reste dans ce monde d'universelle interdépendance où je peux me faire le représentant de qui que ce soit d'autre » (*ibid.*, p. 308). On a donc besoin de l'imagination pour agir et transformer le réel, sur un plan politique.

3. Bien délimiter le champ de l'action humaine

L'imagination est séduisante, mais il ne faut pas la dévoyer. Dans *Les Liaisons dangereuses*, Valmont souligne le goût de Merteuil pour les « idées plaisantes et bizarres » qui la mettent en danger face à Prévan qu'elle veut piéger (Lettre 79). Il faut parfois renoncer à certains possibles, car de toute façon la réalité les annule à mesure qu'elle advient, selon **Hannah Arendt** : « rien ne pourrait jamais arriver si la réalité, par définition, ne tuait pas les autres possibilités originellement inhérentes à quelque situation donnée que ce soit. » (*Vérité et politique*, p. 309) Il faut donc accepter cette perte, pour espérer exercer une quelconque action sur le réel. **Alfred de Musset** montre avec *Lorenzaccio* qu'on ne peut pas revenir en arrière, comme l'affirme le héros : « Je puis délibérer et choisir, mais non revenir sur mes pas quand j'ai choisi. » (IV-5) Les possibilités ouvertes par le mensonge sont nécessairement limitées par les choix effectués et leurs conséquences. **Hannah Arendt** souligne cette limite : chaque génération peut réinterpréter les faits selon sa propre perspective, à condition de ne pas « porter atteinte à la matière factuelle elle-même » (*Vérité et politique*, p. 304).

Conclusion

L'affinité repérée par Myriam Revault d'Allonnes est manifeste dans les œuvres du programme : s'affranchir de la réalité factuelle rend possible l'action humaine. Mais si on laisse le champ libre aux menteurs et aux manipulateurs, la réalité peut être gravement altérée ; il faut donc rétablir le critère du vrai, sans nier l'importance de l'imagination créatrice. N'est-ce pas par elle que les œuvres de fiction, comme *Lorenzaccio* et *Les Liaisons dangereuses*, agissent sur le lecteur ? Et n'est-ce pas le mérite des deux textes d'Hannah Arendt que de montrer à quelles conditions la liberté donne au politique son efficacité ?

Parlant seul dans une cellule de prison, Julien Sorel, héros du *Rouge et le Noir*, roman publié par Stendhal en 1830, déclare : « Je suis hypocrite comme s'il y avait là quelqu'un pour m'écouter. »

➥ *En quoi cette citation éclaire-t-elle votre lecture des trois œuvres du programme ?*

VALENTIN GRIMAUD

Analyse du sujet

- Julien Sorel est seul en prison. Il n'a pas de public. Pourtant, le héros remarque qu'il se comporte de la même manière que si on l'écoutait ou le voyait. Sa notion de l'hypocrisie semble découler de l'idée d'un public, rappelant le schéma de l'énonciation, qui va d'un locuteur vers un destinataire. Toute communication est adressée à une entité, même si cette entité est nous-même.
- L'hypocrisie est le fait de jouer un rôle, de n'être pas naturel, ni sincère, de ne pas dire ce que l'on pense vraiment, de porter un masque. En grec ancien, l'*upocrites* est l'interprète, l'acteur, le fourbe, l'hypocrite. Le mot « hypocrite » renvoie autant au théâtre qu'à la politique.
- Le « comme si » utilisé par Julien Sorel indique que ce n'est pas un public qui le pousse à l'hypocrisie, mais la figuration d'un public par sa propre imagination. L'hypocrisie serait-elle une action de notre imagination ? Est-elle subie ou volontaire ?

Enjeux du sujet

1. Déterminer, à l'aide des œuvres du programme, en quoi la présence d'un public nous pousse, voire nous oblige, à la dissimulation, ce qui ferait de nous des acteurs.
2. Si même seul, un personnage a l'impression d'être hypocrite, est-ce parce qu'il a été transformé par la société ? Peut-on être totalement soi-même devant les autres ? Avec soi-même ?

PROBLÉMATIQUES POSSIBLES

- Comment les trois œuvres au programme interrogent-elles la duplicité de l'être humain, toujours en représentation face à un public ?
- Est-on nécessairement faux quand on se retrouve face à d'autres que soi ?
- L'image qu'on se fait du public qui nous écoute conditionne-t-elle la manière dont on se présente ?

ANNONCE DU PLAN

I. La présence d'un auditoire impose l'hypocrisie, la fausseté, le rôle
1. Le public conditionne le masque
2. Le « moi » comme public suffisant
3. La fausseté est le propre de l'homme en société

II. (Mais) Une présentation de soi sans hypocrisie est possible
1. Quand le masque tombe par excès de mensonge
2. Ces publics qui nous révèlent
3. La déploration du naturel perdu

III. (En définitive) L'hypocrisie, en tant que projection, montre l'ambition et l'intelligence
1. La maîtrise de soi est le signe d'une intelligence avertie
2. Le mensonge est un mouvement vers le changement
3. L'hypocrisie montre les pouvoirs de l'imagination

Introduction

Nombre de romans d'apprentissage réalistes racontent l'ascension sociale de héros cyniques, comme Rastignac chez Balzac, ou Bel-Ami chez Maupassant. Ces personnages provinciaux, d'abord naïfs, apprennent les codes de la réussite en société, tout en développant leurs stratégies de manipulation des autres, naviguant entre leur vérité et les images mensongères qu'ils renvoient. Julien Sorel, héros du *Rouge et le Noir* (1830) de Stendhal, adapte ses comportements en fonction des milieux dans lesquels il évolue, cachant toujours son âme romantique et bonapartiste. Lors de son séjour en prison, il raisonne avec lui-même et constate en s'entendant qu'il n'est pas tout à fait naturel : « Je suis hypocrite comme s'il y avait là quelqu'un pour m'écouter. » D'où vient que Julien a l'impression ici de mentir, de n'être pas lui-même ? L'hypocrisie désigne le caractère de celui qui n'est pas sincère, et joue un rôle. Par son étymologie grecque, le terme s'applique tout autant au comédien qu'à l'homme politique. Sorel a-t-il tant menti dans sa vie qu'une fois seul en prison il n'arrive plus à retrouver une voix singulière ? N'est-il plus capable de réfléchir sans les voix de la société ? De manière plus philosophique, un être humain peut-il être tout à fait transparent envers lui-même ? Même lorsqu'il se parle, ne se figure-t-il pas un public par la pensée ? Si l'hypocrisie vient de ce qu'un public nous observe, pourquoi Julien se sent-il faux alors que personne n'est là pour le regarder ? L'hypocrisie est-elle imposée par le fonctionnement de la société, ou la conséquence de notre imagination ? Comment les trois œuvres au programme interrogent-elles la duplicité de l'être humain, toujours en représentation face à un public ? Est-on nécessairement faux quand on se retrouve face à d'autres que soi ? Le public auquel on s'imagine parler conditionne-t-il la manière dont on se présente ? Pour y répondre, nous constaterons que la présence d'un auditoire impose la fausseté d'un rôle, avant de voir qu'une présentation de soi sans hypocrisie est, dans de rares cas, possible. Enfin, il apparaîtra que l'hypocrisie est le corollaire d'une propension à l'imagination, gage de mouvement et d'action.

I. La présence d'un auditoire impose l'hypocrisie, la fausseté, le rôle

1. Le public conditionne le masque

Tout d'abord, il semble évident d'affirmer que la ou les personnes à qui l'on s'adresse changent la manière dont on se présente à eux. Ainsi, le héros éponyme de la pièce *Lorenzaccio* d'**Alfred de Musset** n'a pas le même comportement devant le duc Alexandre de Médicis, auquel il affirme que Philippe Strozzi est un « vieux misérable », un « infâme » (II, 4), que devant ce dernier, à qui il décrit le despote de Florence comme un « garçon boucher » (III, 3). Auprès duquel Lorenzo est-il le plus sincère ? Les différents surnoms (Renzino, Lorenzetta, Lorenzaccio...) que lui attribuent l'impressionnant personnel de la pièce laissent voir l'ampleur des rôles qu'il joue devant eux, comme si un nouveau Lorenzo existait pour chaque personnage. De la même manière, les roués des *Liaisons dangereuses* prennent une persona et un ton différents selon leurs épistoliers. La marquise de Merteuil ne parle pas de la même manière au vicomte de Valmont qu'à Madame de Volanges. **Choderlos de Laclos** avoue lui-même dans la « Préface » que le « Public » détermine sa manière de concevoir le recueil : la prise en compte du public, à tout niveau, est essentielle à la manière dont on présente sa personne, ses paroles ou son œuvre. Cette idée se retrouve dans le champ de la politique américaine, que la philosophe **Hannah Arendt** rapproche des stratégies des cabinets de relations publiques. Ainsi, dans ses « Réflexions sur les documents du Pentagone », elle décrypte les quatre « scénarios appropriés à chacun des publics » : les communistes, les Sud-vietnamiens, les alliés ainsi que l'opinion publique. À chaque cible, son plan de communication.

2. Le « moi » comme public suffisant

Même lorsqu'aucun public n'est présent, est-on certain que le « moi » n'en constitue pas un ? N'est-on pas dans une posture, même en s'adressant à nous-même ? Est-ce une caractéristique de l'énonciation humaine, ou alors un facteur de duplicité ? Les monologues de Lorenzo, qui apparaissent dès l'acte IV, rappellent les délibérations lyriques du héros shakespearien Hamlet, mais aussi les réflexions de Julien Sorel. « Qui donc m'entendra dire demain : "Je l'ai tué", sans me répondre : "Pourquoi l'as-tu tué ?" » Le personnage de **Musset** semble incapable d'envisager le meurtre sans sa réception par les autres, comme si son être se figurait toujours un public. Toujours en représentation, pris dans des enjeux de domination, le libertin est-il jamais naturel ? On se demande jusqu'à la fin si l'amour qu'éprouve le vicomte de Valmont pour la présidente de Tourvel est sincère ou non. La marquise de Merteuil semble persuadée qu'il a été pris au piège de ce sentiment honni des libertins : « vous vous faites illusion sur le sentiment qui vous attache à Mme de Tourvel ? C'est de l'amour ». Enfermé dans ses hypocrisies, Valmont peut-il savoir ce qu'il désire vraiment ? A-t-il toujours une relation naturelle à lui-même ? Les rôles qu'on joue dans nos interactions sociales peuvent aller jusqu'à nous illusionner, même à l'échelle politique. **Hannah Arendt** déplore dans *Du mensonge à la violence* que les administrations américaines aient cédé à l'« autosuggestion interne ». Martelant des vérités de faits alternatives, les régimes idéologiques finissent par les croire de l'intérieur : « le dupeur qui se dupe lui-même perd tout contact, non seulement avec son public, mais avec le monde réel. »

3. La fausseté est le propre de l'homme en société

Cette intériorisation du mensonge qui imposerait l'hypocrisie même sans public est-elle entraînée par la vie en société ? **Arendt** oppose le citoyen à des figures d'isolés comme les philosophes, les poètes, les savants, les artistes, qui ont le privilège de l'« être-seul ». Le citoyen, lui, n'a pas d'impératif rigoureux de non-contradiction avec lui-même, et il peut se (laisser) modeler à loisir par ses interactions sociales. Dans la lettre-confession 81, la marquise de Merteuil explique qu'elle a été forcée d'apprendre à dissimuler à cause du rôle de mineures attribué aux femmes par la société du XVIIIe siècle dans laquelle elle a grandi. Sans autonomie, sans liberté ni de penser, ni d'action, les femmes sont dirigées par les hommes. Désireuse d'échapper à ces diktats, la marquise s'est appris à mentir pour obtenir ce qu'elle veut. Par opposition, la pieuse présidente de Tourvel est bien en peine de cacher ses émotions : Valmont fait d'elle dans la lettre 6 le parangon de la femme « sans déguisement », idéal de vertu rare à l'époque, qu'il contaminera par sa séduction (allant jusqu'à leurs morts respectives). Enfin, la vie sociale et politique à Florence est une tromperie constante, ce que représentent les masques et dominos des bals. La voix des personnages du peuple est utilisée pour faire ressortir la décadence florentine, comme à l'acte I où l'on commente la sortie des Grands du bal des Nasi : Lorenzo s'y est présenté en « robe de nonne », choix ironique au vu de ses mœurs licencieuses.

Quoique l'hypocrisie semble un trait définitoire de l'homme dans ses interactions avec lui-même et les autres, il apparaît que les trois œuvres au programme envisagent également une sortie possible de la fausseté.

II. (Mais) Une présentation de soi sans hypocrisie est possible

1. Quand le masque tombe par excès de mensonge

Même en présence d'un public, et avec une personne en position d'acteur, il est paradoxalement possible que le rôle se révèle de lui-même. Le trop-plein d'hypocrisie laisse parfois voir les sutures du mensonge ; le surjeu trahit. Ce que l'analyse par **Hannah Arendt** des documents du Pentagon montre, c'est que les mensonges délibérés des États-Unis au sujet de la guerre du Vietnam n'ont fait illusion pour personne. La philosophe conclut que, pour chacun des publics, l'opération a eu les effets inverses à ceux recherchés, révélant le cynisme du gouvernement, qui agit pour son image, plus que ses idées. De même, il n'y avait bien que la naïveté de la présidente de Tourvel pour croire que l'aide charitable fournie par le vicomte de Valmont à une famille pauvre était bien intentionnée. Madame de Volanges y voit aussitôt une manipulation. C'est la présidente encore dont les lettres révèlent ce qu'elle pense alors qu'elle essaye de dire l'inverse. Surjouant le refus vertueux dans la lettre 43, Valmont rend compte à la marquise de ce qu'il y a lu : « je suis aimé ; j'ai triomphé de ce cœur rebelle. » Danceny ne s'y trompe pas : pour lui, la « Lettre est le portrait de l'âme », et il semble difficile d'y montrer un visage totalement masqué. Toutefois, le rôle est parfois si ancré que la limite entre la réalité et le jeu est brouillée ; ainsi, lorsque Lorenzo, à l'acte IV, annonce le meurtre du duc dans la rue : « Peut-être que j'ai tort de leur dire que c'est moi qui tuerai Alexandre, car tout le monde refuse de me croire », déplore-t-il. Dans ce cas, le surjeu du personnage conforte la crédulité du public.

2. Ces publics qui nous révèlent

Toute situation d'énonciation comporte un destinateur et un destinataire. Il existe des destinataires qui forcent les destinateurs à faire tomber leurs masques. Serait-ce le cas de la présidente de Tourvel ? A-t-elle réveillé le bon en Valmont, en lui montrant le plaisir de la vertu ? À la fin, la vérité prime sur l'hypocrisie : M. Bertrand reproduit dans la lettre 163 les *ultima verba* de Valmont, qui montre sa volonté de rédemption : « Je vous ordonne d'avoir pour Monsieur [Danceny] tous les égards qu'on doit à un brave et galant homme. » Dans un registre plus malveillant, la relation de confidence entre Valmont et Merteuil montre cette nécessité d'un contact sans masque avec une personne proche. Cette relation de confidence est détournée par les deux roués lorsqu'ils s'en servent auprès de Danceny et de Cécile pour les trahir et faire avancer leurs propres intérêts. Philippe Strozzi révèle l'ethos de sincérité de Lorenzo : « Si tu es honnête, quand tu auras délivré ta patrie, tu le redeviendras » (III, 3). Ce dernier l'enjoint à retrouver une humanité hors hypocrisie : « redevenez un homme. Vous avez beaucoup fait, mais vous êtes jeune » (V, 7). S'il peut être difficile de trouver un public totalement fiable à qui se confier, **Hannah Arendt** considère que la seule instance qui contrôle les mensonges des politiques, et donc incarne un public résistant, incrédule, est la presse, véritable « quatrième pouvoir ». Les journalistes ont une intransigeance sur les vérités de faits, et empêchent seuls la diffusion des mensonges.

3. La déploration du naturel perdu

Dans les trois œuvres au programme, on déplore souvent le fait que l'hypocrisie est une invention récente. Au préalable, avant corruption, l'humain vivait sans masque. La pièce *Lorenzaccio* montre à de nombreuses reprises que le protagoniste fut jadis une personne innocente. Lui-même le dit à l'acte III, scène 3 : « j'étais pur comme un lys », s'imaginant vivre accompagné d'un spectre qui lui rappelle cet autre qui a disparu (« avec mon fantôme à mes côtés »). Les femmes de sa famille, sa mère Marie (« mon Lorenzino d'autrefois », II, 4), sa sœur Catherine qui le voit en « fantôme » dans un rêve, font le même constat. Les deux roués des *Liaisons dangereuses* se rappellent également l'un à l'autre que leur hypocrisie est arrivée par contamination ; ainsi de la marquise dans la lettre 81, ou de Valmont dans la 23 : « Entouré de gens sans mœurs, j'ai imité leurs vices ; j'ai peut-être mis de l'amour-propre à les surpasser. » Si Merteuil ne formule aucun regret sur sa transformation en libertine, Valmont met en scène sa tentation de retrouver cet état pré-corruption, qu'incarne à ses yeux la présidente. Jouir de son amour serait comme retrouver son innocence. En politique, **Arendt** considère illusoire l'absence de fausseté. Pour elle, le danger serait une disparition complète de toute forme de vérité. Si la politique va trop loin dans sa déformation, la vérité pourrait se perdre à jamais. L'hypocrisie limitée d'une politique équilibrée serait précisément une forme de « naturel », que tout régime totalitaire ou démocratie opposée à la vérité pourrait mutiler à jamais. **Arendt** oppose ainsi le mensonge traditionnel de la politique, à celui moderne, inventé au XXe siècle, un système de mensonge généralisé.

Jusque-là, peu d'exemples ont montré des interactions sans mensonge, qu'il soit volontaire ou non, envers les autres ou soi. Ne faudrait-il pas plutôt envisager l'hypocrisie, non comme une corruption stérile, mais comme un facteur d'imagination ?

III. (En définitive) L'hypocrisie, en tant que projection, montre l'ambition et l'intelligence

1. La maîtrise de soi est le signe d'une intelligence avertie

Une certaine forme d'hypocrisie peut être vue comme une marque d'intelligence : celui qui s'adapte aux situations en fonction de son public exerce une certaine sagacité sociale. Lorenzo sait régler sa conduite selon les situations et les publics. Il est constamment dans le calcul, comme lorsqu'il fait semblant de trembler face à une épée (I, 4), ou quand il feint de n'avoir pas vu la cotte de mailles qu'il a volée (II, 6). En subtilisant cette protection, le personnage montre sa capacité à désarmer les autres, tout en se protégeant lui-même. **Arendt** affirme que le menteur « possède le grand avantage de savoir d'avance ce que le public souhaite entendre ou s'attend à entendre ». Le mensonge serait alors gage d'une maîtrise humaine. La philosophe remarque à cet égard que certaines affections cérébrales empêchent une personne d'affirmer ce qu'elle sait n'être pas vrai. Cette capacité à distinguer ce qu'on dit du réel est le propre de l'imagination et de la liberté humaine. C'est dans cette optique que Merteuil, authentique maîtresse en duplicité pour la jeune Cécile, l'enjoint à se défaire de son naturel (on voit par exemple en lettre 30 que Cécile n'arrive pas encore à cacher ses sentiments, et s'exprime de manière candide). On sait que **Choderlos de Laclos** s'intéressait grandement à la question de l'éducation des jeunes filles. Leur éducation au couvent, sans connaissance du monde, en faisait des proies faciles, et de futures filles perdues. Merteuil montre à son élève comment lire les signes, et les manipuler. Elle gronde sa pupille pour la rendre plus forte (lettre 102), avant de dire à la lettre suivante adressée à Valmont que Cécile n'a peut-être aucune « étoffe », qu'elle ne peut sortir de sa « sotte ingénuité ».

2. Le mensonge est un mouvement vers le changement

L'hypocrisie n'est-elle pas davantage une projection idéaliste, qu'une fausseté foncière ? **Hannah Arendt** montre que le mensonge est un « instrument dans l'arsenal de l'action politique ». Toute politique est interprétation des vérités de faits, et donc opération de mensonge. Le politicien est forcément menteur, et « le menteur est un homme d'action ». Son désir est de « changer la réalité », une « capacité active » (*Du mensonge à la violence*). L'action est le propre de la politique, aussi le menteur est-il acteur, à la fois comédien et entité agissante. Dans *Les Liaisons dangereuses*, les mensonges des roués font d'eux des personnes fluides, en mouvement, qui jouent avec l'espace comme des metteurs en scène, tandis que les femmes plus âgées, maternelles, gardiennes de la morale, sont des statues, des balises (« ce sont elles qui font la réputation des jeunes », affirme Merteuil en lettre 51). Le projet de Lorenzo de tuer le duc, pavé de mensonges, vise une mise en mouvement. La « hideuse comédie » dont parle Philippe en III, 3 est la préparation d'un passage à l'acte : ses hypocrisies sont les prolégomènes d'une vocation. Lorenzo mentait pour mieux devenir acteur de l'histoire de Florence et de l'humanité (« il faut que le monde sache un peu qui je suis »).

3. L'hypocrisie montre les pouvoirs de l'imagination

Enfin, toute hypocrisie est en soi la figuration d'un possible. Mentir, c'est affabuler, c'est consacrer les pouvoirs de la fiction, sa capacité à séduire une personne, un peuple. Dans « Politique et vérité » comme dans « Du mensonge en politique », **Arendt** raconte l'anecdote médiévale d'une sentinelle qui aurait sonné l'alarme. La crédulité des villageois, qui trouvent tous refuge, force le menteur à se conformer. Lui-même se rend aux pouvoirs de son mensonge. Le carburant des libertins est la diffusion de leurs exploits, des histoires qu'ils ont écrites. Merteuil jouit de raconter à Valmont le sort qu'elle a réservé à Prévan dans la lettre 85, événement raconté dans un tout autre registre à Madame de Volanges, cette fois en se faisant passer pour une victime. Les exploits n'ont pas tant pour objet la jouissance physique, que celle malicieuse de la narration, imposant leurs fictions aux yeux du monde. Enfin, lors de son entretien avec le peintre Tebaldeo, à la scène 2 de l'acte II, Lorenzo interroge l'artiste sur son travail : « Réaliser des rêves, voilà la vie du peintre », répond-il, incarnant peut-être la vision de **Musset**. L'hypocrisie, ou le mensonge de l'art, ne permettent-ils pas d'essayer de réaliser ce rêve ?

Conclusion

Nous avons bien vu que les trois œuvres au programme interrogeaient l'hypocrisie de l'être humain, dont la conduite est dictée par les publics présents ou imaginés. Tantôt volontaire ou subie, dictée par la société ou l'imagination, l'hypocrisie consacre l'être en mouvement, qui cherche en permanence à évoluer. Le mensonge lui permet d'essayer de réaliser ses rêves personnels ou politiques ; l'hypocrite est acteur : il joue un rôle, tout en essayant se rendre moteur de sa propre existence. Jouer devant un public, c'est se mettre en jeu, en action, imaginer le possible pour agir sur le réel. L'hypocrisie marche ainsi sur le fil de la malveillance et de la création, comme le Grand Siècle théâtral l'a montré dans les figures punies de Don Juan, de Tartuffe, ou celle démiurgique d'Alcandre, le magicien de l'*Illusion comique*.

« Quand on ne croit que par la force de la conviction et que l'automate est incliné à croire le contraire ce n'est pas assez. Il faut donc faire croire nos deux pièces, l'esprit par les raisons qu'ils suffit d'avoir vues une fois en sa vie et l'automate par la coutume, et en ne lui permettant pas de s'incliner au contraire. »

Pascal, *Pensées*, Édition Lafuma 821

➥ *En vous appuyant sur votre lecture des œuvres au programme, vous vous demanderez si on peut faire croire par des raisons et par la coutume en même temps.*

PATRICE BEGNANA

Analyse du sujet

- Dans cette citation Pascal veut montrer que la conviction qui ne vient que de la raison ou de la coutume n'est pas suffisante parce qu'elle ne satisfait pas l'homme entier, qui est un automate ou un corps et un esprit.

L'enjeu du sujet

1. L'enjeu du sujet est de savoir si faire croire peut avoir plusieurs sources en l'homme, raison et coutume. Sont-elles compatibles ?
2. Autre enjeu : quel rôle joue la raison dans le faire croire ?

PLAN DÉTAILLÉ

I. **La coutume et la raison font croire**
   1. La coutume, source de croyance
   2. Raison et sentiment
   3. Raison et coutume concourent à la persuasion

II. **L'incompatibilité entre la coutume et la raison**
   1. la raison est d'un autre ordre que la coutume
   2. La coutume fait croire par accumulation
   3. la raison est extérieure à l'ordre de l'expérience qui fait la coutume

III. **La raison peut nourrir la coutume et inversement pour faire croire**
   1. Ce que la raison établit a une solidité qui fonde une coutume
   2. La coutume renforce la raison

Introduction

Faire de la pédagogie, expliquer aux citoyens, telles sont les injonctions qui se font entendre de nos jours fréquemment, comme si la traditionnelle rhétorique qui cherche la simple persuasion n'était pas suffisante et qu'il fallait faire appel à la raison.

Ainsi déjà Pascal écrivait dans le brouillon de son *Apologie de la religion chrétienne* publiée sous le titre de *Pensées* (Lafuma, 821) :

> *« Quand on ne croit que par la force de la conviction et que l'automate est incliné à croire le contraire ce n'est pas assez. Il faut donc faire croire nos deux pièces, l'esprit par les raisons qu'ils suffit d'avoir vues une fois en sa vie et l'automate par la coutume, et en ne lui permettant pas de s'incliner au contraire. »*

L'écrivain janséniste veut montrer que la croyance ne peut être solide que si elle s'appuie sur les deux composants de l'homme, l'automate ou le corps selon la doctrine cartésienne qu'il reprend ici et l'esprit, le premier adhère par la coutume, c'est-à-dire par une habitude sanctionnée par une tradition et le second par des raisons suffisantes pour donner son adhésion à l'esprit comme en mathématiques.

Reste à savoir si croire par des raisons et par la coutume est possible en même temps dans la mesure où les raisons s'opposent souvent à la coutume ?

En nous appuyant sur la pièce de théâtre d'**Alfred de Musset**, *Lorenzaccio*, sur le roman épistolaire de **Choderlos de Laclos**, *Les liaisons dangereuses*, et sur des essais d'**Hannah Arendt** « Du mensonge en politique » repris dans le volume dont le titre français est *Du mensonge à la violence* (anglais *Crises of the republic*) et « Vérité et politique repris dans le volume dont le titre en français est *La crise de le culture* (*Between past and future*), nous verrons que si les raisons ne sont pas compatibles avec la coutume, elles finissent par la transformer de sorte que les deux sont liées.

I. La coutume et la raison font croire

1. La coutume, source de croyance

Le Vicomte de Valmont accoutume la présidente à ses visites (suite de la lettre 90), moyen pour obtenir d'elle son assentiment à son projet de séduction. Pour faire croire qu'il ne se passe rien d'inquiétant dans sa chambre, Lorenzo accoutume ses voisins au tapage qu'il fait avec Scoronconcolo comme s'il assassinait quelqu'un, pour le futur assassinat du duc qu'il prépare (acte III, scène 1). La politique repose sur une confiance qui est de l'ordre de la tradition, donc d'une forme de coutume analyse Arendt dans ses essais.

2. Raison et sentiment

La raison est impuissante face au sentiment comme le montre Philippe devant le cadavre de sa fille Louise, se demandant si la raison n'est pas la vieillesse, tellement il est effondré (acte II scène 5). De même, la marquise de Merteuil explique à Valmont que les vérités de sentiment ne sont pas celles de la raison et qu'il lui faut s'appuyer sur les premières pour séduire la présidente de Tourvel (Lettre 33).

3. Raison et coutume concourent à la persuasion

Être persuadé, c'est l'effet de croire. C'est admettre qu'une proposition ou un fait est vrai. Faire croire, c'est arriver à persuader quelqu'un. Si j'admets un fait sous l'influence d'un sentiment ou parce qu'un enchaînement de propositions m'y conduit, la persuasion est là. La coutume mime l'enchaînement rationnel et ainsi les deux concourent à la persuasion. On voit ainsi comment Valmont use du raisonnement dans sa tentative de séduire Madame de Tourvel, notamment pour obtenir d'elle une correspondance suivie. Lorenzo étant son compagnon de débauche et s'étant montré lâche, le duc Alexandre ne peut croire les témoignages sur sa tentative d'assassinat ; sa raison refuse cette déduction. Ainsi, le cardinal et sire Maurice ne peuvent faire croire le duc, le cardinal déclarant : « Me faire croire est peut-être impossible : je remplis mon devoir en vous avertissant » (*Lorenzaccio*, Acte IV, scène 10).

Néanmoins, si la raison et la coutume semblent concourir à faire croire, elles peuvent aussi s'opposer de sorte qu'il serait impossible d'user des deux pour arriver à faire croire. Peut-on dire que la raison et la coutume sont incompatibles pour faire croire ?

II. L'incompatibilité entre la coutume et la raison

1. La raison est d'un autre ordre que la coutume

Hannah Arendt, dans *Vérité et politique*, distingue à juste titre les vérités rationnelles des vérités de fait. Ces dernières exigent des témoins fiables, là où la première s'en tient à la contrainte de l'évidence ou à celle de l'enchaînement des propositions. La raison est impuissante face à la vérité de fait qui est contingente et non nécessaire de sorte qu'elle ne peut l'établir. La marquise de Merteuil fait valoir à Valmont qu'il lui faut toucher les sentiments de la présidente de Tourvel et non sa raison qui se retournera s'il veut faire aboutir son projet : lui faire croire à l'adultère (cf. Lettre 33).

2. La coutume fait croire par accumulation

C'est ainsi que Valmont accoutume madame de Tourvel à ses discours sur l'amour pour la faire rompre avec son vœu de fidélité. La raison qui lui avait conseillé la fuite est bientôt impuissante. On comprend l'impuissance face au mensonge qu'Hannah Arendt met en lumière.

3. La raison est extérieure à l'ordre de l'expérience qui fait la coutume

Les solides habitudes permettent à la marquise de Merteuil de toujours se maîtriser, comme elle l'explique dans la lettre 81 des *Liaisons dangereuses*, ainsi ne risque-t-elle pas d'être persuadée contre son gré : sa raison reste maîtresse. Aussi peut-on considérer avec **Arendt** que les vérités de faits reposent sur une certaine continuité dans leur conservation et c'est elles qui font la coutume. Cette continuité n'est pas nécessaire pour les vérités rationnelles qu'il est possible de retrouver.

Cependant, si la raison et la coutume ne sont pas compatibles pour faire croire la même chose, ne peuvent-elles pas se nourrir mutuellement ?

III. La raison peut nourrir la coutume et inversement pour faire croire

1. Ce que la raison établit a une solidité qui fonde une coutume

Les vérités de la raison selon **Arendt** qui reprend Leibniz dans *Vérité et politique* sont nécessaires de sorte que ce qui s'appuie sur elle ne peut changer. Ainsi des raisons adoptées suffisent à engendrer une coutume. C'est ce que la marquise de Merteuil explique en écrivant à Valmont qu'elle s'est fait accepter de Cécile Volanges pour de mauvaises raisons, qu'elle a prises pour bonnes, afin d'être sa seule confidente (lettre38).

2. La coutume renforce la raison

La coutume, soit la façon habituelle d'agir crée une certaine persuasion et elle renforce le raisonnement, à tort ou à raison car la raison est faillible. Ainsi le duc croit que Lorenzo a jeté sa cote de maille dans un coin parce qu'il en a l'habitude (acte I, scène 6). Il ne la retrouve pas, mais n'en est pas inquiet. Sa raison suit l'habitude.

Conclusion

Le problème était de savoir si comme Pascal l'admettait, il est possible croire par des raisons et par la coutume en même temps dans la mesure où les raisons s'opposent souvent à la coutume. Or, raison et coutume concourent à faire croire. Si elles semblent en opposition ou incompatibles, raison et coutume se renforcent.

On peut donc dire qu'à la lumière des œuvres au programme, la coutume et la raison se renforcent mutuellement pour faire croire et que Pascal a vu juste.

« Il suffit donc de définir le mensonge une déclaration volontairement fausse faite à un autre homme, et il n'y a pas besoin d'ajouter cette condition, exigée par la définition des jurisconsultes, que la déclaration soit nuisible à autrui. Car, en rendant inutile la source du droit, elle est toujours nuisible à autrui, sinon à un autre homme, du moins à l'humanité en général. »

Emmanuel Kant, *D'un prétendu droit de mentir par humanité*

➥ *Peut-on juger du mensonge indépendamment des conditions du mensonge ?*

VINCENT PUYMOYEN

Analyse du sujet

- La citation de Kant appartient à une controverse avec Benjamin Constant, qui avait ironisé sur l'exigence kantienne de défendre la vérité à tout prix. Benjamin Constant oppose au philosophe allemand, le cas particulier d'un homme devant dire aux meurtriers de son fils où celui-ci se trouve. La réponse de Kant ne se fait pas attendre : quelles que soient les conditions, la « déclaration volontairement fausse », autrement dit le mensonge, fût-il un mensonge généreux, c'est-à-dire « par humanité », ne peut en aucun cas être justifiée, car elle contrevient à un « ordre sacré de la raison », qui relève de la métaphysique du droit. Avoir le droit de mentir supposerait qu'on le fasse à des personnes qui ne seraient pas dignes de la vérité, ce qui est selon Kant une proposition insoutenable.

Enjeux du sujet

1. Les œuvres du programme nous donnent peu d'exemples de « mensonge généreux », en revanche elles présentent plusieurs destinataires du mensonge : le duc que l'on veut assassiner, la jeune fille innocente ou la veuve que l'on veut corrompre, l'opinion publique qu'il faut manipuler par la propagande d'État…
2. Il convient de relier la possibilité du mensonge à celle de l'action – sur laquelle la philosophe Hannah Arendt insiste d'ailleurs – action dramatique, action romanesque, action politique.
3. Il s'agira, à la suite de Benjamin Constant, de confronter à la vérité absolue kantienne, les situations des œuvres du programme, et d'étudier comment le mensonge sécurise ou protège l'action des personnages engagés dans la poursuite de leurs objectifs. Mais aussi de se demander si les œuvres perdent de vue l'impératif kantien de la vérité absolue, ou bien dans quelle mesure elles le défendent.

PROBLÉMATIQUE

- Peut-on justifier moralement le fait de taire la vérité, et même de faire croire le contraire de la vérité ?

PLAN

- **I. Le mensonge, une stratégie de conservation**
  1. Mensonge et sécurité
  2. Le mensonge politique
- **II. Dangereuse vérité**
  1. Le mensonge, précaution inutile ?
  2. La sincérité impossible
  3. L'alliage du mensonge et de la vérité, la plus sûre armure du pouvoir
- **III. La vérité si je mens**
  1. Mensonge et lucidité
  2. Le masque et la vérité de la comédie

Hannah Arendt dans *La crise de la culture*, se demande s'il est de « l'essence même de la vérité d'être impuissante et de l'essence même du pouvoir d'être trompeur ». La philosophe cite également l'axiome repris par Kant : « Que la justice soit faite, le monde dût-il en périr ! ».

La célèbre controverse entre Kant et Benjamin Constant, pose à travers un exemple concret la question de la prise de risque que comporte la vérité. Benjamin Constant critique « un philosophe allemand, qui va jusqu'à prétendre qu'envers des assassins qui vous demanderaient si votre ami qu'ils poursuivent n'est pas réfugié dans votre maison, le mensonge serait un crime. » Kant, malgré cela, défend la vérité à tout prix. Le cas est extrême, et donne à réfléchir. En 1942, Mgr Saliège répondait ainsi aux scrupules des religieuses qui cachaient des enfants juifs dans leur couvent et se demandaient si elles avaient le droit de mentir à la Gestapo : « Mentez, mentez, mentez encore et encore ! ». Réponse de bon sens, si l'on en croit Spinoza, également cité par **Hannah Arendt** : « il n'y a pas de loi plus haute que sa propre sécurité ». Le mensonge, dans certains cas, serait même un devoir.

Les œuvres du programme ont l'intérêt de présenter le mensonge dans des conditions qui mettent en jeu la puissance de domination, mais aussi la nécessité de la résistance à cette domination. Dans les deux cas le mensonge peut être une arme, que nous pourrons confronter à l'impératif kantien.

Peut-on justifier moralement le fait de taire la vérité, et même de faire croire le contraire de la vérité ?

I. Le mensonge, une stratégie de conservation

1. Mensonge et sécurité

Dans *Vérité et politique*, **Hannah Arendt** affirme que « les faits ne sont jamais en sécurité entre les mains du pouvoir ». Mais c'est aussi la manipulation des faits qui permet au pouvoir de se conserver. La conception déconstructionniste de l'autoréférencialité du langage (un mot ne réfère pas à une chose, mais à un autre mot) a fragilisé la notion de vérité et même d'histoire, en rendant impossible de rendre compte des faits. Les mots permettent moins l'établissement des faits que la construction d'un récit, d'une fiction. En ce sens la manipulation des mots est souvent cynique et reste liée à la domination. L'assassinat du président Kennedy a été un exemple de l'événement historique à partir duquel il est impossible d'établir une vérité. En ce sens il est dans la nature même de l'histoire d'être manipulable et révisable. Qui donc le mensonge protège-t-il ? C'est le cas de la manipulation des raisons qui pourraient justifier la guerre du Vietnam, qu'explore **Hannah Arendt** dans *Le Mensonge en politique*, comme la fameuse théorie du domino ou le risque d'une propagation du marxisme dans les régions frontalières.

2. Le mensonge politique

Un mensonge se juge aussi sur l'intention, qui est une de ses conditions. De ce point de vue, la seule œuvre du programme qui pourrait rendre le mensonge acceptable au sens où l'entendait Benjamin Constant est *Lorenzaccio*. Ne s'agit-il pas d'en finir avec un tyran détestable et d'établir la république à Florence, n'est-ce pas là un « but sublime » ? Mais dans la plupart des situations, un mensonge pieux ou vertueux est-il autre chose qu'un calcul stratégique ? Ainsi lorsque le roué Valmont vole au secours d'une malheureuse famille en payant ses dettes, il s'étonne qu'il puisse y avoir « du plaisir à faire le bien » (*Les liaisons dangereuses*, lettre 21), mais ce bien n'est que le masque de l'intention de s'attirer la considération de la présidente de Tourvel, qui s'empressera de raconter l'événement à la marquise de Merteuil. Ici le mensonge ne produit pleinement son effet que lorsqu'il est en partie dévoilé : Valmont avoue son procédé à la présidente, il ne voulait en fait qu'attirer sa bienveillance. La vertu était donc le piège de l'amour. Le dévoilement partiel du mensonge est ici le plus parfait mensonge de Valmont. Le mensonge est en effet souvent pris dans un jeu complexe de leurres et de fausses démystifications, jeu auquel Lorenzo s'exerce dans la demi-obscurité des rues de Florence.

L'apprentissage que la marquise de Merteuil raconte dans la lettre 81 des *Liaisons dangereuses* est lui aussi de nature politique. « Je n'avais pas quinze ans, je possédais déjà les talents auxquels la plus grande partie de nos politiques doivent leur réputation ». Après avoir bien observé le monde, il s'agit de « prendre l'air de la sécurité » afin, dit-elle, de « donner à ma physionomie cette puissance dont je vous ai vu quelquefois si étonné ». Mais pour atteindre ce résultat dont les meilleurs communicants se féliciteraient, il a fallu s'adonner à des exercices pervers, comme s'infliger des douleurs volontaires et n'en rien laisser paraître. Travailler le masque et le rendre aussi dur que la pierre, quand bien même il se figerait dans l'expression de l'insouciance, c'est aussi le travail de *Lorenzaccio*, joyeux compagnon des débauches du duc. Le mensonge social – le « vernis de pruderie » comme le dit **Laclos** – répond de la sécurité du séducteur en couvrant le secret de ses actions. Cette attitude rejoint l'importance et la fonction du secret d'État, *arcana imperii*, dont le rôle fondamental est rappelé par **Hannah Arendt**.

II. Dangereuse vérité

1. Le mensonge, précaution inutile ?

Laissons d'abord Marie Soderini évoquer l'enfance de son Renzo : « Un saint amour de la vérité brillait sur ses lèvres et dans ses yeux noirs » (*Lorenzaccio*, acte I, sc 6). Y a-t-il une place dans le monde pour la vertu kantienne de vérité ? Il est des cas où la vérité est tellement inenvisageable que personne ne veut la croire. Peut-être parce qu'elle est trop éblouissante. Lorenzo n'est même pas imprudent d'annoncer aux bannis, la nuit même, son intention de tuer le duc. Rien n'y fera, pas même les avertissements du cardinal (*Lorenzaccio*, acte IV, scène 9). Le Ciel n'endurcit-il pas les intelligences et les cœurs de ceux qu'il va frapper ? Lorsque les premiers concernés refusent de croire, on peut parler d'ironie tragique, ou de déni. Parfois la vérité à tout prix du précepte kantien s'avère sans effet, là où justement la crédulité permet l'action, où la manipulation a préparé le terrain. Le monde se protège dans l'ombre du mensonge.

2. La sincérité impossible

Mais parfois c'est la sincérité qui est impossible, c'est le cas lorsque devant par un étrange pacte la présidente Tourvel pose à Valmont ses conditions, lui interdisant d'exprimer son amour, ce dernier lui répond : « Comment oser être vrai, quand ma sincérité peut me perdre auprès de vous ? » (*Les Liaisons dangereuses*, lettre 68). Assurément, dans ce cas, taire l'amour devient le moyen de l'accroître, et sans doute, avec de si fragiles précautions, la présidente prépare sa chute tout en se convaincant qu'elle s'en préserve. Le libertinage n'est pas seulement une stratégie consciente et concertée, comme celle de Valmont et de Merteuil, mais elle est aussi le déni des ruses par lesquelles la dévote attise son désir, en se mentant à elle-même, avant d'y céder, à l'issue et à l'insu de ce même renoncement, quand la vérité sexuelle du désir se manifeste d'autant plus puissamment qu'elle refuse de s'avouer comme étant la chose même. Chez la présidente de Tourvel, le mensonge à soi-même relève d'un déni, dont le bénéfice est de masquer son désir sous les apparences de l'intention vertueuse, par exemple en compatissant à ce qu'elle croit être le malheur de Valmont – auquel ce dernier réussit à lui faire croire.

3. L'alliage du mensonge et de la vérité : la plus sûre armure du pouvoir

Les œuvres du programme montrent qu'il est difficile de séparer la vérité du mensonge qui forment un alliage très sûr. C'est la duplicité de Valmont auprès de la présidente de Tourvel, celle de Lorenzo auprès du duc, ou celle des États-Unis pendant la guerre du Vietnam que commente *Du mensonge en politique*. C'est avec un génie consommé de la manipulation que la marquise tiendra le discours de la vertu successivement à la mère et à la fille (*Les Liaisons dangereuses*, lettres 104 et 105) pour inciter Madame de Volanges à favoriser le mariage de Cécile avec Gercourt, et dans un chef-d'œuvre de casuistique, d'inciter Cécile à prendre Valmont pour amant afin de résister vertueusement – et pour sa sécurité – à Danceny, lui faisant accroire que par ce moyen il lui serait possible d'épouser ce dernier. Cela s'appelle « avoir le double mérite, aux yeux de l'un de sacrifier l'amour, aux yeux de l'autre de résister » (lettre 105). Assurément le précepte kantien, s'il avait été connu et observé par Cécile de Volanges, lui aurait évité de tomber dans le piège. La politique de la marquise n'est pas éloignée de celle qu'**Hannah Arendt** reproche aux États-Unis dans *Du mensonge en politique*, à savoir une duplicité qui consiste à se montrer « bon médecin » (c'est ce que prétend aussi être la marquise de Merteuil auprès de Cécile de Volanges, ou même auprès de sa mère) et « prêt à frapper durement l'ennemi » (c'est là le coup que la marquise se réserve, au moment propice).

III. La vérité si je mens

1. Mensonge et lucidité

Hannah Arendt, dans *La crise de la culture*, affirme que « le mensonge peut fort bien servir à établir ou à sauvegarder les conditions de la recherche de la vérité ». Les œuvres du programme nous montrent que le mensonge, comme figure du discours ou dispositif littéraire, est le moyen d'établir sûrement la vérité, au moment périlleux de la révélation, lors de la crise politique de Florence ou bien la chute finale de la marquise de Merteuil.

D'autre part, on blâme un peu vite la conduite du vicomte de Valmont et de la marquise de Merteuil si l'on ne voit pas que pour eux la tromperie est inséparable de la vérité de l'amour. Ainsi, dans la lettre 132 des *Liaisons dangereuses*, la marquise expose sa conception, à l'entendre aussi hautement morale que cynique, du libertinage. Il est de la nature de l'amour de produire du plaisir, puis du dégoût (cette conception est proche de celle du duc dans le drame de **Musset**). Et aussi une inégalité de fait : il appartient en effet à celui dont le désir de plaire est « un peu moins vif à la vérité » de retrouver l'amour à travers le plaisir de tromper. Le libertinage devient alors une morale supérieure de l'amour, le moyen d'en atteindre la vérité. De ce point de vue, Valmont et la marquise de Merteuil porteraient l'amour à son point le plus élevé de lucidité. Et cette lucidité, pour être cruelle, n'est est pas moins supérieure et juste. Lucidité qui rejoint justement le projet luciférien de Lorenzo, qui dans le Colisée s'est senti pour la première fois animé par « l'orgueil de la vertu » (*Lorenzaccio*, acte III, scène 3).

2. Le masque et la vérité de la comédie

L'injonction de Philippe Strozzi à Lorenzo, « que l'homme sorte de l'histrion » (*Lorenzaccio*, acte III, scène 3) exprime toute l'ambition du comédien : verser la « liqueur » dont il est le flacon. Il convient d'aborder la vérité non pas dans son opposition avec le mensonge, mais comme un processus de révélation qui rend le masque nécessaire, fût-il un « rôle de boue et de lèpre », ne serait-ce que parce que justement le masque est la vérité du monde. Si le théâtre est l'image la plus vraie du monde, elle rend paradoxalement nécessaire le masque comme moyen de faire advenir cette vérité. Dans *Du mensonge en politique*, **Hannah Arendt** insiste sur la dimension active du mensonge, puisque les capacités de mentir et d'agir sont étroitement liées, à tel point qu'il est difficile de mener une action à son terme sans la falsifier. Qu'il s'agisse de Valmont ou de Lorenzo, « le menteur est un homme d'action », et inversement le politicien est « acteur par nature » (**Hannah Arendt**, *La crise de la culture*). De ce point de vue, la fiction ou la comédie, comme le flacon qui conserve la liqueur, protège l'action en la masquant dans le jeu théâtral. Le but est donc bien, pour Lorenzo, de « poursuivre un but sublime sous une route hideuse » (*Lorenzaccio*, acte III, scène 2), et pour cela de vivre en acteur afin de préparer l'action vertueuse, fût-elle le crime. Et le moment arrivé où, cruellement, la vérité se peint sur le masque, comme sur le visage défiguré par la vérole de la marquise de Merteuil à la fin des *Liaisons dangereuses*.

Dans le jeu des faux semblants, le point fixe de lucidité reste le spectateur ou le lecteur. Dans le roman de **Choderlos de Laclos**, le lecteur est, par la connaissance de l'entière correspondance, le premier informé (contrairement aux victimes) – et donc le premier à s'indigner ou à applaudir – des roueries des personnages. Sa position centrale, quelles que soient les complicités que provoque le plaisir de la lecture, reste du côté de la clairvoyance et la vérité. En ce sens le dispositif littéraire protège la transcendance morale chère à Kant.

Conclusion

Dans *Vérité et politique*, **Hannah Arendt** rappelle que les faits sont têtus et résistent à la torsion que leur inflige le pouvoir. Il y a donc une limite à la manipulation qui s'appuie sur la contingence des faits. Si on suit la philosophe, le mensonge ne peut avoir le dernier mot, quand bien même il aurait efficacement rempli son office en couvrant l'action politique.

La vérité ne peut être un axiome s'imposant au séducteur, au meurtrier, ou au politique. Nous avons vu que l'impératif kantien résiste peu aux conditions diverses illustrées par les œuvres du programme. Cependant, la vérité n'en est pas moins un principe fondamental du droit, qui porte la justice vengeresse, et diffère parfois son application, « même s'il devait en résulter que toute la canaille ne périsse », selon Kant cité par **Hannah Arendt**.

« Pour bien mentir il faut beaucoup de sincérité ! »

Jean Giono, *La femme du boulanger*, 1938

➥ *En quoi cette citation éclaire-t-elle votre lecture des trois œuvres du programme ?*

MUSTAPHA JBILOU

PROBLÉMATIQUE

▶ Dans quelle mesure « la sincérité » participe du projet mensonger ?

PLAN

I. **De la nécessité de penser les différentes phases du mensonge**
   1. La sincérité du personnage
   2. La trame du mensonge ou « mentir vrai »
   3. La consécration par l'écrit

II. **La sincérité face aux limites du mensonge et du menteur**
   1. Les limites du mensonge face aux épreuves du temps et du nombre
   2. La sincérité du menteur face à la tromperie du récepteur

III. **L'amoralité du mensonge**
   1. La sincérité du menteur ou la distinction morale
   2. Ni vérité ni mensonge : un acte de langage ou quand dire c'est faire croire

La morale établit une distinction entre la vérité et le mensonge. Cependant, dans *La femme du boulanger*, petite histoire extraite *de Jean Le Bleu* de Jean Giono et adaptée pour le cinéma par Marcel Pagnol, Jean Giono disait : « Pour bien mentir il faut beaucoup de sincérité ! » L'auteur associe ici deux termes antithétiques. En effet, si la sincérité se définit comme « un caractère vertueux qui prévaut par sa franchise, sa droiture, son ouverture d'esprit ainsi que sa loyauté », le mensonge en est alors l'antonyme évident quand bien même le menteur peut affecter l'apparence de la vertu et de la morale. Cependant, la sincérité désigne également le caractère de ce qui est authentique. Le menteur s'apparente alors à un acteur censé jouer ses rôles avec authenticité.

Notre projet est d'interroger à la suite de Giono le rapport du mensonge à la morale et à l'authenticité et ce à la lumière de notre lecture des œuvres au programme : « *Du mensonge en politique* » et « *Vérité et politique* » extraits d'essais de **Hannah Arendt** sur l'usage du mensonge en politique, la pièce de théâtre *Lorenzaccio* de **Alfred de Musset** dont la dramaturgie est fondée sur le masque et la dissimulation et le roman *Les Liaisons dangereuses* de Pierre-Ambroise François **Choderlos de Laclos** qui sonde et dénude la psychologie humaine à travers l'échange épistolaire entre les personnages. Nous essayerons de voir dans quelle mesure « la sincérité » participe du projet mensonger. Pour ce faire nous verrons dans une première partie que le menteur, comme un comédien, se doit d'être sincère pour convaincre. Cette sincérité touche à la fois la composition du personnage, le stratagème et le choix de l'écrit comme un canal de transmission et de consécration de la fiction créée. Cependant, comme nous le verrons dans notre deuxième partie, la réussite du menteur ne dépend pas nécessairement de sa sincérité. D'une part, celle-ci découle de la complicité tacite mais volontaire de sa cible ; et d'autre part elle n'a pas d'impact face à des facteurs exogènes comme le temps ou l'étendue du public. La dernière partie de notre travail nous permettra de discuter l'amoralité du mensonge comme la vérité d'ailleurs, qui demeurent des productions langagières dont le degré de persuasion dépend, indifféremment de leur nature, de la sincérité que l'auteur met dans son propos.

I. De la nécessité de penser les différentes phases du mensonge

Conformément à ce que préconise Jean Giono, un bon mensonge se doit de faire appel à la sincérité dans toutes ses phases. Nous estimons en effet que, comme un acteur, le menteur doit construire son personnage, adapter son contenu et lui attribuer le degré nécessaire de véracité, notamment par le recours à l'écrit.

1. La sincérité du personnage

L'origine, la source de l'information décident en premier lieu de sa recevabilité et de son degré de véracité. En effet, si nous empruntons aux théories de la communication, le récepteur perçoit d'abord le statut de l'émetteur du message et juge de sa propre crédibilité. Aussi, conscient de ce rapport délicat entre la représentation de la personne et la recevabilité de son discours, le menteur s'inscrit dans l'imaginaire de son interlocuteur pour lui faire croire ce qu'il veut. Pour **Hannah Arendt**, « la Négation délibérée de la réalité – la capacité de mentir – et la possibilité de modifier les faits – celle d'agir – sont immensément liés ; elles procèdent l'une et l'autre de la même source : l'imagination. » aussi les menteurs rivalisent-ils en ingéniosité pour s'imposer d'abord avant de déployer leurs différents stratagèmes. Ainsi les spécialistes de la solution des problèmes, dont « la parfaite intégrité [...] ne fait aucun doute [...] et qui méritent d'être admirés », sont eux-mêmes qui guident le « jeu des tromperies et des allégations mensongères ». Le « menteur privé » use du même artifice pour constituer son personnage. Telle la marquise de Merteuil qui, à force de réflexions, réussit à « prendre l'air de la sérénité » et à se couvrir d'« un vernis de pruderie » qui l'affuble de la bonne réputation (lettre 80). Tel aussi le vicomte de Valmont qui traîne derrière lui une réputation de libertin. Il aborde pourtant la présidente de Tourvel sous l'image de la bonté amenant la présidente à croire en sa métamorphose comme elle l'écrit à madame de Volanges : « la qualité d'homme aimable que ses ennemis mêmes lui accordent, disparaît presque ici, pour ne lui laisser que celle de bon enfant [...] J'avoue que je ne regardais que comme finesse, ce qui était de sa part une honnête sincérité. » (Lettre XI). Dans la pièce de **Musset**, Lorenzo a construit au fur des années son personnage pour s'approcher du Duc et tromper sa méfiance. Il accepte d'essuyer l'affront public pour asseoir l'image d'un esprit efféminé, lâche, ayant perdu tout sens de l'honneur dans une débauche amollissante. En somme, construire une image de sincérité et dissimuler sa personnalité serait la première étape dans le processus du mensonge.

2. La trame du mensonge ou « mentir vrai »

Le mensonge est un acte complexe qui s'inscrit dans la durée et dans lequel le menteur est censé contrôler avec grande maîtrise plusieurs facteurs et aléas. La « sincérité » dont parle l'auteur de notre citation serait l'équivalent du sérieux nécessaire à la réussite du menteur dans son entreprise. Dans ce sens, **Hannah Arendt** en traitant du mensonge en politique parle de « l'ampleur de la trame du mensonge » qui, par le biais de petits détails, arrive à donner de la vraisemblance et de la crédibilité à l'œuvre du menteur. On peut dire qu'il se développe chez lui une conscience de devoir « mentir vrai ». Ainsi dans *Les liaisons dangereuses* Valmont, qui faisait l'éducation de la petite Cécile, lui conseillait-il de faire attention aux détails pour couvrir son mensonge car « Ce sont ces petits détails qui donnent la vraisemblance, et la vraisemblance rend les mensonges sans conséquence, en ôtant le désir de les vérifier. » (LXXXIV) Lui-même explique, dans sa confession à la marquise, comment dans sa stratégie de séduction de la présidente il use aussi bien des mots, de « la sensibilité » de « l'inflexion de [sa] voix » et de la « posture » (CXXV) De sa part La Marquise de Merteuil rappelle au Vicomte la nécessité d'adapter les moyens à l'objectif notamment dans son projet de la séduction de la présidente et le persuade de la pertinence du contact direct au lieu de la correspondance : « Il me semble que ce ne peut être là qu'une vérité de sentiment et non de démonstration, et que pour la faire recevoir, il s'agit d'attendrir et non de raisonner » (Lettre XXXIII) Dans la même lettre, la marquise continue ses enseignements quand elle lui explique la stratégie de résistance de la présidente basée à son tour sur le mensonge : « À force de chercher de bonnes raisons, on en trouve, on les dit ; et après on y tient, non pas tant parce qu'elles sont bonnes que pour ne pas se démentir. » Enfin chez **Musset**, tout est construit sur le faux et l'apparence à tel point que le propos du cardinal Cibo destiné à son frère : « Je voudrais seulement que l'honnêteté n'eût pas cette apparence. » (I.3) concède de fait la possibilité de couvrir la vérité. Et si nous nous intéressons au personnage principal, nous verrons que pour atteindre son objectif, il se couvre dans son stratagème d'au moins trois masques : le serviteur zélé au service du duc, le lâche efféminé au regard du grand public et le vengeur enragé en aparté. Le paradoxe est que l'intérêt de ce personnage dans l'économie de l'œuvre dramatique a commencé à baisser quand il s'est démasqué. En somme, la trame du mensonge se tisse par une réflexion profonde qui donne effectivement l'apparence de la « sincérité » surtout quand le menteur recourt à l'écrit pour parfaire son projet.

3. La consécration par l'écrit

L'écriture entretient dans l'imaginaire collectif un rapport avec le sacré. Or quand le menteur recourt à l'écrit comme un canal de transmission de sa vérité, certes il ne lui attribue pas un caractère sacré mais il la consacre comme « une vérité de fait » difficile à réfuter, il la dote même d'un corps, d'une présence physique. Certes la marquise de Merteuil dans le roman épistolaire recommande à Valmont de ne pas laisser de traces et de n'écrire ni mot ni lettre, nous trouvons pourtant que tous les menteurs ont eu recours à l'écrit qui a bien servi leurs projets. **Choderlos de Laclos** en est le premier quand il nie dans la préface être l'auteur de son livre et se couvre de crédibilité en faisant sa propre critique et en énumérant ses défauts. Dès le départ, le roman se déploie sous l'expression de la fausse confidence et les différents personnages suivent le pas de l'auteur pour accoucher sur papier de faux sentiments qui deviennent réels chez le destinataire. La gêne de la petite Cécile à la réception de la lettre de Valmont la donne à voir comme une réelle adultère et en a déjà les crises de conscience. **Hannah Arendt** rappelle que les mensonges politiques concoctés par les spécialistes de la recherche des problèmes ont été communiqués au peuple dans des communiqués contradictoires repris par les médias et surtout dans le rapport McNamara censé pourtant être « un rapport complet et objectif ». Enfin, dans la pièce de **Musset**, c'est le billet du duc pour Catherine qui a précipité sa fin. Billet écrit certes mais qui témoigne de faux sentiments, de fausses circonstances, et de fausses intentions. En somme, nous dirons à la suite de Jean Giono que l'écrit attribue au mensonge sa couche finale de sincérité.

Nous avons essayé jusqu'à maintenant de voir les manifestations de la sincérité dans le mensonge. En empruntant à la théorie générale de la communication, nous avons estimé que celles-ci sont relatives à l'émetteur, le menteur lui-même, au corps du message et à son canal notamment écrit qui lui assure un grand degré de véracité. Il n'en demeure pas moins vrai que cette impression de sincérité n'est que relative.

II. La sincérité face aux limites du mensonge et du menteur

L'authenticité ou la sincérité du menteur n'assurent pas nécessairement sa réussite. Les éléments exogènes minimisent de son efficacité.

1. Les limites du mensonge face aux épreuves du temps et du nombre

Le menteur a beau être sincère, il ne peut assurer la pérennité de son mensonge et la réalité finit par éclater. Dans ce sens, **Hannah Arendt** met en valeur le pouvoir de la réalité et sa capacité à percer les structures du mensonge : « En temps normal, la réalité, qui n'a pas d'équivalent, vient confondre le menteur. Quelle que soit l'ampleur de la trame mensongère que peut présenter le menteur expérimenté, elle ne parviendra jamais [...] à recouvrir la texture entière du réel. » Ainsi nous pouvons dire que deux facteurs exogènes défient la sincérité du menteur et échappent à son ingéniosité : le temps et le nombre. En effet, la force du mensonge dépend du nombre de personnes qui y adhèrent. Or, il se trouve toujours quelques personnes perspicaces qui décèlent le secret de la vérité constituée. Tels le cardinal et Bindo qui doutaient du stratagème de Lorenzaccio. L'esthétique de l'écriture dramatique permet de même de révéler l'identité et la personnalité des personnages. Le monologue qui ouvre la première scène du deuxième acte montre Philippe comme un simple beau parleur qui n'a pas la force de ses idées quand il considère la vertu comme « l'habit du dimanche qu'on met pour aller à la messe » et que la république ne serait à son tour qu'un mot. Nous pouvons dire que la presse joue ce rôle de contrepoids dans la société démocratique, notamment américaine. Elle opposait aux rapports des spécialistes des témoignages et réussit à briser le consensus désiré par les spécialistes et faiseurs d'opinion, et plus tard à en révéler la trame mensongère comme l'explique si bien **Hannah Arendt** dans « *Du mensonge à la violence* » : « la plus grande désillusion que l'aventure Vietnamienne a pu leur apporter est sans doute d'avoir découvert des hommes capables de rester insensibles à l'appel de la carotte comme à la menace du bâton ». Plus loin, la philosophe cite Richard J. Bamet qui estime que « la guerre a pris une tournure désastreuse du fait que les responsables de la sécurité nationale se sont constamment trompés sur les réactions de chaque public. » D'ailleurs la fin des deux œuvres littéraires nous montre comment les masques de tous les menteurs, notamment les plus sincères, finissent par tomber. En somme, l'ingéniosité du menteur ne peut aller au-delà du stratagème. Le temps l'affaiblit comme, d'ailleurs, la personnalité du récepteur.

2. La sincérité du menteur face à la tromperie du récepteur

Le récepteur, celui à qui est destiné le mensonge, contribue volontairement ou indirectement à la réussite du stratagème qui le vise. En effet, il en serait conscient mais montre la plupart du temps une passivité complice. À ce propos, **Hannah Arendt** cite Hobbes et explique dans *La Crise de la culture* qu'« une vérité qui ne s'oppose à aucun intérêt ni plaisir humain reçoit bon accueil de tous les hommes » qui finalement vouent « un amour pervers pour l'erreur et la fausseté. » Aussi les peuples sont-ils conscients du caractère structurel du mensonge dans la politique. Ils y adhèrent volontairement quand la politique sert leurs intérêts et préserve leur sécurité. Ils s'y opposent quand il s'avère que le mensonge sert l'intérêt du politicien comme cela s'est passé dans la crise américaine étudiée par la philosophe. Ce comportement de masse trouve son pendant dans le cas du mensonge dans la sphère privée. Cécile a beau être une enfant candide, elle a refusé initialement de livrer la clé au vicomte quand elle a remarqué son habileté. Elle lui fera par la suite confiance. (Lettre LXXV) Aussi quand elle écrit à la marquise de Merteuil pour se plaindre de Valmont qui a abusé d'elle, celle-ci lui répond avec ironie sans manquer de lui préciser que le Vicomte n'a fait que satisfaire ce qu'elle attendait de lui : « il vous apprend ce que vous mourriez d'envie de savoir » (Lettre CV). Nous trouvons la même logique dans la pièce de **Musset**. En effet, quand Catherine apprenait à Lorenzo l'histoire du billet qu'elle avait reçu du duc et protestait contre les sentiments d'amour que son neveu lui aurait attribués, celui-ci évoque pour se défendre le bonheur et la fierté qu'elle aurait ressentis en recevant la missive du duc : « N'as-tu pas été flattée ? Un amour qui fait l'envie de tant de femmes ! » (IV, 5) Nous sommes tentés de dire donc que tout mensonge se nourrit, non seulement de la sincérité de son auteur, mais aussi de la complicité consciente de son public.

Nous avons donc vu que la sincérité du menteur n'assure pas un mensonge réussi. Les facteurs du temps, du nombre des récepteurs et de la volonté de la cible peuvent se déjouer de cette volonté qui cherche à tromper ou à manipuler. Peut-être qu'il faudra dépassionner ainsi ce débat sur la moralité du mensonge.

III. L'amoralité du mensonge

La citation de Giono qui établit un rapport entre le mensonge et la sincérité interroge expressément sa dimension morale. Cependant la sincérité relève davantage de la distinction morale et le mensonge comme la vérité ne seraient que des productions langagières de l'esprit.

1. La sincérité du menteur ou la distinction morale

Le menteur, comme on l'a montré assure à son œuvre les marques nécessaires de l'authenticité et de la sincérité. Ces marques ne sont pas pour autant morales. En effet, le menteur présente les aspects de la « la distinction morale » selon l'expression de Proust. Celle-ci désigne la qualité formelle d'une idée ou d'un sentiment, la façon dont ils se manifestent indépendamment de leurs contenus. C'est une qualité distinctive de présentation qui s'oppose intrinsèquement à son fond. D'ailleurs, **Hannah Arendt** établit dès le départ dans « *Vérité et politique* » une distinction catégorique ente la politique et la vérité pour faire du mensonge un support de gouvernement : « la vérité et la politique sont en assez mauvais termes [...] Les mensonges ont toujours été considérés comme des outils nécessaires et légitimes non seulement du métier du politicien ou de démagogue, mais aussi de celui de l'homme d'état. » Les péripéties de la guerre du

Vietnam n'ont fait que confirmer ce lieu commun. Sur la scène privée, le dénouement des œuvres littéraires ne semble pas se soustraire grandement à cette règle. Certes nous assistons à la mort violente des menteurs ou à leur punition par l'isolement ou la maladie. Cependant d'autres personnages, plus discrets et donc plus sincères dans leur mensonge continuent dans leur aventure. Le cardinal Cibo qui affecte le voile de la morale religieuse ne cherche que ses intérêts et exhorte la marquise à se jeter dans les bras du duc. La morale est réduite à une péroraison, un simple serment que Côme de Médicis balance d'une manière laconique. Peut-être que la marquise adultère, qui a essayé de sauver la cité par son sacrifice est plus méritante sur ce volet de la morale. Dans le roman épistolaire, le sort de la présidente ou de Cécile peinent le lecteur qui compatit avec elles. Le lecteur constate également que madame Volanges a été épargnée bien qu'elle ait contribué au mal en se faisant l'écho des rumeurs qui font et défont les réputations. La réhabilitation finale de Prévan, le double de Valmont, qui comme lui a perdu bien des femmes, interroge aussi la dimension morale de toute l'œuvre. Enfin, l'assassinat de Lorenzo, le couronnement final de Côme de Médicis et son discours d'intronisation interroge en général la dimension morale de l'acte de gouverner et ferment la parenthèse d'un espoir sincère de changement. En somme nous pouvons dire que la sincérité dont parle Giono ne relève pas de la morale mais de la distinction morale, de l'art de l'affecter. Il sied alors d'interroger le degré même de la vérité elle-même et ce dans l'absolu.

2. Ni vérité ni mensonge : un acte de langage ou quand dire c'est faire croire

En réponse à l'exclamation finale qui marque la citation de Giono, nous pouvons dire que la sincérité peut marquer tout discours indépendamment de sa véracité. **Hannah Arendt** explique à ce propos dans « *Vérité et politique* » que la vérité ne se présente pas devant nous d'une manière naturelle. Elle n'est ni donnée ni révélée. Nous avons par exemple relevé dans *Les liaisons dangereuses*, vingt- neuf emplois de l'expression « en Vérité » et vingt-trois pour ce qui est de l'expression « la vérité », comme s'il suffit de nommer la chose pour qu'elle existe ou établir sa véracité. La vérité devient alors une production de l'esprit servi par le langage. Le paradoxe en cela est que son opposé ne serait pas nécessairement le mensonge mais bien l'opinion. Aussi tout devient une opinion, une production langagière dont la portée et l'importance dépendent de son agencement. Dans ce sens, la philosophe cite Hobbes qui constate comment « l'éloquence puissante », qui repose sur les opinions et les passions, serait en mesure de persuader et de convaincre. La pièce de théâtre, quant à elle, donne à voir sur la fonction du langage et la valeur des mots, notamment grâce à la dramaturgie et grâce au phénomène de la double énonciation qui permettent au spectateur de déceler tous les sens des discours. Nous avons vu plus haut par exemple la fausseté de Philippe chez lequel les mots n'ont pas de réels signifiés. *A contrario*, la marquise attire l'attention du cardinal et son frère sur la valeur des mots : « Ceux qui mettent les mots sur leur enclume, et qui les tordent avec un marteau et une lime, ne réfléchissent pas toujours que ces mots représentent des pensées, et ces pensées des actions ». (I.3) D'ailleurs le roman épistolaire progresse par des mots qui disent ou cachent en fonction du destinataire et réussissent à créer le sentiment désiré. À chaque fois le discours d'un personnage prête à plusieurs interprétations, ce qui en fait la richesse. Ainsi, dans une lettre à Cécile, les mots de Valmont, qui établissent un rapport filial entre un tuteur et sa pupille, expriment-ils en même temps ses intentions lascives : « Adieu, ma belle pupille : car vous êtes ma pupille. Aimez un peu votre tuteur, et surtout ayez avec lui de la docilité ; vous vous en trouverez bien. Je m'occupe de votre bonheur, et soyez sûre que j'y trouverai le mien. » (LXXXIV). D'autre part, la succession des lettres permet une meilleure intelligence des mots, lesquels assurent simultanément les fonctions expressive et poétique désirées par le personnage et la fonction métalinguistique utile et nécessaire au lecteur. Ainsi dans la lettre XLVIII, le vicomte écrit-il à la présidente pour lui dire sa souffrance loin d'elle et expliquer la difficulté qu'il a à achever la lettre. Pour ajouter plus de sensualité à son propos, il décrit la situation où il était alors qu'il écrivait : « la table même sur laquelle je vous écris, consacrée pour la première fois à cet usage, devient pour moi l'autel sacré de l'Amour. » Cette scène proche de l'esthétique de l'amour courtois, et donc de l'imaginaire de la prude présidente Tourvel prend un sens diamétralement opposé quand Valmont explique ses jeux de mots dans une lettre à la marquise de Merteuil : « (Émilie vient) me servir de pupitre pour écrire à ma belle Dévote, à qui j'ai trouvé plaisant d'envoyer une lettre écrite du lit et presque d'entre les bras d'une fille, interrompue même pour une infidélité complète, et dans laquelle je lui rends un compte exact de ma situation et de ma conduite. (XLVII). En somme, tout discours, opinion soit-il ou vérité, n'est dans le fond qu'une production langagière dont la valeur se mesure à l'efficacité.

Conclusion

Nous avions dans ce travail à discuter une citation de Jean Giono qui faisait de la sincérité une composante du bon mensonge. Nous avons lors essayé d'interroger ce rapport à l'aune des différents sens de la sincérité notamment dans sa dimension morale. Nous nous sommes inspirés des théories de la communication pour monter que le menteur se doit de penser son entreprise au niveau de la conception de sa personnalité, de la trame mensongère et au niveau du canal de sa transmission. Cependant, comme nous l'avons vu dans notre deuxième partie, des éléments exogènes relatifs au temps et à la personnalité de la cible peuvent limiter de la réussite du mensonge et révéler sa fausseté. Enfin la dernière partie nous a permis de discuter la dimension morale du mensonge. Notre postulat final est que la vérité comme son opposée l'opinion ne sont que des productions langagières de l'esprit qui ne se distinguent pas par leur moralité mais seulement par leur distinction morale, autrement dit par l'authenticité de leur apparence morale indifféremment de leur essence.

Outils et ruses du « faire croire »

« Ce qui est absolument nécessaire, c'est de savoir bien déguiser sa nature de renard. »

Machiavel, *Le Prince*, chapitre XVIII

➥ *À la lumière de cette citation et des œuvres au programme, quelle est l'utilité politique de faire croire ?*

PHILIPPE HENRY

Analyse du sujet

- Cette citation du *Prince* de Machiavel annonce clairement la nécessité pratique de mentir en politique tout en feignant la sincérité : le plus important, justement, n'étant pas à tout prix de mentir à toute occasion, mais plutôt de « faire croire » que notre nature est sincère.
- Le philosophe italien Nicolas Machiavel (1469-1527) s'est attaché à conseiller les politiques de son temps, dans cet ouvrage qui avait cette fonction précise de « miroir du prince », tout en excluant les règles morales et religieuses qui étaient traditionnellement associées à l'exercice du pouvoir : dans *Le Prince*, Machiavel veut se borner à expliquer les principes qui doivent aider un prince nouveau à conquérir, puis à conserver le pouvoir. D'où un pragmatisme politique dont le résumé est volontiers énoncé sous la forme : la fin justifie les moyens.
- Or, comme le remarque, de son côté, **Hannah Arendt**, « la vérité est haïe des tyrans [...] et elle jouit d'un statut plutôt précaire aux yeux des gouvernements qui reposent sur le consentement et qui abhorrent la coercition », *Vérité et politique*, III. En fait, la vérité est intrinsèquement subversive, transgressive, puisqu'elle oblige à y adhérer nécessairement, au-delà des coutumes, des traditions, des réseaux en place. Autrement dit, « la vérité a un caractère despotique » qui s'impose à tous, et empêche toute liberté d'action, si précieuse et si essentielle en politique.

Enjeux du sujet

1. Le premier est de savoir pourquoi il est si utile, au fond, de cacher sa vraie nature de menteur (notamment, mais pas seulement, le « renard » étant polysémique), en politique.
2. Le second enjeu serait de voir les limites et les inconvénients d'un tel masque de l'être rusé qu'est le politique.

3. Un troisième enjeu, enfin, consiste à reconnaître – ou non – une légitimité à ce camouflage de la nature fondamentalement rusée de la politique. Il y a un paradoxe inextricable à masquer une nature (la ruse, la dissimulation, le mensonge) derrière une étiquette (la politique) très communément négative, connotée péjorativement.

PROBLÉMATIQUE

- Pourquoi est-il si utile, et même si nécessaire, de masquer sa fondamentale et imprévisible plasticité politique, en faisant croire tout au contraire à la constance et à la sincérité ?
- Quelles difficultés, quelles contradictions, une telle duplicité va-t-elle entraîner ?

ANNONCE DU PLAN

I. **La politique a, en son cœur, un principe de dissimulation. La ruse, l'insincérité, la versatilité sont des qualités indispensables à l'efficacité politique**
   1. La foule aime les qualités de piété, de respect des règles ; vous devez donc paraître respectueux, tout en brisant toutes les règles autant que nécessaire, pourvu que cela soit en secret
   2. L'important n'est pas le vice ou la violence. En réalité, si cela est possible, il vaut mieux se faire aimer

II. **Cependant la vérité finit toujours par être dévoilée. Et n'y aurait-il pas une supériorité quasi métaphysique de la vérité sur le travestissement ?**
   1. La vérité est toute-puissante, parce que l'intuition d'un sentiment authentique est plus profonde que l'assentiment à un raisonnement juste
   2. Dire le vrai, et agir avec véracité, n'est-ce pas plus dominateur ? Être vrai emporte les foules

III. **La politique ne saurait se passer du mensonge, de la ruse et de la dissimulation – sinon elle serait empêchée, et privée de sa vertu principale, l'action sur le monde et les autres Hommes**
   1. La versatilité, la capacité à tromper et ruser, rend possible la liberté d'action la plus étendue
   2. Si on ne peut se faire aimer, alors il faut se faire craindre

Introduction

Pour **Choderlos de Laclos, Alfred de Musset** et **Hannah Arendt**, il apparaît clairement qu'une certaine forme de mensonge profite davantage que la candeur, la naïveté ou les scrupules. Nulle action, nulle satisfaction ne seraient possibles sans la précaution préjudicielle de se dissimuler sous de fausses apparences.

Il va s'agir donc de savoir pour quelles raisons masquer sa vraie nature est une garantie de sécurité, d'efficacité, mais surtout de liberté.

Ce dont parle Nicolas Machiavel dans la citation proposée ne consiste pas, en effet, à tromper systématiquement, dans le but de tromper, seulement qu'il est préférable de ne pas correspondre – sans contrôle de notre part – à un état d'âme donné, mais toujours d'en rester le maître, de toujours pouvoir, si cela est nécessaire, faire le contraire éventuellement de ce que l'on dit, ou de ce que l'on semble être en train de dire.

I. La politique a, en son cœur, un principe de dissimulation. La ruse, l'insincérité, la versatilité sont des qualités indispensables à l'efficacité politique

1. La foule aime les qualités de piété, de respect des règles ; vous devez donc paraître respectueux, tout en brisant toutes les règles autant que nécessaire, pourvu que cela soit en secret

Tout d'abord, selon **Hannah Arendt**, le réel du point de vue historique est systématiquement opaque, hermétique à la vérité : la « trame des réalités » de notre « existence quotidienne » est constamment l'objet « de mensonges isolés, mise en pièces par les propagandes organisées et mensongères de groupes, de nations, de classes, ou rejetée et déformée, souvent soigneusement dissimulée sous d'épaisses couches de fictions, ou simplement écartée, aux fins d'être ainsi rejetée dans l'oubli » (*Du mensonge en politique*, I).

Nous sommes dans le brouillard des apparences, loin du monde idéal du platonisme et de l'idéal de justice socratique. Ce constat coïnciderait avec les thèses de Nietzsche selon qui le réel n'est qu'un fantasme, puisque nous n'avons accès qu'à des couches successives d'interprétations ; l'opinion commune se déposerait (telles les alluvions d'un fleuve et la sédimentation des roches), tout en se dégradant, à partir d'anciens philosophèmes, d'anciennes thèses indécidables en elles-mêmes. Les vérités de fait, ainsi, seraient inextricablement brouillées par les interprétations qui en seraient extraites, et par les idéologies qui les manipuleraient. Les « vérités de droit », elles-mêmes, sont mises en doute au moyen d'exemples – dont Socrate avait montré les limites – en tant que « vérités de fait » prétendues, solidifiées sous la forme de proverbes et d'opinions toutes faites.

Par conséquent, il suffit de paraître bon, ou juste, ou pieux, pour exister en tant que tel dans le monde : « On croit Philippe Strozzi un honnête homme, parce qu'il fait le bien sans empêcher le mal ! » (*Lorenzaccio*, Acte II, scène 5). En fait, cet ami, ce confident, et sorte de père adoptif, de Lorenzaccio ne songe pas à la justice, il ne désire que la vengeance. De plus, la personnalité historique de Philippe Strozzi (en-dehors des anachronismes) est bien plus critiquable moralement que le personnage décrit par Musset, qui est idéalisé, presque courageux malgré son impuissance.

2. L'important n'est pas le vice ou la violence. En réalité, si cela est possible, il vaut mieux se faire aimer

Hannah Arendt, en tant que philosophe, reconnaît bien sûr l'importance de la vérité, en elle-même, mais « puisque la vérité philosophique concerne l'homme dans sa singularité, elle est non politique par nature » (*Vérité et politique*, III) la vérité, en tant que telle, ne saurait s'appliquer à un collectif, à un intérêt général qui concerne toute une multiplicité d'individualités. L'égalité est une affaire politique, oui, mais non « la vérité », puisqu'elle impliquerait une imposition à tou(te)s, arbitrairement. L'imposition d'une telle « vérité » est donc toujours la marque d'un autoritarisme, d'une dictature. En réalité, l'égalité elle-même est un postulat, qu'on attribue à une cause extérieure aux hommes, à la nature, à Dieu, ou à la mort et, en ce sens, c'est un indémontrable. Mais nous y consentons en démocratie puisque c'est cette égalité qui est la condition de possibilité de la liberté.

En fait, les concepts ou les lois ne suffisent pas au consentement du peuple, à son assentiment. Nous exigeons des exemples : le souverain doit être une figure exemplaire (de la bonté, du courage, de la justice etc.) à laquelle nous pouvons nous identifier, et qui permet de reconnaître – par une forme d'intuition sensible – la véracité et l'authenticité de ces concepts ou de ces valeurs.

Valmont, lui-même, en reconnaissant l'amour auprès Mme de Tourvel, et peut-être en soi-même, reconnaît aussi l'utilité de se faire aimer. Mme de Merteuil, dans la Lettre X des *Liaisons dangereuses*, semble aussi reconnaître une forme de scrupule relatif auprès de Danceny : « Aussitôt, pour le dédommager, peut-être pour me dédommager moi-même, je me décide à lui faire connaître ma petite maison dont il ne se doutait pas. »

D'où, l'importance capitale de masquer sa « nature de renard » en ne laissant rien derrière ses forfaits qui en attesterait pour une enquête future : si les lettres avaient été brûlées, peut-être la réputation de Mme de Merteuil aurait-elle été sauve, mais l'instrument de conquête (tels les téléphones portables des soldats utilisés, malgré les consignes explicites, sur le front) devient celui de la vengeance ou de la justice. La marquise est punie par les canaux de diffusion du mal qu'elle avait elle-même propagés.

II. Cependant la vérité finit toujours par être dévoilée. Et n'y aurait-il pas une supériorité quasi métaphysique de la vérité sur le travestissement ?

1. La vérité est toute-puissante, parce que l'intuition d'un sentiment authentique est plus profonde que l'assentiment à un raisonnement juste

Choderlos de Laclos nous confie un paradoxe très proche de celui que proposera **Hannah Arendt**, à savoir que les raisonnements sont souvent fallacieux concernant les vérités de fait, et qu'ils sont presque toujours déformés par des manipulations. Au fond, la thèse des *Liaisons dangereuses* pourrait être la supériorité du sentiment sur la Raison, dans le sens où la vérité apparaît, même tardivement, à travers la sincérité – ou l'inverse, leur effigie illusoire – des sentiments. En fait, ce qui paraît un « raisonnement imparable » est bien plutôt une persuasion réussie au moyen de sentiments. **Laclos**, sans cesse dans le roman, pointe le « raisonnement » comme vain, comme perte de temps. Nous pourrions donc proposer une réhabilitation du sentiment face à la Raison, si seulement il est possible de reconnaître, grâce à la sensibilité, grâce à l'expérience, un sentiment sincère et non feint.

2. Dire le vrai, et agir avec véracité, n'est-ce pas plus dominateur ? Être vrai emporte les foules

La vérité est toute-puissante, « despotique », selon **Hannah Arendt**. C'est cette vérité qui rattrape la marquise de Merteuil, lorsque sa correspondance est dévoilée. C'est cette vérité qui stupéfie les Florentins que Lorenzaccio avait pourtant avertis.

Nous pourrions illustrer ce constat au moyen d'un film de Bergman : le crime commis par les trois frères, dans *La Source*, se métamorphose en révélation finale, à cause de la dissimulation incomplète des malfaiteurs, ou de leur imprudence, voire de leur bêtise, rendue tragique par l'innocence du plus petit des frères, qui perdait ostensiblement l'appétit, malgré lui ; de plus, l'enfant avait relié la jeune fille à la terre en recouvrant un côté du visage, témoin et victime, le petit garçon accomplit la synthèse. Les révolutions, les monuments sacrés, les empires, tous se sont construits sur la conviction d'une très grande vérité.

III. La politique ne saurait se passer du mensonge, de la ruse et de la dissimulation – sinon elle serait empêchée, et privée de sa vertu principale, l'action sur le monde et les autres hommes

1. La versatilité, la capacité à tromper et ruser, rend possible la liberté d'action la plus étendue

Certes il est possible qu'un jour encore lointain une Intelligence Artificielle calcule une « loi » universelle de la meilleure politique, mais seulement à condition expresse que les hommes qui la programmeront la connaissent aussi. En attendant, c'est un tact politique, une saisie du moment opportun associée à une connaissance fine, empathique, de l'humain, qui règle au mieux les affaires humaines. La politique resterait toujours une sorte de « boîte noire », dont on connaît les entrées et les sorties, mais dont on ignore les rouages : cependant ceux-ci resteront encore longtemps humains et subjectifs.

Comme nous le rappelle **Hannah Arendt**, « il est de la nature de la lumière de se refuser à la mise en lumière » (*Vérité et politique*, III) : il y a une opacité paradoxale intrinsèque à toute proposition vraie, et a fortiori concernant des vérités de fait. On ne peut que se heurter à la brutalité du réel, sans être capable d'élucider, selon l'expression de Kant, une telle « contingence désolante ». Mais l'action exige cette incertitude et cette liberté du champ des possibles, l'efficacité politique est à ce prix.

2. Si on ne peut se faire aimer, alors il faut se faire craindre

Pour **Musset**, la violence au moins symbolique est nécessaire – c'est le principe même des révolutions dont le siècle auquel appartient l'auteur est rempli – pour accomplir un changement vers le meilleur, vers une plus grande égalité et une plus grande justice. Et cette violence engendre la peur, qui renforce à son tour le secret de la part des puissants en sursis, la nécessité pour eux de « faire croire » au peuple que tout va bien, et que rien n'a changé : « Si le peuple apprenait cette mort-là [celle d'Alexandre], elle pourrait en causer bien d'autres. Lorsqu'il en sera temps, on lui fera des obsèques publiques. En attendant, nous l'avons emporté dans un tapis » (*Lorenzaccio*, acte V, scène 1).

Conclusion

« [La bonne foi] a peu en vérité pour contribuer à ce changement du monde et des circonstances qui appartient aux activités politiques les plus légitimes », nous avertit **Hannah Arendt** (*Vérité et politique*, IV).

Les auteurs du programme nous confirment donc, selon le mot de Hegel, que « rien de grand ne s'est accompli dans le monde sans passion » (*Introduction à la philosophie de l'histoire*). C'est la créativité, l'intentionnalité qui constitue l'énergie du changement, le moteur de l'histoire – tout en n'empêchant pas, pour autant, les philosophes, les journalistes d'investigation, et les lanceurs d'alerte, d'effectuer leur tâche salutaire de divulgation des vérités de fait, en complément des vérités de droit essentielles sans lesquelles nulle démocratie ne serait possible.

« Le plus important aux cartes ce n'est pas d'avoir du jeu, c'est de faire croire aux autres que tu en as. »

Maxence Fermine, *Billard blues*, 2003

➥ *La réussite n'est-elle qu'un jeu de dupes ? Pour réussir, faut-il donner à croire à autrui qu'on en a les moyens ? Vous évaluerez la pertinence de cette affirmation à la lumière du thème et des œuvres au programme.*

JULIE REYNAUD

Introduction

Analyse

- Faire croire qu'on a du jeu, pratique bien connue des amateurs de poker. Le bluff consiste à jouer comme si on avait un jeu différent de celui qu'on a dans la réalité. Les distributions de cartes sont aléatoires comme le sort pour chacun de nous : le mélange des cartes par le croupier rappelle la loterie génétique ou sociale. Nous naissons quelque part, avec tel ou tel patrimoine génétique, avec tel patrimoine culturel ou financier, et cela ne dépend pas de nous. A-t-on en main une quinte, un carré, un full, un brelan, une paire ? On n'y est pour rien. Mais cette donne de départ n'est pas la plus importante, explique Maxence Fermine. Car entre deux distributions de cartes (probabilités et variables qui ne sont pas en notre pouvoir), il existe des « tours d'enchères » qui dépendent davantage de nous, et permettent de transformer un destin qui s'annonçait mal en une belle destinée. La maîtrise de la psychologie de son adversaire, la maîtrise de ses propres émotions pour ne pas se trahir lorsqu'on bluffe, sont essentielles dans ces tours. En misant davantage que le dernier relanceur, alors qu'on a un jeu moyen, sans rien laisser paraître, il sera possible de compenser la mauvaise combinaison de cartes au départ. « Le plus important », écrit Fermine dans *Billard Blues,* « ce n'est pas d'avoir du jeu, mais de faire croire aux autres que tu en as ». Il est essentiel, non pas d'avoir toutes les cartes ou billes en main, toutes les garanties objectives de gagner la partie, mais, par un jeu de dissimulation de la réalité et de fabrication d'un leurre, de manipuler autrui et d'assurer sa victoire d'une façon plus subjective, psychologique.

Enjeux

Pour gagner une partie, il faudrait donc duper autrui, mais si l'on ouvre le sens de cette métaphore, a-t-on besoin, pour réussir sa vie, de triompher d'autrui en le trompant ? Est-on bien le gagnant à ce jeu de dupes ? Faire croire que l'on est autre que l'on est, n'est-ce pas se destiner à l'échec, à être aimé ou apprécié pour de mauvaises raisons ?

PROBLÉMATIQUES POSSIBLES

Faire croire, expression de la puissance, condition de la réussite, volonté de transformer librement un destin peu enviable en destinée accomplie ? Ou paradoxal apprentissage du plaisir d'être vrai, du bonheur trouvé dans l'authenticité ?

ANNONCE DU PLAN

Il peut être tentant de faire croire qu'on a du jeu quand on n'en a pas, qu'on n'a pas été gâté par le sort. Mais jouer avec les crédules n'est pas satisfaisant. Qui aime jouer, bluffer, aime prendre des risques… s'affronter à de bons joueurs, cultiver son art, le parfaire. Pourtant, faire croire à sa réussite est-il bien satisfaisant ? La réussite obtenue de cette façon n'est-elle pas elle-même trompeuse et temporaire si bien que serait espéré un rapport plus authentique à soi et à autrui…

PLAN DÉTAILLÉ

I. Il peut être tentant de faire croire qu'on a du jeu quand on n'en a pas, qu'on n'a pas été gâté par le sort

1. Qu'est-ce que « ne pas avoir de jeu » ? Pas de noblesse de naissance ? Pas de talent naturel ? Pas de beauté ? Or ne peut-on pas compenser ces manques initiaux par la ruse, la dissimulation ?
2. Une telle tentation du mensonge suppose de croire davantage aux apparences qu'à la vérité
3. Mentir, faire croire, c'est compter sur la crédulité d'autrui. Or l'homme a tendance à croire en s'abandonnant à son imagination

II. Mais jouer avec les crédules n'est pas satisfaisant. Qui aime jouer, bluffer, aime prendre des risques… s'affronter à de bons joueurs, cultiver son art, le parfaire

1. Le jeu ne vaut que si l'on a un adversaire à sa mesure
2. Celui qui bluffe peut faire de la triche un art consommé
3. Cet art du mensonge semble en outre assurer les menteurs d'un succès flagrant

III. **Il est non seulement possible de tomber sur un joueur plus fort que soi, mais aussi que le naturel, la vérité du sujet ne soit pas éternellement dissimulable. La réussite ne serait-elle pas alors plutôt à chercher dans l'authenticité, la vérité du rapport à soi ?**
   1. « Chasse la nature à coup de fourche, elle ne cessera de revenir au pas de course » (Horace)
   2. On peut aussi tomber sur meilleur joueur que soi. Ou, en feignant d'avoir la baraka, s'empêtrer dans ses propres mensonges et finir ruiné
   3. Ne peut-on faire un meilleur usage de cette imagination qui est à la source du mensonge ?

Dissertation

I. Il peut être tentant de faire croire qu'on a du jeu quand on n'en a pas, qu'on n'a pas été gâté par le sort

1. Qu'est-ce que « ne pas avoir de jeu » ? Pas de noblesse de naissance ? Pas de talent naturel ? Pas de beauté ? Or ne peut-on pas compenser ces manques initiaux par la ruse, la dissimulation ?

La famille de Lorenzo de Médicis, dans *Lorenzaccio* de **Musset**, a longtemps régné sur Florence, et en tant que fils légitime (ce que n'est pas Alexandre d'ailleurs), Lorenzo est appelé dès le plus jeune âge à régner lui-même. Mais pour qui n'a pas reçu un tel héritage culturel, symbolique, financier qui permette, en société, de faire partie des maîtres, pour qui ne fait pas partie des « héritiers » selon l'expression de Bourdieu, une compensation du défaut d'être s'impose. Pragmatique, celui qui n'a rien, fait croire qu'il a et satisfait ainsi son désir de réussite personnelle. Merteuil dans le roman épistolaire de **Laclos** reproche à Cécile de montrer son jeu, en l'occurrence sa jeunesse, sa naïveté, au lieu de les dissimuler : « vous dites tout ce que vous pensez ». Il faudrait qu'elle écrive ou dise au contraire ce qui pourrait infléchir son interlocuteur et lui plaire, quitte à mentir si cela sert ses intérêts de jeune amoureuse : « vous devez donc moins chercher à dire ce que vous pensez, que ce qui lui plaît davantage » (CVI).

2. Une telle tentation du mensonge suppose de croire davantage aux apparences qu'à la vérité

Arendt admet que la réalité est souvent plus déconcertante qu'un mensonge crédible : « la réalité a cette habitude déconcertante de nous mettre en présence de l'inattendu » (*Du mensonge en politique*, I). Il y a le réel, mais comme les cartes que l'on a en main, il est invisible au regard d'autrui. Ce à quoi les autres ont accès, c'est l'apparence, non l'être véritable. Chez **Laclos**, la marquise de Merteuil a pour règle de ne pas laisser de trace lorsqu'elle manipule quelqu'un, de rester invisible : « Ne jamais écrire » (LXXXI). Elle cultive l'apparence d'une femme dévouée « bien honnête » (XIV) qui leurre la jeune Cécile. Il suffit donc de jouer de ce divorce entre être et paraître pour emporter la mise : donner des indices de sa satisfaction (un léger sourire ?, une détente du corps ?), de son assurance (par son attitude entreprenante ? par un jeu osé ?) pour faire croire à l'adversaire qu'on a tiré les bonnes cartes. Dans la pièce de **Musset**, Lorenzaccio tremble devant une arme comme une femme, d'où son surnom de Lorenzetta. Ce jeu lui permet de dissimuler son courage, son engagement républicain. Alexandre se laisse prendre à ce piège en imaginant que ce tremblement trahit sa lâcheté ou son caractère efféminé : « Allons, chère Lorenzetta, fais-toi emporter chez ta mère" (Acte I, scène 4).

3. Mentir, faire croire, c'est compter sur la crédulité d'autrui. Or l'homme a tendance à croire en s'abandonnant à son imagination

L'imagination est l'une des armes les plus efficaces pour persuader autrui de ce qui n'est pas : la beauté des vêtements, les manières affectées font croire à de la grandeur, du prestige, une respectabilité. Des êtres jeunes que sont Cécile et Danceny paraissent, dans l'ouvrage de **Laclos**, de tendres proies, du fait de leur crédulité. La marquise de Merteuil semble à Cécile Volanges « aimable » (Lettre VII), digne de confiance au point qu'elle se confie sans filtre à elle. Valmont fait croire qu'il est pieux et sur-joue la dévotion, en donnant aux pauvres de façon très ostentatoire, en ne ratant pas une messe : « elle est édifiée de me voir régulièrement à ses prières et à sa Messe. Elle ne se doute pas de la Divinité que j'y adore » (Lettre IV). L'habit fait le moine, la magistrature nous en impose dans sa robe au col d'hermine et le joueur avec ses surenchères et son air sûr de lui… **Arendt** voit dans notre capacité à mentir et dans notre aptitude à agir pour changer ce qui est, une même source : l'imagination. Pour mettre à distance un destin tout tracé peu engageant, l'homme imagine ce que pourrait être sa vie. C'est encore à cette imagination qu'il recourt lorsqu'il ruse ou ment : « la capacité de mentir et la possibilité de modifier les faits […] sont intimement liées ; elles procèdent l'une et l'autre de la même source : l'imagination » (*Du mensonge à la violence*, I).

Transition : La manipulation et la dissimulation prennent appui sur une forme de mépris d'autrui, que l'on juge aisément manipulable, du fait de sa bêtise, de sa naïveté, de sa jeunesse. Celui qui « fait croire », qui « bluffe » est assuré de sa supériorité, convaincu de son intelligence, de sa grande expérience, maîtrise. Mais cette supériorité est-elle si grande si la personne leurrée est faible et naïve ?

II. Jouer avec les crédules n'est pas satisfaisant. Qui aime jouer, bluffer, aime prendre des risques… s'affronter à de bons joueurs, cultiver son art, le parfaire

1. Il est tentant pour un joueur de satisfaire son orgueil : les dirigeants totalitaires, rappelle Arendt, ont une « effrayante confiance » dans le pouvoir du mensonge

Il est également plaisant de trouver un adversaire de taille, ce qu'est Alexandre pour Lorenzaccio, dans la pièce de **Musset**. Il aura plus de plaisir à berner, à voir berné son égal ou son supérieur. Il convient de ne pas s'affronter à tous les autres, mais de bien choisir ses adversaires. Seul un joueur ayant du jeu, une main meilleure, une « main plus forte » que la sienne propre est digne d'être trompé. Jouer avec de petits joueurs n'apporte aucune satisfaction. La Marquise de Merteuil invite le Vicomte de Valmont à séduire et corrompre une jeune fille de quinze ans, Cécile Volanges, tout juste sortie du couvent, naïve, un « bouton de rose » (**Laclos**, Lettre II). Mais en bon conquérant aimant la difficulté, Valmont préfère affronter un adversaire de taille, qui ne cédera pas trop tôt : « que me proposez-vous ? de séduire une jeune fille qui n'a rien vu, ne connaît rien […] qu'un premier hommage ne manquera pas d'enivrer » (Lettre IV). Il souhaite un bluff d'envergure, celui qui fera céder une femme mariée, dévote : « vous connaissez la Présidente Tourvel, sa dévotion, son amour conjugal, ses principes austères. Voilà ce que j'attaque ; voilà l'ennemi digne de moi » (Lettre IV).

2. Celui qui bluffe peut faire de la triche un art consommé, y trouver plus de beauté, de grandeur que dans une honnêteté sans art

Il apprécie sa propre supériorité, qu'elle soit rhétorique ou psychologique. **Arendt** admet dans *Du mensonge en politique* I, que le menteur possède une sorte de connaissance psychologique de celui qu'il trompe : « le menteur possède le grand avantage de savoir d'avance ce que le public souhaite entendre ou s'attend à entendre. Sa version a été préparée à l'intention du public ». Le menteur, comme le démagogue, anticipe sur ce qu'autrui pourrait attendre de lui, il est bon joueur car il joue « à la bande », a plusieurs coups d'avance. Dans le roman épistolaire de **Laclos**, Valmont s'attend à ce que la Présidente de Tourvel enquête sur lui et découvre ses frasques : « pour la tromper le moins possible, et surtout pour prévenir l'effet des propos qui pourraient lui revenir, je lui ai raconté moi-même, et comme en m'accusant, quelques-uns de mes traits les plus connus » (Lettre VI).

3. Cet art du mensonge semble en outre garantir aux menteurs un succès flagrant

En décapitant les statues de l'arc de Constantin à Rome, Lorenzo dans la pièce de **Musset**, s'assure une réputation de libertin impie, moyen de devenir un proche de son ennemi, Alexandre. Le succès du tricheur, du bluffeur pourrait convaincre de la supériorité du jeu de dupes sur la réalité du jeu, et conforter l'idée de Maxence Fermine. Merteuil et Valmont, dans le roman de **Laclos**, sont passés maîtres dans l'art des fausses lettres, empruntant le style d'autrui pour mieux dissimuler leur action et ont réussi à manipuler l'un et l'autre. Valmont dicte à Danceny ce qu'il doit écrire à Cécile (LXIV, LXV) et à Cécile ce qu'elle doit répondre à Danceny, mais à travers elle, c'est à Merteuil qu'il s'adresse. Chacun ne fait ici qu'asseoir sa propre position dans le monde, que satisfaire son propre narcissisme. Protéger son propre intérêt est la cause principale du mensonge que Hobbes indique en toute fin du *Léviathan*, et que cite **Arendt** pour expliquer que les hommes se complaisent dans l'illusion à la façon des prisonniers de la caverne platonicienne : « seule une vérité qui ne s'oppose à aucun intérêt ni plaisir humain reçoit bon accueil de tous les hommes » (*Violence et politique*, I).

Transition : Si grand soit notre adversaire, derrière cette « réussite » ne se cache-t-il pas une partie ratée ? Ne peut-il nous vaincre ? Peut-on dissimuler toujours son jeu ?

III. Il est non seulement possible de tomber sur un joueur plus fort que soi, mais aussi que le naturel, la vérité du sujet ne soit pas éternellement dissimulable. La réussite ne serait-elle pas alors plutôt à chercher dans l'authenticité, la vérité du rapport à soi ?

1. On peut aussi tomber sur meilleur joueur que soi

Ou, en feignant d'avoir la baraka s'empêtrer dans ses propres mensonges et finir ruiné. À ruse, ruse et demie. Si, dans le roman de **Laclos**, Valmont apprécie de manipuler Madame de Tourvel, il aime moins en être la dupe lui-même. À sa complice, la marquise de Merteuil, il écrit : « Mon amie, je suis joué, trahi, perdu [...] Madame de Tourvel est partie ». « Mais quoi ! dans ma crédule sécurité, je dormais tranquillement ». Valmont en conclut que les femmes sont les êtres les plus duplices qui soient et se cabre comme s'il était choqué par tant d'immoralité et de perfidie féminines. Est pris qui croyait prendre. Les documents du Pentagone, qui trompaient sur les raisons véritables de la guerre au Vietnam, ont fini par être publiés dans le New York Times, ce qui motive la réflexion d'**Arendt** sur le mensonge en politique. Un jour, la vérité se fait jour.

2. « Chasse la nature à coup de fourche, elle ne cessera de revenir au pas de course » écrit Horace

Peut-on indéfiniment jouer cette comédie sans révéler sa vraie nature ? La marquise de Cibo essaie d'éveiller en vain un peu de patriotisme chez son amant Alexandre, pour qu'il refuse d'être inféodé à Charles Quint et au Pape : « va, cela est facile d'être un grand roi, quand on est roi ». C'est peine perdue. Alexandre ne peut jouer bien longtemps le jeu de la dissimulation. Son naturel revient au galop. Comme le rappelle l'orfèvre dans l'œuvre de **Musset**, Alexandre est un bâtard : « une moitié de Médicis, un butor que le ciel avait fait pour être garçon boucher ou valet de charrue » (I, 2). Impie, il jure comme un charretier devant le commissaire apostolique Valori, venu du Vatican : « vous êtes, *pardieu*, le seul prêtre honnête homme que j'aie vu de ma vie ». Les dirigeants totalitaires eux-mêmes « ne disposent pas du pouvoir d'abuser indéfiniment ». Poussé au-delà d'une certaine limite « le mensonge produit des résultats contraires au but recherché » prévient **Arendt** dans *Du mensonge en politique,* I.

3. Ne peut-on, dès lors, faire un meilleur usage de cette imagination qui est à la source du mensonge ?

Notre capacité imaginative produit tout autant le mensonge, explique **Arendt**, que l'action orientée vers l'avenir : « on ne peut faire place à une action nouvelle qu'à partir du déplacement ou de la destruction de ce qui préexistait » (*ibid.*), ce qui requiert donc d'imaginer le futur. L'imagination du bluffeur mise au service du mensonge, peut être mise au service d'une plus noble cause. Le naturel imaginatif de Lorenzo, dans la pièce de **Musset,** lui a autant permis de rêver à la restauration d'une république inspirée de l'antiquité romaine, de devenir un libertin, un roué, un menteur, un manipulateur habile, que de projeter un tyrannicide motivé par un profond patriotisme et par souci de garder un tant soit peu sa propre dignité. Il le rappelle à Philippe Strozzi : « songes-tu que ce meurtre, c'est tout ce qui me reste de ma vertu ? ».

Conclusion

La formule de Maxence Fermine vaut sans doute pour des réussites ponctuelles, mais le sujet qui bluffe peut être pris à son propre piège et souffrir de cette inauthenticité des rapports, aspirant à un peu de véracité, de vérité. Il est donc sans doute plaisant de vaincre sans péril, en bluffant. Mais « à vaincre sans péril, on triomphe sans gloire » avertit Corneille dans *Le Cid*, en paraphrasant la formule de Sénèque dans *De la Providence.*

« La plus belle ruse du diable est de vous persuader qu'il n'existe pas »

➥ *Cette remarque de Baudelaire dans* Le peintre de la vie moderne *est-elle illustrée par les trois œuvres au programme ?*

MICHEL DELATTRE

Analyse du sujet

- Le diable étant ici évoqué pour figurer le mal et la tromperie, sa première œuvre de tromperie, ici dénoncée, consisterait à masquer sa qualité de trompeur. Identifié comme tel, il ne tromperait en effet personne.

Enjeux du sujet

Il s'agit d'analyser la stratégie d'un trompeur pour paraître véridique et d'évaluer les effets de cette stratégie.

PROBLÉMATIQUE

- L'affirmation de Baudelaire paraît évidente : la première condition pour qu'un trompeur parvienne à ses fins semble être qu'il soit perçu comme le contraire de ce qu'il est. On peut cependant se demander si derrière cette évidence apparente ne se cache pas la possibilité de situations paradoxales : n'arrive-t-il pas qu'on se laisse délibérément tromper en sachant plus ou moins qu'on a affaire à un trompeur ?

ANNONCE DU PLAN

I. **L'art de persuader**
   1. La duplicité du séducteur
   2. L'art de tromper : une surestimation de soi ?
II. **La beauté du diable**
   1. Le paradoxe du menteur
   2. Le démon de la perversité
   3. Le diable exposé à son propre piège
III. **Tromper : un projet illusoire ?**
   1. Le diable n'est jamais solitaire
   2. À trompeur, trompeur et demi
   3. La dissimulation définitive est-elle possible ?

Introduction

« Vous savez bien, Monsieur le Prince, que le diable n'existe pas », déclare Méphistophélès, déguisé en Faust, dans le film de René Clair, *La beauté du diable*, inspiré par le *Faust* de Goethe. La ruse ici réside non seulement dans la dissimulation de ce qu'il est vraiment, mais plus encore : il nie son existence, au moment où il se présente au Prince – ruse d'autant plus efficace que l'image publique de Faust, qui a consacré sa vie à des recherches scientifiques totalement désintéressées, loin des tentations du monde, est à l'opposé du diabolique.

Cette ruse est présentée comme condition de la tromperie : de même que, si on en croit Socrate, on ne choisirait jamais le mal en étant conscient que c'est un mal, on ne se laisserait jamais tromper par quelqu'un dont on saurait que c'est un menteur.

Les jeux de la tromperie et de la croyance sont-ils cependant toujours aussi transparents ? Le croire ne serait-il pas une autre forme de duperie, ignorante de la complexité des mécanismes psychologiques par lesquels, comme dit Baudelaire dans ses notes sur *Les Liaisons*, « la détestable humanité se fait un enfer préparatoire » ? *Les liaisons dangereuses*, *Lorenzaccio*, et les analyses politiques d'**Hannah Arendt** nous offrent la possibilité de questionner cette prétendue transparence à différents niveaux : peut-on véritablement soutenir que les passions humaines sont animées par une claire conscience de ce en quoi elles engagent ? Est-ce bien le cas, par exemple, dans le processus par lequel on « tombe » amoureux ? — Ou, dans les passions politiques : les différents jeux manipulateurs du pouvoir, la force de conviction des idéologies et des dynamiques d'affrontements ?

Nous verrons tour à tour qu'en effet, les logiques de séduction et de tromperie échappent souvent à une opposition nette entre ces contraires que seraient le vrai et le faux, le bien et le mal. Mais aussi que cela peut se retourner contre les trompeurs.

I. De l'art de persuader

1. La duplicité du séducteur

Un séducteur est toujours un être double. La lettre LXXXI dans laquelle la Marquise de Merteuil décrit à Valmont la genèse de la libertine qu'elle est devenue en est une belle illustration : c'est un long processus par lequel elle a appris à exprimer par les mots le contraire ce qu'elle pensait et par le langage du corps le contraire de ce qu'elle ressentait. D'une certaine façon, les trois œuvres auxquelles nous nous référons font reposer l'art de la tromperie sur diverses variantes de l'art, non seulement de la dissimulation, mais de donner à entendre, à lire, ou à voir autre chose que la réalité.

L'art de tromper va cependant en général plus loin : il repose sur une forme de duplicité défiant la simple opposition du vrai et du faux, du bien et du mal. Cette duplicité empêche de trancher sur la personne ou la situation à laquelle on a affaire. C'est bien ce qui trouble, par exemple Madame de Tourvel : « Monsieur de Valmont doit être, en effet, infiniment dangereux, s'il peut à la fois feindre ce qu'il paraît ici, et rester tel que vous le décrivez » (lettre XXXVII). C'est là l'effet de la façon diabolique dont, par exemple, il monte une bonne action pour convaincre la Présidente de son esprit de charité, tellement bien jouée que l'un des paysans bénéficiaires de cette parodie déclare : « Tombons tous aux pieds de cette image de Dieu ».

On peut en dire autant de Lorenzaccio, qui pour préparer son meurtre, a dû se métamorphoser en libertin, de façon tellement contraire à ce qu'il fut dans sa jeunesse que Philippe Strozzi, ne sait plus trop à qui il a affaire : « Ne m'as-tu pas parlé d'un homme qui s'appelle aussi Lorenzo, et qui se cache derrière le Lorenzo que voilà ? ». Lorenzo n'est ni dans la clarté, ni dans l'obscurité totale. Il est l'ombre de lui-même. Or « Je n'ai pas peur d'une ombre », dit Alexandre.

Dans un autre ordre, le gouvernement américain, disposant de toutes les informations fournies par ses services secrets sur la situation au Vietnam, diffuse de fausses nouvelles auxquelles il croit lui-même à moitié, parce que la réalité nue ne peut être acceptée. De ce fait, au début, l'opinion publique accueille ces informations, mais en n'y adhérant que partiellement, puisque, comme le dit Arendt, elle en savait assez pour ne pas être vraiment surprise lorsque les *Documents du Pentagone* seront rendus publics. Mais il faudra du temps avant que se dissipent totalement les mensonges d'État.

C'est cette duplicité qui est à l'origine de l'efficacité des séducteurs et des menteurs : faire croire ne consiste pas simplement à effacer la vérité ou la réalité. Il est bien plus efficace de condamner ses interlocuteurs à l'indécision. Par-là, le trompeur s'estime supérieur à ses victimes, au risque de se faire illusion sur lui-même.

2. L'art de tromper : une surestimation de soi ?

« Madame de Merteuil, en effet très estimable, n'a peut-être d'autre défaut que trop de confiance en ses forces [...] Il est juste de la louer, il serait imprudent de la suivre ». Mme de Volanges doit être lue ici à double entente, mais ce risque de surestimation de soi est réel et commun à nombre de situations évoquées dans les trois œuvres. C'est évidemment le cas de Valmont qui, comme on le verra, peut avoir quelques raisons de vouloir « [se] sauver de l'humiliation de penser [qu'il] puisse dépendre en quelque manière de l'esclave même [qu'il se] serait asservie » (L. CXXV). Ça l'est encore davantage de Lorenzo, qui certes réussira à commettre son tyrannicide, mais à un prix qu'il n'avait pas prévu. Quant aux autorités américaines, c'est la conviction d'être « la plus grande puissance du Monde » qui les engage dans le bourbier de la guerre du Vietnam, et dans le travail de désinformation qui suivra.

II. La beauté du diable

1. Le paradoxe du menteur

Le camp de la « vertu », de « la vérité », condamne un menteur par principe, mais celui-ci ne peut réussir que dans la mesure où on lui fait confiance, confiance acquise en jouant d'ambiguïtés. *Les Liaisons* le figurent dans le statut même de l'œuvre : œuvre dont « l'éditeur » déclare, non sans ironie, qu'elle ne peut être qu'une fiction, car il est invraisemblable qu'à son époque des personnes « ayant de si mauvaises mœurs » aient pu exister ; tandis que le « rédacteur », déclare avoir eu pour mission de mettre en ordre une correspondance réelle qu'on lui aurait confiée. Le texte même vise à séduire par l'ambiguïté de ses intentions : texte libertin, texte d'édification, les deux à la fois ? Et qu'est-ce qui séduit le lecteur dans ce texte ? Ambiguïtés qu'on retrouve régulièrement au niveau textuel, dans la multiplication des formules à double sens au fil des lettres.

Valmont, par exemple, n'arrive à ses fins que parce qu'il peut jouer le rôle double de libertin et de converti à la vertu. Il ne cache aucunement ses turpitudes passées à la Présidente ; au contraire il en fait un argument. C'est ce qui finira par la vaincre. Et même lorsque, après une première rupture, il revient, contrit, sa victime confie ses tourments à Mme de Rosemonde : « Mais que direz-vous de ce désespoir de M. de Valmont ? D'abord faut-il y croire ou veut-il tromper son monde, et jusqu'à la fin ? ». Qui, à ce moment des échanges, sait répondre à cela ? On le peut d'autant moins que « l'éditeur » déclare en note qu'il n'a rien trouvé dans la correspondance permettant d'y répondre...

Lorenzo est pris dans la même ambiguïté et le même piège. Il ment autant aux Républicains, qu'il trahit en rapportant leurs propos au Duc, qu'au Duc lui-même. Si bien que lorsqu'il dit la vérité aux Républicains, ceux-ci ne le croient pas ; et lorsqu'on dit la vérité au Duc à son propos, celui-ci passe outre : « Si vous saviez comme cela est aisé de mentir impudemment au nez d'un butor », parole prononcée devant le Duc qui ne perçoit pas que c'est de lui qu'il s'agit.

Quant au pouvoir américain, Arendt a beau jeu de montrer que s'il ne s'engage évidemment pas dans une guerre pour la perdre, paradoxalement, l'enjeu premier n'est pas de la gagner, mais d'envoyer un message au reste du Monde. S'exposer à perdre une guerre pour confirmer qu'on est la grande puissance à laquelle ses alliés peuvent se fier...

2. Le démon de la perversité

Dans l'une de ses *Histoires extraordinaires*, Edgar Poe définit la perversité, non comme l'attrait vers le mal, mais vers ce dont on sait que c'est précisément ce qu'on ne doit pas faire. Ainsi, un assassin ayant commis un crime parfait se trouve tenté par les actions qui vont conduire à le confondre. On comprend alors le sens de cette déclaration de Laclos, dans sa correspondance avec Madame Riccoboni : « qu'en peignant le vice, [il a] cru pouvoir lui laisser tous les agréments dont il n'est que trop souvent orné ».

La vertu n'est pas forcément synonyme de bonheur : « Je ne crains l'enfer ni le diable – toute joie en revanche m'est ravie » déclare le Faust de Goethe. On peut alors mettre en doute la pertinence de cette mise en garde de la Marquise à propos de la séduction de la Présidente par Valmont : « Vainqueur de l'amour de Dieu, vous ne le serez pas de la peur du diable ». Est-on bien certain que le diable soit si répulsif, même pour une vertueuse comme Madame de Tourvel ? Prévenue comme elle l'est à propos du Vicomte, pourquoi alors succombe-t-elle ?

Dans ses écrits, **Arendt**, de son côté, décrit le mensonge comme une capacité propre à l'humanité qui est une preuve de sa liberté : mentir, c'est n'être assujetti ni à la vérité ni à la réalité, et cela pourrait être ce qui attire dans le mensonge – et qui rend le menteur séduisant.

Dans *Lorenzaccio*, on peut de la même manière s'interroger sur cette soudaine pulsion qui pousse un jeune amoureux de la littérature, des arts et de la nature, à décider qu'il lui faut assassiner un grand de ce monde, Pape ou Duc. Lorenzo ne sait pas répondre à cette question et c'est peut-être un reste d'innocence, désormais désabusée : car il prend cependant conscience que le geste qu'il va commettre est inutile, d'où l'adresse par laquelle il demande à Philippe de ne pas sombrer dans cette illusion qu'est l'idéalisme politique : « Il y a plusieurs démons, Philippe ; celui qui te tente en ce moment n'est pas le moins à craindre de tous ». Car le risque est d'agir en pensant au « bonheur de l'humanité ». Mais Lorenzo agira quand même.

3. Le diable exposé à son propre piège

« Plus un menteur réussit, plus il est vraisemblable qu'il sera victime de ses propres inventions », alerte **Hannah Arendt**. Si le trompeur doit son talent à l'art de cultiver l'ambiguïté, il s'expose en effet à être, *in fine*, victime de sa propre duplicité.

La posture de Valmont, par exemple, est on ne peut plus périlleuse, dans la mesure où ce qui le séduit chez Madame de Tourvel est sa vertu, mais dans le but de la vaincre. Car « le temps ne viendra que trop tôt où, dégradée par sa chute, elle ne sera plus pour moi qu'une femme ordinaire », avoue-t-il. Il lui faut donc la rassurer sur la force de sa vertu, qui la préserve des séducteurs ; et il faut que cette vertu soit d'autant plus solide que c'est cela qui aiguise le désir de Valmont. À ce jeu, les deux personnages vont se brûler les ailes en tombant dans le piège d'une séduction réciproque. En ce sens, la liaison est doublement dangereuse.

« Brutus a fait le fou pour tuer Tarquin, et ce qui m'étonne en lui, c'est qu'il n'y ait pas laissé sa raison », dit Lorenzo. Mais la duplicité (ou « multiplicité ») qu'incarne le personnage de Lorenzino/Lorenzo/Lorenzaccio/Renzo/Renzino/Lorenzetta : « glissant comme une anguille », perplexe devant « l'énigme de [sa] vie », finira par le priver de toute identité. Il devient victime de son jeu : « Le vice a été pour moi un vêtement ; maintenant il est collé à ma peau. »

Quant aux « spécialistes de la résolution des problèmes », dont se moque Arendt, ils ont tant remplacé la réalité par le monde séparé de leurs algorithmes abstraits, qu'ils sont devenus victimes de leurs illusions technocratiques : « Comme de toute façon ils avaient choisi de vivre à l'écart des réalités, il ne leur paraissait pas plus difficile de ne pas prêter attention au fait que leur public refusait de se laisser convaincre que de négliger les autres faits ».

III. Tromper : un projet illusoire ?

1. Le diable n'est jamais solitaire

Une opération de tromperie ne peut être définitive que si le trompeur s'est mis à l'abri de tout ce qui pourrait le trahir. Mais dans bien des situations être seul à connaître ses forfaits leur enlève une partie de leur saveur. C'est d'ailleurs l'un des ressorts de la tentation perverse : elle exige, comme on le voit dans la correspondance entre Valmont et Merteuil, d'être partagée avec quelques « happy few » qui croient pouvoir se distinguer d'une société qu'ils méprisent. Alors, ils se tiennent mutuellement et c'est ce qui les perd. Lorenzo lui-même n'échappe qu'en partie à ce péché d'orgueil : il se confie aux Républicains et c'est leur pusillanimité qui aurait pu le perdre. Quant au Département américain, convaincu d'appartenir à une élite, comment a-t-il pu imaginer qu'il sauverait sa réputation d'allié invincible à l'heure des communications déjà mondialisées ?

2. À trompeur, trompeur et demi

Il arrive que le démon de la perversité se retourne contre le pervers : Valmont « tombera » finalement amoureux de sa victime. Merteuil se laissera aller à la seule imprudence qui peut la faire chuter : se faire un ennemi de celui qui dispose des preuves de sa véritable nature. Quant aux autorités américaines : l'échec cuisant des « opérations » au Vietnam tient précisément au fait que « la plus grande puissance du Monde » a à son tour voulu tenter le diable, alors qu'elle aurait pu tirer les leçons de la défaite française dans les mêmes lieux. Et Lorenzo échappe trop tard à ce travers : s'il est désormais convaincu que son tyrannicide sera sans effet politique, désormais embarqué, il l'exécutera.

3. La dissimulation définitive est-elle possible ?

Les trois œuvres nous montrent qu'il est sans doute rare de (se) tromper longtemps. Encore sont-elles situées à une époque où on ignorait les réseaux sociaux… On peut en évoquer les démonstrations les plus spectaculaires. L'Union soviétique, nous rappelle **Arendt**, s'est ainsi heurtée à la résistance des faits, lorsqu'elle a voulu effacer des mémoires certains hommes et certaines réalités dont les traces se révélaient finalement indélébiles. Les Nazis ont tout fait pour rendre insoupçonnable l'existence des pratiques d'extermination, dont ils ont voulu effacer tout vestige. Les deux régimes ont échoué. Le mensonge est possible parce que, comme elle le souligne, les faits sont toujours contingents : l'existence d'un fait ne se démontre pas comme un théorème de mathématiques, on en témoigne. Dès lors on peut le mettre en doute ou le réduire à une simple opinion. Jusqu'à un certain point seulement, car le privilège d'un fait c'est d'exister. Et cette existence ne s'efface jamais autant que les trompeurs, falsificateurs, négationnistes et autres auteurs de « vérités alternatives » le souhaiteraient.

Conclusion

Il n'est évidemment pas faux que les stratégies de tromperie consistent à faire adhérer à autre chose qu'à la réalité et que cela n'est pas possible si on se présente d'emblée comme un trompeur. Mais, pour être efficaces, ces stratégies sont le plus souvent plus subtiles qu'une simple substitution du faux au vrai. Elles reposent plutôt sur une culture de la duplicité et de l'ambiguïté. D'autant qu'il n'est pas si évident que le mensonge, la méchanceté, le nihilisme, soient toujours sans attraits. C'est sans doute en retour ce qui constitue la vulnérabilité du diable : s'il se présente à découvert, il échoue. S'il cultive l'ambiguïté ou s'il ne peut exister sans cette autre perversité qu'est le plaisir d'avoir des complices, cette confusion lui fait courir le risque d'être confondu ou victime de lui-même.

« Quand un hardi menteur ment avec beaucoup d'assurance, il fait souvent croire les choses les plus incroyables, parce que cette assurance avec laquelle il parle est une preuve qui touche les sens, et qui par conséquent est très forte et très persuasive pour la plupart des hommes. »

Nicolas Malebranche, *De la recherche de la vérité* (1674), tome I, Vrin, 1962, p. 195.

➥ *En quoi ce propos éclaire-t-il la lecture des œuvres inscrites au programme ?*

LAHOUCINE EL MERABET

Analyse du sujet

- Malebranche relie le mensonge à une audace qui est de nature à conférer aux propos du menteur une force persuasive.
- L'efficacité de ces mensonges dépend étroitement de la manière dont les « sens » sont touchés et de la manipulation qui est essentiellement fondée sur les émotions.
- Cette gestion des émotions par le mensonge parvient à « faire croire » même « les choses incroyables. »

Enjeux du sujet

1. Le philosophe français articule son propos autour des deux termes nécessaires à l'efficacité d'un mensonge : le menteur, par son audace, et le public ciblé par ce mensonge, par sa fragilité, sa naïveté et sa crédulité.
2. La crédulité de ce public visé par un propos mensonger est étroitement liée à l'assurance du menteur, à son audace et à son courage qui lui garantissent la conquête d'un terrain et le déploiement d'une force persuasive qui ne peut être qu'efficace du moment que les sens sont touchés.

3. L'efficience d'un propos fallacieux est fondamentalement pathétique et sensible, et repose sur la tendance à faire croire même ce qui est incroyable. Cette manière d'exagérer et renchérir chez Malebranche est significative de l'impact du mensonge sur les sens, les émotions, plutôt que sur la raison, le mental et la dimension cartésienne du social et des interactions interpersonnelles.

PROBLÉMATIQUE

- Dans quelle mesure l'efficacité d'un discours mensonger dépend-elle étroitement de la force persuasive du menteur qui table sur les sens et les émotions ?

PLAN

I. **Le mensonge : recours contextuel et stratégique**
   1. Tentation de l'angélisme
   2. Leurre, manipulation et mystification
   3. Agent de destruction de la vérité

II. **Le mensonge entre sa licéité et son inanité**
   1. Le jeu du mensonge
   2. Illusion du pouvoir
   3. Dessillement et désillusion

III. **La vérité : recours absolu, universel et ultime**
   1. Transgression et parjure
   2. Cynisme et sincérité
   3. Primat de la vérité

Introduction

Selon l'écrivain et l'épistémologue français Paul Valéry : « Le mensonge et la crédulité s'accouplent et engendrent l'opinion. » On en comprend que l'opinion qui finit par se prévaloir dans un contexte précis et avoir droit de cité vient de l'association du mensonge qui est destiné à un auditoire disposé à croire au discours qui lui est adressé, et la crédulité qui montre la manière de persuader et de « faire croire ». L'auteur du propos à analyser s'inscrit dans le même sillage en notant : « Quand un hardi menteur ment avec beaucoup d'assurance, il fait souvent croire les choses les plus incroyables, parce que cette assurance avec laquelle il parle est une preuve qui touche les sens, et qui par conséquent est très forte et très persuasive pour la plupart des hommes. » Il importe de retenir de cette citation du philosophe français Malebranche que le menteur arrive à « faire croire les choses incroyables » par le biais d'une audace et d'une « hardiesse » qui lui donnent une assurance à même de fragiliser le public destiné à recevoir ses mensonges, du fait de la vulnérabilité de ses émotions et de ses « sens ». Force est de préciser que l'efficacité du propos mensonger selon le philosophe dépend de l'audace du menteur, laquelle procure une « force persuasive » à laquelle cèdent « la plupart des hommes ». Cette modalisation quantifiante pourrait signifier chez l'auteur que le mensonge n'est pas toujours efficace, nonobstant tous les moyens de persuasion déployés. Cette nuance est tout de même moins significative dans notre citation, mise à côté de cette hyperbolisation lisible au travers de cette notation : « faire croire les choses incroyables ». Il en ressort que la force du mensonge s'explique par sa capacité à faire adhérer à des « vérités » les moins probables moyennant les émotions et « les sens » qui se trouvent ostensiblement marqués par le discours dans sa « hardiesse » et sa virulence. D'où la pertinence de se demander dans quelle mesure l'efficacité d'un discours mensonger dépend étroitement de la force persuasive du menteur qui table sur les sens et les émotions. Nous tenterons d'élucider cette question en prenant appui sur *Les Liaisons dangereuses* de **Pierre Choderlos de Laclos** (1782), *Lorenzaccio* d'**Alfred de Musset** (1834) et les deux articles d'**Hannah Arendt**, « Du mensonge en politique » et « Vérité politique » respectivement extraits de *Du mensonge à la violence* (1972) et de *La crise de la culture* (1961).

Nous verrons initialement que le mensonge est un jeu stratégique et contextuel, avant d'aborder l'inanité de ce mensonge dans des conditions particulières, pour en venir finalement à la précellence et au primat de la vérité dans sa dimension universelle et absolue.

I. Le mensonge : recours contextuel et stratégique

Le recours au mensonge trouve initialement sa justification dans la propension à leurrer, à mystifier et à cacher la vérité.

1. Tentation de l'angélisme

En effet, il faut préciser d'entrée de jeu que le jeu du mensonge épouse toujours les contours d'une posture véridique et honnête. Dans « Vérité et politique » **Arendt** met en garde contre l'angélisme contempteur devant le phénomène du mensonge politique. Pour cette grande figure de la philosophie politique du XXe siècle, vérité et politique ne font pas bon ménage. Il serait ainsi absurde, souligne-t-elle, de prétendre que la vérité doit prévaloir en toutes choses, dût la communauté en périr. Si l'action politique est ce par quoi nous cherchons « à établir ou à sauvegarder les conditions de la recherche de la vérité », le mensonge s'avère, comme substitut à des moyens plus violents, l'outil le moins dévastateur de préserver les conditions nécessaires à la poursuite de cette vérité. Cette oscillation entre le côté pur et le côté malsain est lisible chez **Musset** dans *Lorenzaccio*. La mère du personnage éponyme, Marie, s'adresse à Catherine ainsi : « … Ah ! Catherine, il n'est même plus beau ; comme une fumée malfaisante, la souillure de son cœur lui est montée au visage. » (I, 6) C'est dire qu'il y a une profondeur et une surface, et le mensonge surgit de cette dynamique entre les deux sphères de la vérité et de la fausseté.

2. Leurre, manipulation et mystification

En outre, on peut afficher un certain angélisme, mais ce dernier disparaît dès que le mensonge fait surface et s'impose. Chez **Musset**, Lorenzo parle ainsi à Philippe Strozzi : « Prends-y garde, c'est un démon plus beau que Gabriel. » (III, 3) Notons à ce propos que le mensonge se cristallise dans un cadre où la pureté, la vérité et l'honnêteté constituent des assises fondamentales. D'ailleurs, c'est au nom de la valeur de l'amitié et de tout ce que ce sentiment noble requiert de prudence, de fidélité et de discrétion que le vicomte de Valmont dans le roman de **Laclos** ourdit sa machination pour induire en erreur Cécile dans sa relation avec Danceny : « Aussi ma prudente amitié se rapprocherait-elle de les (les lettres) employer davantage. » (Lettre 84) En lui donnant la clé de sa chambre, Cécile va faciliter au vicomte d'accéder à une proie facile à dévorer. C'est une manipulation rendue possible par la simulation d'un sentiment d'amitié et d'empathie.

3. Agent de destruction de la vérité

Dans ce sillage, on peut bien dire que mentir revient à détruire la vérité dans son fief et dans son immanence. Si **Hannah Arendt** note : « La vérité n'a jamais figuré au nombre des vertus politiques, et le mensonge a toujours été considéré comme un moyen parfaitement justifié dans les affaires politiques », son intention principal dans « Du mensonge en politique » est de préciser que la vérité n'est pas capable seule d'organiser la société, quand bien même le mensonge serait capable, lui, seul, de la détruire. Entendre que le jeu du mensonge, dans sa dimension tactique et stratégique, vise à détruire la vérité et à occulter les valeurs suprêmes qui n'arrangent plus le pouvoir en place dans son devenir politique. Chez **Laclos,** Valmont obtient le rendez-vous avec Mme de Tourvel grâce au père Anselme, et raconte ce qui s'est passé chez la présidente à la marquise de Merteuil : « Je suppléai donc, par la terreur, à la sensibilité qui se trouvait en défaut ; et pour cela, changeant seulement l'inflexion de ma voix, et gardant la même posture : — « Oui, continuai-je, j'en ai fait le serment à vos pieds, vous posséder ou mourir. » » (Lettre 125) Le vicomte manipule ainsi la présidente émotionnellement, passant d'une émotion à une autre qu'il est capable d'exprimer ou qu'il juge opportune et stratégique. Le menteur est ici comme un acteur qui réfléchit à tous les gestes, à la voix et à la posture dans le dessein de « faire croire les choses incroyables » et aboutir à la conquête finale, même auprès d'une religieuse qui finit par perdre sa pureté et sa rigueur morales. Autant dire que le mensonge déploie sa rhétorique au sein de la vérité pour mieux la dominer, la maîtriser et le mettre *in fine* en crise. Dans le drame romantique de **Musset**, Lorenzo se présente en ces termes : « Les hommes ne m'avaient fait ni bien ni mal, mais j'étais bon, et, pour mon malheur éternel, j'ai voulu être grand. » C'est précisément cette quête de la grandeur qui a conduit le protagoniste à épouser face à la vérité, à la bonté et à la pureté bien des postures erratiques, spécieuses et trompeuses. Et il s'ensuit une démesure d'une ampleur considérable et létale.

II. Le mensonge entre sa licéité et son inanité

S'il est vrai que les intentions qui animent le menteur pourraient lui conférer une certaine licéité, il n'en reste pas moins que la portée de ses discours trompeurs reste limitée.

1. Le jeu du mensonge

D'ailleurs, la vérité produite par le savoir est d'autant plus incontournable et irréfragable que la réalité qu'elle représente s'impose toujours. L'homme politique, en raison de ses besoins et intérêts, cherche toujours à ruser avec la vérité et à adopter des propos vraisemblables allant dans le sens des émotions du peuple. Cette manière de chercher à contourner la réalité par un jeu de dissimulation, vise à maintenir la discrétion, les services secrets, spéciaux et confidentiels au service du pouvoir. C'est ce que dévoile **Arendt** dans « Du mensonge en politique » en accentuant les ressorts du mensonge politique moderne : « Le mensonge est souvent plus plausible, plus tentant pour la raison que la réalité, car le mensonge possède le grand avantage de savoir d'avance ce que le public souhaite entendre ou s'attend à entendre. » Il faut en comprendre que l'intention du menteur en politique procède d'un jeu qui fait « de la représentation d'une certaine image la base de toute une politique » et qui cherche, selon la philosophe allemande, « non pas la conquête du monde, mais à l'emporter dans une bataille dont l'enjeu est l'esprit des gens. » L'idée est claire et se trouve en résonance avec le texte de **Musset** quand Lorenzo dévoile la singularité de son expérience par rapport à la société : « J'ai plongé, je me suis enfoncé dans cette mer houleuse de la vie. J'en ai parcouru toutes les profondeurs, couvert de ma cloche de verre ; tandis que vous admiriez la surface, j'ai vu les débris des naufrages, les ossements et les Léviathans. » (Acte III, sc.3) Les propos sont éloquents et détiennent la force persuasive dont parle Malebranche et par laquelle on ne peut qu'agir sur autrui.

2. Illusion du pouvoir

Pour autant, il faut tout de même noter que cette autorité reste transitoire, temporaire, voire illusoire. D'ailleurs, il y a une certaine violence symbolique tributaire de cette valeur attachée à l'exercice du discours, qui se combine avec d'autres autorités attribuées au locuteur menteur en fonction des identités et rôles sociaux qu'il joue. Ce pouvoir n'est pas aussi ferme et solide qu'on peut le penser, et le secret caché ne tardera pas à se dévoiler. Dans le roman de **Laclos**, la marquise de Merteuil montre combien elle était sensible plus à ce qui est caché qu'à ce qui est dit : « tandis qu'on me croyait étourdie ou distraite, écoutant à la vérité les discours qu'on s'empressait à me tenir, je recueillais avec soin ceux qu'on cherchait à me cacher. » (Lettre 81) Autrement dit, l'autorité que s'octroie le menteur est loin d'être permanente et pérenne. À ce propos, on peut dire qu'il ne s'agit que d'une mascarade et d'un simulacre qui ne peuvent faire long feu. Dans *Lorenzaccio*, le Cardinal précise : « Le duc a passé la nuit à une mascarade, et il repose en ce moment. » (V, 1) Cosme n'était ainsi qu'un « beau dévideur de paroles »

(V, 5), qui monte sur la scène pour prononcer les paroles qu'on lui dicte, comme le comédien qui récite le texte, écrit par l'auteur. Ce sont donc des propos oiseux et creux qui renvoient aussi à une réalité sans consistance.

3. Dessillement et désillusion

Dans cet ordre d'idées, quand on cherche à faire croire une idée, une réalité ou une représentation que l'on veut partager, on ne peut pas toujours avoir la tâche facile et ne rencontrer que des dupes. Dans l'esprit d'**Arendt**, la vérité a un caractère despotique qui est à l'opposé de l'action politique pour laquelle tout est opinion, persuasion et consensus. Le détenteur d'une vérité est celui qui, après un long dialogue intérieur, arrive à une conclusion qui s'impose par la force du raisonnement. Dans « Vérité et politique », on comprend chez la philosophe allemande la nécessité d'établir une distinction entre vérité rationnelle et vérité de fait pour saisir l'inanité et la vacuité du mensonge. Le réseau de relations entre Valmont et Mme de Merteuil est à saisir dans ce sens, puisqu'à un certain moment ils en sont arrivés à dévoiler leur jeu et à démasquer leurs machinations. C'est en fait un couple manipulateur dans le domaine du libertinage et de la débauche. Lorsque le vicomte appelle la marquise une femme facile, ce n'est point fortuit : « j'ai dans ce moment un sentiment de reconnaissance pour les femmes faciles, ce qui m'amène naturellement à vos pieds. » (Lettre 4) Comprenons que Valmont tient à dire ce genre de vérité car il en vient à valoriser la vertu plus que le libertinage. Son cheminement vers la présidente de Tourvel l'a amené dans une certaine mesure à se dessiller les yeux et à révéler les rouages de sa tromperie et de celle de sa rivale.

III. La vérité : recours absolu, universel et ultime

La force persuasive d'un manipulateur et d'un menteur reste limitée dans le temps et l'on doit plutôt s'armer de la force nécessaire à la défense de la vérité qui demeure en adéquation avec la morale, le bon sens et la raison.

1. Transgression et parjure

La résolution de s'engager dans une vie politique ou autre, appuyée par des intentions moins correctes et moins saines, se sert de tous les fourvoiements et de tous les dévoiements possibles, sans pouvoir cacher la véritable face des choses. Le serment initialement tenu se solde malencontreusement vite par un parjure plus remarquable. Lisons dans ce sens cette réplique de Lorenzo dans l'acte IV, scène 9, de notre pièce : « Ah ! Les mots, les mots, les éternelles paroles ! S'il y a quelqu'un là-haut, il doit bien rire de tous ; cela est très comique, vraiment. O bavardage humain ! » Ce bavardage est digne de représenter toute intention malhonnête de faire croire au travers des moyens fallacieux et captieux. Dans le propos de Lorenzo, ce « quelqu'un plus-haut » peut bien renvoyer à une instance transcendante à même de railler toutes les manipulations contingentes et humaines. Pis encore, le manipulateur peut bien être conscient de son parjure et de ses propos incorrects et inadéquats. Selon **Arendt** dans « Vérité et politique », la limitation constitutionnelle pourrait être un rempart contre le mensonge politique. Dans cet esprit, il importe de préserver dans la société « l'existence d'hommes et d'institutions » sur lesquels le domaine politique n'a pas de pouvoir pour trancher des questions de vérité. À cet égard, la philosophe note que si la presse devenait jamais réellement un quatrième pouvoir, « elle devrait être protégée contre le pouvoir du gouvernement et la pression sociale encore plus soigneusement que ne l'est le pouvoir judiciaire ». C'est dire que c'est un pouvoir à même de mettre les menteurs devant les faits et de mettre à l'index leurs débordements, leur parjure et leur cynisme.

2. Sincérité et cynisme

D'ailleurs, quand on cherche à croire, à manipuler, on agit au nom d'un serment qu'il n'est pas aisé d'honorer et qui est mis à l'épreuve par des faits plus puissants et moins réfutables. Dans le texte de **Laclos**, Mme de Tourvel a séduit Valmont par la sincérité de son amour, le sentiment dont Mme de Merteuil est incapable. Ainsi, tout semble séparer la sincérité de la présidente du cynisme de la marquise. Cette distinction s'impose d'autant que chacune des deux femmes cherche à se distinguer et à s'imposer par sa différence. Si Merteuil s'interroge : « mais moi, qu'ai-je de commun avec ces femmes inconsidérées, » (Lettre 81), Mme de Tourvel, de son côté, demande de « ne pas [la] confondre avec cette foule de femmes. » (Lettre 41) Dès le début, la colère et la susceptibilité de la marquise sont animées par Valmont qui semble accorder une valeur exceptionnelle à sa rivale, la présidente. La première, dans son libertinage et ses subterfuges, est victime de son système mise à rude épreuve par une valeur aussi sûre que la sincérité et la rectitude. Par sa parole : « Je puis dire que je suis mon ouvrage », force est de dire que ce qui est entrepris en fait comme ouvrage c'est la destruction de tous les ponts qui pourraient la mener vers un sentiment sincère quelconque. Ce n'est pas sans raison que Philippe Strozzi se trouve toujours confronté dans le drame de **Musset** à Lorenzo dans sa dualité et sa mascarade. Confident du héros et représentant des valeurs profondément humaines et une droiture sociale, il rêve d'un Lorenzo sincère et authentique, libéré du masque du cynisme, de la débauche et de la démesure.

3. Le primat de la vérité

Ainsi, il importe de tirer la conclusion que la vérité garde sa prépondérance et sa primauté face aux déviations et aux leurres des manipulateurs. Cette précellence de la vérité, de la confiance et de la crédibilité s'impose au vu des effets pernicieux du mensonge, surtout dans le domaine politique, qui sont déplorés par **Arendt** dans « Du mensonge en politique » : « Quand tout le monde vous ment en permanence, le résultat n'est pas que vous croyez ces mensonges, mais que plus personne ne croit plus rien. Un peuple qui ne peut plus rien croire ne peut pas se faire une opinion. [...] Et avec un tel peuple, vous pouvez faire ce que vous voulez. » Selon cette penseuse, « La réalité, qui n'a pas d'équivalent, vient confondre le menteur. Quelle que soit l'ampleur de la trame que peut présenter le menteur expérimenté, elle ne parviendra jamais, même avec le concours des ordinateurs, à recouvrir la texture entière du réel. » C'est bien dans cet esprit qu'il faut saisir la réplique du duc dans *Lorenzaccio* quand il dit : « Des mots, des mots, et rien de plus. » (III, 6) La parole mensongère montre son inefficacité face à une réalité, à un idéal et un rêve qu'elle n'arrive pas à cerner ni à maîtriser. Les différentes tractations menées par Valmont et Merteuil dans le texte de **Laclos** étaient finalement vouées à l'échec. Cécile écrit à Danceny qu'elle se doit de l'oublier malgré ses sentiments pour lui (Lettre 49) et Madame de Tourvel demande à Valmont, qui est rentré à Paris, de ne plus lui parler de son amour pour elle (Lettre 50). La suite des péripéties confirme cette optique négative et déceptive et rend loisible de donner plus de relief à la vérité et à ce qui peut lui garantir sa rationalité, sa moralité et son essentialité.

Conclusion

En dernier recours, il sied de récapituler en réaction à l'assertion de Malebranche que le menteur peut bien déployer des stratégies qui peuvent lui permettre de leurrer, de manipuler et de faire croire même l'incroyable grâce à son assurance et à la force que lui confèrent ses dires. Toutefois, en dépit d'une certaine réussite permise par ces mensonges, ces derniers sont finalement frappés d'inanité et tout l'édifice qu'ils auront bâtis demeurent d'une fragilité digne de rendre à la vérité et à la confiance dans les rapports au sein de la communauté leur valeur et leur crédit. Tout cela pour dire que faire croire malhonnêtement, revient à marquer un acte d'un sceau trompeur qui ne fait que dessiller les yeux tant aux trompeurs qu'aux trompés. À en croire Oscar Wilde dans *Le Déclin du mensonge* (1889), la sphère politique a fini par subir la contagion de la littérature qui proposait des illusions qui valent comme vérités supérieures. De cette porosité des frontières entre la fiction et la réalité, bien des conclusions dont il faut s'inquiéter sont à relever et à redouter.

« [...] par définition, une fiction est toujours un mensonge. C'est un mensonge qui touche à la vérité. »

Paul Auster, *La solitude du labyrinthe*, Actes Sud, 1999

➥ *En vous appuyant sur les œuvres d'Arendt, Laclos et Musset, vous vous interrogerez sur ce lien entre le « faire croire » de la fiction et la vérité.*

NADÈGE GOLDSTEIN

Analyse

- Le romancier Paul Auster reconnaît dans cette phrase le caractère mensonger de toute fiction. Nous sommes pourtant accoutumés à valoriser la fiction en tant que création imaginaire tandis que le mensonge est clairement condamnable en ce qu'il vise à tromper, manipuler autrui, à « faire croire » à – ou en – quelque chose ou quelqu'un en vue d'exercer un certain pouvoir. Comment comprendre que le mensonge de la fiction « touche à la vérité » ? Faire croire est-ce blesser la vérité, la détruire ou y ramener plus authentiquement ?

PROBLÈME

- Si toute fiction est – selon son étymologie latine *fictio* – une manière de feindre ou de façonner, comment comprendre qu'elle puisse tout autant nous tromper, nous manipuler, que nous éclairer sur le réel et sur la vie ?

Introduction

Dans les œuvres d'**Hannah Arendt**, **Choderlos de Laclos**, **Alfred de Musset**, les relations entre fiction et vérité sont très complexes et très ambivalentes. Elles permettent d'interroger les formes du « faire croire » et leurs valeurs ou leurs degrés de vérité selon des perspectives multiples et croisées. Chacune de ces œuvres remet en question l'opposition binaire entre mensonge et vérité et nous incite, à l'instar de Paul Auster, à tenter de saisir les formes du mensonge et celles de la fiction et ce en quoi elles éclairent notre exigence de vérité et ses significations morales et extra-morales. La fiction se situe-t-elle du côté de la non-réalité, de la non-vérité ou rejoint-elle la contrefaçon, le faux, le factice ? Constitue-t-elle un espace hermétique à la vérité comme au mensonge, un accès à des formes de révélation du vrai ou bien n'est-elle faite que de contre-vérités ? Il s'agit, en somme, de savoir si toute fiction est un « mentir-vrai » selon le mot d'Aragon, autrement dit si elle permet de dépasser l'opposition entre réalité et illusion en mêlant le réel et l'imaginaire. Si le « faire croire » de la fiction l'oppose au réel et s'apparente au mensonge nous devons reconnaître que ce « feindre » n'est ni faux, ni impossible. La vérité de la fiction serait-elle dès lors cette « sagesse de l'incertitude » que Kundera associe au roman ?

Développement

I. La fiction feint la réalité de l'irréel

1. De prime abord la fiction est effectivement un mensonge, et par l'imagination elle mime la présence du réel

Raconter une histoire, c'est faire semblant. Le conteur prétend raconter la vérité à propos de ce qu'il connait. Il prétend parler des personnages qu'il connait et à qui il se réfère, typiquement au moyen de noms propres. Mais si son histoire est une fiction, il ne le fait pas vraiment. Cet effet mimétique est tellement prégnant que *Les Liaisons dangereuses* ont d'abord été lues comme une correspondance authentique bien que **Laclos** avoue l'artifice littéraire qui commande leur édition. De surcroît la forme épistolaire du roman a pour effet de permettre au romancier de s'effacer derrière les correspondants divers et de réduire ainsi l'écart entre les émotions et leur expression, ou encore entre le texte et son efficace.

Hannah Arendt renvoie cette puissance du faire croire et la possibilité du mensonge aux paradoxes des vérités de fait : leur matière est effective mais aucun fait n'est indépendant du témoignage, de l'opinion et de l'interprétation. Les faits sont également contingents et « n'ont aucune raison décisive d'être ce qu'ils sont » *La Crise de la Culture*, Folio, p. 309

2. L'écrivain Maurice Blanchot affirme plus radicalement que « Le roman est une œuvre de mauvaise foi » dans *La part du feu*, Gallimard, 1947

Cette « mauvaise foi » relève du pacte fictionnel qui implique simultanément que l'écrivain donne le change et que le lecteur accepte d'être dupé.

La « volonté mimétique », le désir de créer l'illusion que le monde de l'histoire est une « vraie » représentation du monde réel exige de maintenir l'intérêt et l'engagement du lecteur par une certaine virtuosité fictionnelle. En témoigne la lettre 48 des *Liaisons dangereuses,* rédigée par Valmont pour Mme de Tourvel, écrite sur le dos de la courtisane Émilie avec laquelle il renoue lors de son retour parisien. Cette lettre met en évidence une excitation sexuelle croissante chez le libertin jouissant surtout du plaisir de tromper, non seulement l'amant d'Émilie mais aussi la présidente, plutôt que de sa nuit avec Émilie. Le texte ne cesse de renvoyer de l'amour spirituel à l'amour physique, ou de la factualité concrète à la métaphore. L'écriture se confond avec l'acte sexuel lui-même et ne peut laisser indifférent. Elle manifeste par le faire croire fictif toute la palette des émotions et des sentiments.

A partir des usages et des enjeux de la dissimulation que déroule chaque acte de sa pièce, **Musset** va plus loin et généralise l'impossibilité d'être sincère et de rassembler l'être et le paraître. Même les plus caricaturaux des « roués » qui nous semblent de bien mauvais comédiens s'avèrent capables de soupçonner les failles dans les mascarades des autres. Ainsi le cardinal suspecte-t-il la sincérité de la marquise qui pleure au départ de son époux

« Je voudrais seulement que l'honnêteté n'eût pas cette apparence. »

I, 3

Si cette suspicion est grossière, il fait preuve de finesse au contraire en ne croyant pas au personnage de Lorenzo défaillant devant une épée. Lorenzo lui-même avoue la facticité de sa personne :

« Par le ciel ! Quel être de cire suis-je donc ? »

IV, 5

3. Toute fiction transgresse donc l'ordre de la réalité

L'imagination fictionnelle réordonne métaphoriquement le monde en construisant verbalement une image. Les mots décident donc de notre réalité, de notre existence, de notre personne.

En 1834, *Lorenzaccio,* drame historique en cinq actes développe un texte de George Sand, *Une conspiration en 1537.* En transposant de petites réalités factuelles d'un temps en un autre – telle la tasse de chocolat anachronique de Lorenzo (III, 3) – Musset sensibilise tout lecteur ou spectateur contemporain à la mascarade de la vie humaine, dans la personne, la vie intérieure, la vie sociale et la vie politique. *Lorenzaccio* nous avoue plus radicalement l'origine langagière de cette mascarade.

« Ah ! les mots, les mots, les éternelles paroles ! S'il y a quelqu'un là- haut, il doit bien rire de nous tous ; cela est très comique, vraiment. – O bavardage humain ! ô grand tueur de corps morts ! grand défonceur de portes ouvertes ! ô homme sans bras ! »

Lorenzaccio, IV, 9

Croire est un donc un acte de communication et non seulement un état mental. C'est un acte marqué par l'incertitude qui lui est inhérente, par les débats et les controverses qui le constituent et le font être.

La fiction nous impose donc de reconsidérer les rapports entre le langage et le monde. L'hésitation fait partie de l'expérience de lecture de la fiction parce que, dans de tels contextes, la nature du lien entre le langage et le monde est problématique. Pourtant, Paul Auster affirme aussi que les livres ne sont pas des mensonges. Comment distinguer alors fiction, erreur, et mensonge ?

II. Réalité virtuelle, la fiction n'est ni fausse ni impossible

1. On ne peut feindre n'importe quoi, n'importe comment

Et tout d'abord, si l'objet de la fiction est fictif, il ne peut se confondre avec l'erreur. Si un récit de fiction raconte des faits qui n'ont pas eu lieu, il n'est pas pour autant un faux témoignage et **Laclos** ou **Musset** ne sont pas des faux témoins dans leurs narrations respectives même s'ils empruntent nécessairement à des réalités effectives de leur monde ou de leur vie.

Spinoza nous aide en définissant la fiction comme cette perception

« où l'on feint l'existence d'un objet, et où l'objet ainsi imaginé est compris ou supposé compris par l'entendement. », Traité de la réforme de l'entendement.

Il précise encore

« Elle se rapporte aux choses possibles, et non aux choses nécessaires ou aux choses impossibles », ibidem.

Je puis feindre seulement ce qui relève du contingent et non du nécessaire. C'est en ce sens qu'**Hannah Arendt** rappelle la force de « l'aversion de la raison à l'égard de la contingence » et la tentation de « se rendre également maîtres du passé » qui conduit les hommes d'action, les politiques à écarter cette contingence et à mentir. Les politiques apparaissent dans les documents du Pentagone et la « gestion » de la guerre du Vietnam, comme des « spécialistes de la solution des problèmes » égarés par leur foi dans « les facultés calculatrices de la pensée ». Ils auraient pu et dû au contraire faire preuve de prudence au sens aristotélicien du terme : « profiter des enseignements de l'expérience ». À propos du Vietnam la philosophe note ainsi qu'il n'y a pas eu seulement « de la confusion et du mensonge » mais une « ignorance réellement effarante et de bonne foi » du contexte historique. Tirer les leçons des expériences totalitaires c'était notamment comprendre qu'elles se caractérisaient par une foi illimitée dans « le pouvoir du mensonge ». Or il s'est avéré qu'on ne pouvait soutenir indéfiniment que le chômage ou le chômeur n'existent pas dans un système socialiste car cette fiction se heurte à la nécessité de survivre qui dépasse toute question de vérité ou de mensonge.

2. C'est pourquoi on ne peut pas non plus feindre l'impossible

Par l'imagination nous pouvons nous extraire en partie de la réalité qui nous entoure, la reconfigurer ou la nier. **Arendt** explore très précisément ce lien entre pouvoir mentir et pouvoir agir : le mentir de l'imagination est cette « liberté mentale de reconnaître ou de nier l'existence » d'une proposition, d'une déclaration, d'une perception ou d'une réalité. Sans cette fiction du possible ou cette possibilité de feindre il n'y a aucune puissance d'agir et de changer l'ordre des choses.

En ce sens dans *Lorenzaccio* chacun des protagonistes souffre d'une forme d'aboulie et d'impuissance tant le raisonnement réduit au calcul et aux complots rend incapable de penser le possible. Nul ne veut vraiment agir ou changer le régime de la tyrannie et l'imaginaire des personnages est comme enclos dans une forme de résignation cynique. En témoigne particulièrement la longue scène entre Philippe et Lorenzo dans l'acte III, 3. On ne peut se contenter de rêver à la liberté, il faut l'exercer, la mettre en œuvre. À Lorenzo qui affirme

> « *Je me suis réveillé de mes rêves, rien de plus ; je te dis le danger d'en faire* »

Philippe oppose

> « *Je crois à tout ce que tu appelles des rêves ; je crois à la vertu, à la pudeur et à la liberté* ».

Est-ce à dire que la réalité dépasse la fiction ?

3. C'est en jouant avec les règles de la vérité que la fiction ouvre des possibles

Dans toutes nos expériences : épistémologiques, pratiques, politiques nous faisons intervenir des fictions que nous devons apprendre à interpréter. La réflexion juridique passe par des fictions juridiques pour responsabiliser dans l'exercice de la justice, les sciences usent de fictions sous la forme d'hypothèses et d'expériences de pensée…

Ainsi, toutes les configurations de la vérité en contexte fictionnel doivent être évaluées pragmatiquement, sans quoi la liberté de juger se détruit.

D'une certaine manière ceci revient à réinventer sans cesse notre rapport au langage et même notre langage. C'est ce qui explique la défaite de Madame de Tourvel face aux puissances du langage libertin. Celui-ci ne tient sa maîtrise que de la maîtrise des polysémies linguistiques et de la puissance du virtuel. Chaque échange avec Valmont montre un peu plus comment la présidente est asservie par les formulations, les arguties, l'inconscient des manières de dire et de faire croire qu'il lui impose.

Il y a une manière de dire qui fait croire en ceci qu'elle nous force à dire, elle emprisonne, elle soumet.

La fiction se situe donc au croisement du mensonge et de la vérité : elle est aussi bien notre force que notre fragilité. De la qualité et de la justesse des fictions dépendent notre sens du réel, notre puissance d'agir et d'exister. Une forme de savoir et de sagesse semble indissociable de la culture du savoir feindre.

III. La vérité de la fiction par-delà le vrai et le faux : la « sagesse de l'incertitude »

1. Les vérités fictionnelles sont cryptées c'est-à-dire symboliques et interprétatives

Le théâtre de **Musset**, le roman épistolaire de **Laclos** ne délivrent pas de vérité mais questionnent toute forme de vérité et toute appréhension du réel.

Lorenzaccio explore toutes les formes de la dissimulation et du masque, dans l'identité personnelle, la relation amoureuse ou amicale, le lien familial, l'autorité, le pouvoir, l'action, le savoir, l'art, la foi, la morale… Il n'en ressort aucune vérité au sens de certitude rationnelle ni même d'opinion préférable ou de jugement plus profond ou plus sensible. Et ce qu'expérimentent les personnages c'est pourtant ce que nous expérimentons tous.

Par exemple, l'analyse de soi que Lorenzo déroule au profit de Philippe Strozzi (III, 3) éclaire sur l'inconsistance de sa personne : en quête d'un être, d'une identité forte, Lorenzo ne sait supporter l'angoisse de la liberté. Il reconstruit difficilement la naissance de son ambition durant la nuit du Colisée comme s'il écrivait sa légende. Mais les détails de sa description disent tout son désarroi, toute l'indécision de sa personne.

> *« Pendant vingt ans de silence, la foudre s'est accumulée dans ma poitrine, et il faut que je sois réellement une étincelle du tonnerre, car tout à coup, une certaine nuit que j'étais assis dans les ruines du Colisée antique, je ne sais pourquoi je me levai ; je tendis vers le ciel mes bras trempés de rosée, et je jurai qu'un des tyrans de ma patrie mourrait de mes mains. »*

Cette énigme de l'existence fait toute son humanité comme elle fait la nôtre. Et seules des métaphores, des images, une poétique peuvent la dire. Les fictions révèlent le caractère incertain de toute existence.

2. Seule cette irréalité fictionnelle nourrit notre sens commun

Alors que la vérité rationnelle par l'exigence de la rigueur démonstrative est nécessairement « coercitive » – **Arendt** allant jusqu'à parler de la tyrannie du vrai – il n'y a pas de démonstration ni de science de l'action, de l'événement, de l'histoire ou de l'opinion.

> *« Jamais la réalité ne s'offre à nous sous cette forme de prémisses aboutissant à des conclusions logiques », Du mensonge en politique.*

Lors de sa parution l'œuvre de **Laclos** scandalisa et fut l'objet de reproches contradictoires : elle pêchait par invraisemblance comme par excès de vérité. Or, le moins que l'on puisse dire c'est que le roman démystifie tout autant le moralisme bien-pensant que le libertinage. Mais il n'est pas question de condamner unilatéralement.

En nous faisant partager par un art de dire, de faire croire, la polyphonie des relations, des expressions et en faisant apparaître que toute parole peut être tournée en dérision, renversée, en ironisant à l'envi sur les pièges du langage ou des langages, **Laclos** fait réaliser l'incertitude de toute relation interpersonnelle mais interroge aussi constamment le souci et le désir d'écrire, de dire, de lire.

Notre pensée est en effet « discursive » et doit passer de situation en situation, d'un point du monde à un autre, pour atteindre une certaine « lumière » qui n'atteint jamais sa « transparence » selon **Arendt**. La puissance d'imaginer nourrit le sens commun dans le respect de notre condition humaine de pluralité.

3. La fiction révèle la phénoménalité du réel : il n'y a de réalité que dans un apparaître, une manifestation

Hannah Arendt radicalise la phénoménologie en considérant qu'il n'y a de réalité que ce qui peut être perçu par une pluralité. Notre appréhension de la réalité dépend de

> *« notre partage du monde avec d'autres hommes ».*

Le cloisonnement des vies, des rôles, des personnes est peut-être ce qui étonne le plus dans les révélations qu'opèrent les œuvres de **Laclos** et de **Musset**. En termes arendtiens on pourrait dire que nul n'y participe au « souci du monde ». Ces fictions, tout comme les exemples devenus légendaires tel le courage intellectuel et moral de Socrate, nourrissent notre sens du réel et de la responsabilité qui nous incombe de ne jamais le confisquer ou le laisser confisquer.

Conclusion

Si toute fiction est une forme de mensonge, elle n'est pas pour autant condamnable ni contraire à toute exigence de vérité morale ou extra-morale. Car il n'y a d'autre réalité que celle qu'une pluralité d'hommes attestent comme telle, et sa richesse, sa densité, son évolution sont suspendues à notre capacité de croire, à condition que nous assumions de la cultiver. C'est peut-être cette « sagesse de l'incertitude » propre au roman selon Kundera, ou cette vulnérabilité du vrai comme du bien que les arts et les humanités éveillent par les émotions.

« Gouverner c'est faire croire »

➥ *Quelle valeur accorder à cette maxime à la lumière des œuvres au programme ?*

PATRICE BEGNANA

Analyse du sujet

- La maxime signifie que c'est en faisant croire, c'est-à-dire en faisant adhérer à certaines représentations les autres qu'on les gouverne, c'est-à-dire qu'on les conduit ainsi là où on veut.
- L'enjeu du sujet est celui de la dimension politique du faire croire.
- On peut se demander dans quelle mesure la maxime est valable.

PLAN DÉTAILLÉ

I. Gouverner c'est faire croire

1. On ne peut pas gouverner par la seule force, ni par la seule violence
2. il faut donc faire croire pour pouvoir gouverner
3. c'est en faisant croire qu'on gouverne l'autre

II. Gouverner requiert de s'appuyer sur des traditions ou des mœurs

1. Il faut s'appuyer sur quelque chose pour gouverner
2. Les traditions ou les mœurs font la légitimité du faire croire
3. La tradition et les mœurs permettent de faire croire pour gouverner

III. Gouverner c'est faire croire en s'appuyant sur les sentiments des gouvernés

1. Il faut s'appuyer sur les sentiments et ne pas les blesser
2. Les sentiments sont plus forts que la tradition et les mœurs
3. C'est en jouant sur leurs sentiments qu'on gouverne les hommes en leur faisant croire ce qu'ils veulent entendre

Introduction

Le XXe siècle a vu proliférer les régimes totalitaires ou autoritaires qui réussissent à gouverner des masses apparemment crédules.

On peut alors s'interroger sur une ancienne maxime :

« Gouverner, c'est faire croire »

Cette maxime qu'on attribue à Machiavel ou au cardinal de Richelieu, signifie que pour conduire la conduite des autres, ce que signifie gouverner au sens le plus large, il faut les faire adhérer à certaines croyances pour qu'ils obéissent. Dès lors, gouverner serait bien faire croire quelque chose qui sert d'instrument à celui qui gouverne. Or, n'est-ce pas occulter les rapports de force ?

Ainsi, dans quelle mesure gouverner est-il vraiment faire croire ?

En nous appuyant sur des essais d'**Hannah Arendt** « Du mensonge en politique » repris dans le volume dont le titre français es *Du mensonge à la violence* (anglais *Crises of the republic*) et « Vérité et politique » repris dans le volume dont le titre en français est *La crise de le culture* (*Between past and future*), sur la pièce de théâtre d'**Alfred de Musset**, *Lorenzaccio* et sur le roman épistolaire de **Choderlos de Laclos**, *Les liaisons dangereuses*, nous verrons que gouverner, c'est faire croire, en s'appuyant sur la tradition ou les mœurs, et surtout sur les sentiments des gouvernés.

I. Gouverner c'est faire croire

1. On ne peut pas gouverner par la seule force, ni par la seule violence

Gouverner, c'est faire faire aux autres ce qu'on désire ou veut, c'est donc une conduite, c'est-à-dire une façon d'agir ou de faire qui fait agir ou faire les autres, c'est-à-dire qui les conduit. Gouverner c'est conduire la conduite des autres (cf. Michel Foucault) **Arendt** dans *Vérité et politique* montre que gouverner exclut l'usage exclusif de la violence. Il faut persuader les autres, soit les faire adhérer à des opinions. Autrement dit, il faut les faire croire. Ainsi Valmont persuade Cécile de Volanges de se donner à lui, même s'il la force quelque peu. C'est ainsi qu'il la gouverne pour venger la Marquise de Merteuil. Alexandre de Médicis a certes une garnison mais, il doit la persuader de lui obéir ; en revanche, il a échoué à faire de Lorenzo son complice, ce qui lui sera fatal.

2. Il faut donc faire croire pour pouvoir gouverner

C'est le rôle de la formation de l'opinion, voire du mensonge que de faire croire. **Arendt** dans *Du mensonge en politique* comme dans *Vérité et politique* montre que le mensonge est proche de l'action en tant qu'il crée du nouveau là où la vérité de fait exige des témoins qu'on pense digne de foi, raison pour laquelle son utilisation est si facile en politique à la condition de garder une place pour la vérité pour ne pas sombrer dans le totalitarisme qui conduit à une sorte de cynisme délétère. Alexandre, de la vieille famille florentine des Médicis, veut faire croire à la légitimité de son pouvoir par rapport aux puissances, Espagne et Papauté, comme les Strozzi, autre vieille famille, discourent contre cette légitimité, peut-être implicitement **Musset** écrit ainsi contre la légitimité de la maison d'Orléans. Les libertins chez **Laclos** n'ont d'autre moyen que de faire croire aux autres pour pouvoir diriger leur conduite.

3. C'est en faisant croire qu'on gouverne l'autre

Arendt dans *Du mensonge en politique* et *Vérité et politique* montre que le pouvoir appartient toujours à un groupe. Aussi faut-il pour le diriger faire croire aux autres que telle action est meilleure que telle autre afin que la communauté agisse. Pour diriger un autre, il faut aussi le persuader. Valmont fait croire à sa conversion pour entraîner Madame de Tourvel dans la voie de l'adultère, c'est ainsi qu'il dirige sa conduite. Chez **Musset**, le cardinal veut faire croire à un rôle à sa belle-sœur afin d'accéder au pouvoir en dominant Alexandre. Son échec n'enlève rien au sens de sa tentative.

Toutefois, si gouverner c'est bien faire croire pour diriger la conduite des autres, il faut pour cela trouver un point d'appui chez les autres. Ne sont-ce pas la tradition et les mœurs qui sont l'appui pour faire croire et donc gouverner les autres ?

II. Gouverner requiert de s'appuyer sur des traditions ou des mœurs

1. Il faut s'appuyer sur quelque chose pour gouverner

Lorenzo échoue à faire croire en sa capacité de tuer Alexandre, ce qui nuit à la mobilisation des républicains et donc l'empêche. Pour faire croire à Madame de Tourvel en sa conversion, élément de sa stratégie de séduction, Valmont lui fait croire à son esprit charitable en aidant financièrement une famille malheureuse qu'il a choisie pour son stratagème. Les régimes totalitaires échouent à vraiment gouverner parce qu'ils n'arrivent pas à faire croire en abusant du mensonge et de la réécriture de l'histoire (cf. **Hannah Arendt** *Vérité et politique* »). Il faut donc s'appuyer sur quelque chose pour gouverner.

2. Les traditions ou les mœurs font la légitimité du faire croire

C'est la tradition de la liberté américaine qui est rompue par les mensonges de l'administration que révèlent les Pentagon papers. Cette tradition constituait la base de la confiance dans les administrations des présidents. Les mensonges de Kennedy, Johnson jusqu'à Nixon (cf. Arendt, *Du mensonge en politique*) ont sapé la confiance nécessaire pour gouverner en faisant croire que ce qui est, est comme il est. Alexandre manque de légitimité à la différence de Lorenzo à cause de sa bâtardise voire de son origine peut-être maure par sa mère. Il n'est pas conforme à ce qu'exige les mœurs. La marquise de Merteuil étudie la tradition pour savoir ce qu'il faut dire en société et faire croire à sa vertu (cf. Lettre 81) telle que les mœurs de son temps l'exigent.

3. La tradition et les mœurs permettent de faire croire pour gouverner

Ainsi Madame de Merteuil arrive-t-elle à faire croire à Cécile que son confesseur a trahi son secret, sa « *liaison dangereuse* » avec Danceny : son but est d'être la seule dans son secret pour mieux la diriger Lorenzo. Les bonnes mœurs apparaissent comme une condition de la confiance en l'autre. Loreno qui s'est montré lâche et débauché avec le duc n'est pas cru lorsqu'il annonce qu'il va le tuer. La tradition et les mœurs qui étaient si importantes chez les Romains formaient le cadre du pouvoir et du gouvernement selon Arendt.

Néanmoins, on peut faire croire, ce qui n'est pas conforme à la tradition ou aux mœurs, et provoquer des changements. Dès lors, comment est-ce possible ? N'est-ce pas en s'appuyant sur les sentiments de ceux qu'on veut gouverner.

III. Gouverner c'est faire croire en s'appuyant sur les sentiments des gouvernés

1. Il faut s'appuyer sur les sentiments et ne pas les blesser

La force de la marquise de Merteuil, c'est de se couler dans le moule des sentiments de la société, y compris en piégeant Prévan de façon machiavélique. Alexandre est un contre-modèle, lui qui heurte les sentiments des Florentins par sa débauche comme le montre l'épisode qui ouvre la pièce : le frère de la jeune fille corrompue est choqué d'apercevoir le duc, ce qui fait un ennemi de plus à Alexandre qui fait l'unanimité contre lui, ce qui lui fait perdre le pouvoir avant même que Lorenzo l'assassine.

2. Les sentiments sont plus forts que la tradition et les mœurs

Les sentiments triomphent des mœurs comme le montre madame de Tourvel que Valmont arrive à séduire malgré ses mœurs jusque-là impeccables au sens premier. En touchant sa sensibilité, il arrive à lui faire faire ce qu'il désire et la gouverne ainsi. Alexandre Médicis perd son pouvoir dans la mesure où il provoque une certaine répugnance. La persuasion a une dimension esthétique explique **Hannah Arendt** en s'appuyant sur l'esthétique de Kant telle qu'elle s'exprime dans *La critique de la faculté de juger*. Le principe de la pensée élargie permet de courtiser l'assentiment en se plaçant à la place du plus grand nombre d'autres pour sortir de son intérêt. Ainsi le sentiment tendant à l'universel permet de faire croire ce qui permet un gouvernement pour le bien des autres.

3. C'est en jouant sur leurs sentiments qu'on gouverne les hommes en leur faisant croire ce qu'ils veulent entendre

La Marquise de Merteuil arrive ainsi à faire croire à Prévan qu'il peut la séduire et la perdre et réussit au contraire à le perdre en le faisant passer pour un agresseur. La lettre 81 au centre du roman où elle explique son itinéraire montre qu'elle s'emploie à gouverner les autres en suscitant les sentiments nécessaires. C'est le sentiment républicain qui anime contre la tyrannie d'Alexandre même s'il arrive à corrompre certains Florentins pour réaliser ses désirs. C'est en jouant sur ses désirs en lui offrant en apparence sa tante que Lorenzo pourra le piéger et l'assassiner. Même les régimes totalitaires, selon **Arendt**, s'appuient sur les sentiments des masses pour inculquer leur idéologie. Et il faut qu'elles croient en ces idéologies pour qu'elles soient gouvernées.

Conclusion

Gouverner est-il vraiment faire croire. Que ce soit pour le bien ou pour le mal, il est apparu qu'il faut faire croire pour gouverner les autres en s'appuyant sur la tradition ou les mœurs, mais surtout sur leurs sentiments. Faire croire peut viser l'universalité comme le seul intérêt égoïste.

« Celui qui continue de cacher son âge pense enfin lui-même être aussi jeune qu'il veut le faire croire aux autres. »

La Bruyère, *Les Caractères*, 1688

➥ *Peut-on finir par croire à ses propres mensonges, se leurrer soi-même ? Vous évaluerez la pertinence de cette affirmation à la lumière du thème et des œuvres au programme.*

JULIE REYNAUD

Introduction

Analyse

- Mentir sur son âge, on peut le faire pour se grandir, lorsqu'on estime devoir cacher sa propre jeunesse, sa verdeur, pour être pris au sérieux puisqu'on prend au sérieux les adultes et non les enfants. La plupart du temps, on dissimule son âge pour faire croire que l'on est plus jeune que l'on est, pour cacher les signes du vieillissement, rester séduisant, ne pas être déclassé socialement dans une société jeuniste. La Bruyère, visiblement intéressé à cette question de l'âge, qui occupe un très grand nombre des aphorismes de ses *Caractères*, la sait cruciale à la Cour, où la courtisanerie exige de plaire, de rester plaisant, dans un contexte de rude concurrence. Or, ce qu'envisage La Bruyère, c'est que l'on puisse finir par croire à ses propres mensonges, comme font les mythomanes, les affabulateurs : « Celui qui continue de cacher son âge pense enfin lui-même être aussi jeune qu'il veut le faire croire aux autres ». Se leurrer soi-même serait l'aboutissement du mensonge répété : « celui qui *continue* de cacher son âge » tombe dans l'habitude du mensonge et à force de répéter aux autres et à soi-même cet âge erroné, il ne sait plus lui-même démêler le vrai du faux. Un seul mensonge ponctuel ne porterait pas à caution, mais poursuivre dans le mensonge pourrait aboutir à cette confusion. On ferait sien le mensonge, on y adhérerait comme à un discours vrai d'être souvent répété, on s'identifierait au masque du personnage éternellement jeune qu'on s'est fabriqué.

Enjeux

Ne passe-t-on pas alors du « faire croire » au « croire », du mensonge à l'auto-persuasion, du rapport mensonger, hypocrite à autrui, au rapport imaginaire, illusoire à soi-même. Glisse-t-on obrepticement du mensonge à la mythomanie ? Du mensonge au déni ?

PROBLÉMATIQUES POSSIBLES

Comment notre faculté de mentir peut-elle nous prendre à son propre piège ? Si l'on est maître dans l'art de la dissimulation, cela ne met-il pas, personnellement, à l'abri de ce genre de fables ? Est-ce le pouvoir du mensonge que de leurrer jusqu'au menteur lui-même ? Ou le pouvoir de l'habitude de mentir ? Si l'on cède soi-même à cette illusion, est-ce parce que la lucidité est insupportable ?

ANNONCE DU PLAN

Mentir à autrui sur son âge pour séduire autrui est tentant. Mais, peu à peu, celui qui ment régulièrement (sur son âge, ou autre chose) en arrive donc à croire à son propre mensonge… Le retour du réel n'est-il pas inéluctable ? Comment vivre sereinement son âge ?

PLAN DÉTAILLÉ

I. **Mentir à autrui sur son âge pour séduire autrui est tentant**
   1. Il est fréquent de se vieillir pour paraître plus mature
   2. Mais aussi de se rajeunir pour « rester dans le coup » ?
   3. Ces deux attitudes relèvent-elles d'un « faire croire » ou d'un déni nécessaire pour supporter la tragédie existentielle ?

II. **Celui qui ment régulièrement sur son âge en arrive donc à croire à son propre mensonge…**
   1. Outre la flatterie consistant à faire croire à celui à qui l'on s'adresse qu'il ne paraît pas son âge, il existe une autre tromperie, celle du sujet à son propre endroit
   2. On en arrive à croire à la dissociation entre l'âge du corps et celui de l'esprit
   3. Le rôle de l'habitude est essentiel dans le glissement du « faire croire » au « croire »

III. **Le retour du réel n'est-il pas inéluctable ?**
   1. L'âge réel ne finit-il pas par nous rattraper ?
   2. Peut-on apprécier la beauté sans fard, l'être pour ce qu'il est et non pour ce qu'il paraît ?
   3. Peut-on aussi apprécier son propre âge, se reconnaître tel qu'en soi-même ?

Dissertation

I. Mentir à autrui sur son âge pour séduire autrui est tentant

1. Il est fréquent de se vieillir pour paraître plus mature

La société aristocratique valorise un âge viril, de maîtrise de soi. Les sociétés traditionnelles respectent les aïeux jugés plus sages que les jeunes gens. Dans le roman épistolaire de **Choderlos de Laclos**, *Les liaisons dangereuses*, la jeune Cécile Volanges n'apparaît pas d'abord vouloir dissimuler son âge : sa jeunesse est sans fard. Elle est la jeune fille en fleur, qui apprend le chant, la harpe, apprécie d'être auprès de Danceny qui « chante comme un Ange » (Lettre VII). Mais lorsqu'elle réalise que les autres femmes plaisent davantage qu'elle, elle est tentée de prendre soin de sa mise, de sa coiffure « ma toilette me prendra un peu de temps, car je veux être bien coiffée » [...] « auprès des femmes qui ont du rouge, on perd beaucoup. Madame de Merteuil, par exemple, je vois bien que tous les hommes la trouvent plus jolie que moi » (Lettre XIV). Elle cherche à paraître. Elle entre dans une logique de dissimulation de son âge réel. « Quand j'ai commencé à jouer mon rôle de Brutus moderne » déclare Lorenzo dans *Lorenzaccio* de **Musset**, « je marchais dans mes habits neufs de la grande confrérie du vice, comme un enfant de dix ans dans l'armure du géant de la fable ». Cette image du vêtement trop grand est importante car elle symbolise l'écart entre ce que l'on est et ce qu'on doit paraître socialement, entre l'enfant encore pur que Lorenzo est et le butor vulgaire qu'il veut paraître pour plaire à Alexandre. Lorenzo est l'« *homo duplex* », l'homme duplice par excellence.

2. Mais aussi de se rajeunir pour « rester dans le coup » ?

Dans une société de consommation (Jean Baudrillard), une société du spectacle (Guy Debord), ou une culture du narcissisme (Christopher Lasch), le jeunisme est un « faire croire » tyrannique : il impose le culte du corps athlétique et du visage sans rides, l'usage de la chirurgie esthétique pour effacer les « outrages » du temps et discrimine ceux qui ne « font » pas assez jeunes. Il faut être ou jeune, ou le rester, préserver son « capital jeunesse », donc capitaliser sur soi-même. La société de Cour décrite par La Bruyère, est gangrénée par des vices bien connus des sociétés contemporaines : la flatterie des personnes qui font des efforts pour paraître jeunes et la dissimulation de son âge avancé. Si l'on n'est plus très jeune, il faut donc faire croire le contraire. Se rajeunir pour « rester dans le coup ». La séduction est un travail, le mot revient plusieurs fois sous la plume de Merteuil : « je me suis travaillée » (LXXXI). « Ce travail sur moi-même avait fixé mon attention sur l'expression des figures et des physionomies ». Dans l'ouvrage de **Laclos**, Merteuil explique qu'elle a étudié les apparences, les postures, les mines et sait faire croire à une jeunesse que pourtant elle n'a plus. **Musset**, à la scène 6 de l'acte II montre Alexandre faisant immortaliser la beauté de sa jeunesse. Il se fait portraitiser à demi-nu par le jeune peintre, Tebaldeo.

3. Ces deux attitudes relèvent-elles d'un « faire croire » ou d'un déni nécessaire pour supporter la tragédie existentielle ?

Notre finitude est ce qui rend notre existence tragique : non seulement nous sommes conscients de notre mort certaine, mais aussi du lent vieillissement qui risque de la précéder. Vieillir est donc insupportable, sans doute parce qu'accepter cette vérité du vieillissement revient à accepter l'idée de sa finitude, de sa mort prochaine. C'est donc moins un « faire croire » conscient et stratégique qui est à l'origine de certains mensonges qu'un déni, c'est-à-dire un mode de défense du sujet, un refus inconscient de voir, de reconnaître la réalité d'une perception qui le traumatise. La Merteuil, à la fin du roman de **Laclos**, perd sa beauté et sa réputation, elle qui se pensait intouchable, invincible : « conquérir est notre destin » (IV). Elle s'était créée elle-même, pour ne pas ressembler aux femmes sensibles « mes principes sont le fruit de mes profondes réflexions, je les ai créés, et je puis dire que je suis mon ouvrage » (LXXXI). Elle a ignoré l'amour qu'elle portait au beau Vicomte, en s'engageant dans une lutte sans merci contre ce sentiment même. Elle qui se pensait sans affect, différente des autres femmes, est rattrapée par la jalousie et fait une scène à Valmont dans la lettre « la plus maritale qui soit » (*ibid.*). Elle perd alors sa capacité à paraître, à contrôler ses actions, perd tout : beauté (du fait de la petite vérole), réputation (elle est huée en public), et vie. Le déni s'incarne aussi dans la bureaucratie d'un État qui produit de faux rapports, de fausses justifications à des interventions armées, par exemple. **Arendt** explique dans *Du mensonge en politique*, I qu'un chef d'État peut vivre dans le déni : « Le Président des États-Unis est la seule personne qui soit susceptible d'être la victime idéale d'une intoxication totale ». Ses conseillers « en filtrant les informations destinées au Président » confortent le déni présidentiel que tout va pour le mieux depuis qu'il décide du destin du pays.

Transition : Le déni n'est pas conscient. De même, la mythomanie est pathologique. Pour autant, ne peut-on considérer que croire à ses propres mensonges engage une part de responsabilité de certains individus illusionnés ? N'ont-ils pas pris la mauvaise habitude de ne pas se confronter au réel ?

II. Celui qui ment régulièrement sur son âge en arrive donc à croire à son propre mensonge...

1. Outre la flatterie consistant à faire croire à celui à qui l'on s'adresse qu'il ne paraît pas son âge, il existe une autre tromperie, celle du sujet à son propre endroit

Chez Platon, explique **Arendt**, c'est moins le mensonge qui est opposé à la vérité, que l'illusion. Croire soi-même est plus grave ou condamnable que faire croire à autrui : « le sophiste et l'ignorant occupent davantage la pensée de Platon que le menteur » (*Vérité et politique*, II). Autrement dit, il s'inquiète davantage du « *pseudos* » involontaire que du volontaire. On finit par penser avoir l'âge que l'on se donne. Merteuil, dans le roman de **Laclos**, voudrait rencontrer Cécile Volanges, écrit-elle à la mère de la jeune fille et espère d'elle « l'amitié tendre d'une sœur » (VIII). La marquise semble oublier qu'elle n'a plus vraiment l'âge d'être sa sœur. A l'inverse, à la toute fin de la pièce de **Musset**, Lorenzo est convaincu d'être très âgé, d'être un homme fini. À Philippe qui l'invite à fuir et à refaire sa vie, puisqu'il est encore jeune, Lorenzo répond : « je suis plus vieux que le bisaïeul de Saturne ». Il se sent donc plus vieux que le Temps lui-même...

2. Pris dans un tel fantasme (de jeunesse éternelle ou de vieillesse précoce), on en arrive à croire à la dissociation entre l'âge du corps et celui de l'esprit

L'âge ne serait pas une réalité donnée par une date de naissance, mais par un état d'esprit. De Madame de Rosemonde, Merteuil écrit : « cette femme est toujours charmante : son grand âge ne lui fait rien perdre ; elle conserve toute sa mémoire et sa gaieté. Son corps seul a quatre-vingt-quatre ans ; son esprit n'en a que vingt » (**Laclos**, Lettre VIII). On peut avoir l'esprit âgé ou l'esprit jeune, ce qui rend l'âge tout relatif. La Marquise de Merteuil voit dans la Présidente Tourvel, mariée depuis deux années et âgée de 22 ans, une femme qui a perdu sa fraîcheur : « quand une femme s'est encroûtée à ce point, il faut l'abandonner à son sort » (Lettre V). Une femme mariée, dévote, est, pour Merteuil, vieillie avant l'heure, embourgeoisée. Dans la pièce de **Musset**, Pierre Strozzi a appris que Salviati, qu'il croyait avoir tué pour venger le déshonneur fait à sa cousine Louise, était vivant et avait trouvé refuge chez le duc. Il enrage, nourrit des projets de vengeance, prêt à rejoindre chez eux les Pazzi. Son père, le vieux Philippe Strozzi, se lamente de devoir craindre sans cesse pour la vie de ses enfants. Pierre Strozzi apparaît comme un être irréfléchi, impulsif, capricieux, ce que saisit très bien son père en le nommant « enfant » : « O enfants, enfants ! jouer avec la vie et la mort ! [...] Savez-vous ce que c'est qu'une république ? » (III, 2) Pierre a un esprit d'enfant capricieux, dans un corps d'homme.

3. Le rôle de l'habitude est essentiel dans le glissement du « faire croire » au « croire »

C'est l'habitude qui produit une croyance bien ancrée. Comme « les mensonges ont toujours été considérés comme des outils nécessaires et légitimes, non seulement du métier de politicien ou de démagogue, mais aussi de celui d'homme d'État », plus personne, explique **Arendt** dans *Vérité et politique* I, ne semble trouver pertinent de remettre en cause une telle habitude. On lui trouve des justifications, notamment celle d'éviter une violence inutile : « les mensonges, puisqu'ils sont souvent utilisés comme des substituts de moyens plus violents, peuvent aisément être considérés comme des instruments relativement inoffensifs ». Plus nous répétons un mensonge, plus il semble normal, vrai et nous constituer. Merteuil, dans le roman épistolaire de **Laclos**, s'est longtemps exercée avant de devenir une froide et manipulatrice libertine : « Ressentais-je quelque chagrin, je m'étudiais à prendre l'air de la joie [...] . Je me suis travaillée avec le même soin et avec plus de peine, pour réprimer les symptômes d'une joie inattendue. »

Transition : Mais quand bien même il se forgerait ces habitudes, l'être humain peut-il échapper au temps, au vieillissement, plus globalement à la réalité ?

III. Le retour du réel n'est-il pas inéluctable ?

1. Quand on cherche à faire croire à une jeunesse perdue, on peut échouer à dissimuler son âge réel

La Bruyère, dans *Les Caractères*, n'est pas tendre avec la femme coquette qui « ne se rend point sur la passion de plaire », car, écrit-il, même si elle l'oublie, « l'âge est écrit sur le visage ». Il existe alors un « ridicule » à se parer de rubans : « la même parure qui a autrefois embelli sa jeunesse, défigure enfin sa personne, éclaire les défauts de sa vieillesse [...] elle meurt parée et en rubans de couleur ». Les commerçants, à la scène 2 du premier acte de la pièce de **Musset**, considèrent que les convives qui sortent du bal de Nasi ne sont plus assez jeunes pour justifier leurs frasques « on n'est pas jeune avec une barbe comme celle-là ». Après la mort de l'être aimé, la Marquise de Merteuil, n'est plus qu'une femme ravagée dont la douleur du deuil se voit : « Son âme est sur sa figure », rapporte méchamment Mme de Volanges, donnant à ces mots un sens moral qui trahit peut-être la véritable cause de cette ruine physique. La dissimulation peut être révélée : on a eu beau faire disparaître certains noms des livres d'histoire, certaines vérités de fait, le travail des historiens peut mettre à jour ces tentatives négationnistes : « un homme du nom de Trotski [...] n'apparaît dans aucun des livres d'histoire de la Russie soviétique » rappelle **Arendt** dans *Vérité et politique*.

2. Ne peut-on apprécier alors la beauté sans fard, l'être pour ce qu'il est et non pour ce qu'il paraît ?

Valmont apprécie la beauté sans artifice de Madame de Tourvel, sa naïveté même lui est touchante : « elle n'a point, comme nos femmes coquettes, ce regard menteur qui séduit quelquefois et nous trompe toujours » (**Laclos**, VI). Dans la scène II, 2 de *Lorenzaccio* de **Musset**, Tebaldeo n'est pas un vieux peintre confirmé mais un débutant, un jeune qui idéalise son art, sa patrie. Tributaire de la commande officielle qui seule fait vivre les artistes peu connus à l'époque, Tebaldeo se soumet à la grossièreté de son futur mécène, Alexandre, en souffre manifestement comme le héros romantique souffre de voir sa carrière littéraire rêvée mise à mal par la bêtise de son siècle. Sa jeunesse est l'expression de sa pureté, pureté dont il ne rougit pas et qu'il ne cherche pas à dissimuler derrière une attitude d'homme plus âgé, un cynisme. Il rappelle l'enfant que fut Lorenzo : le « saint amour de la vérité brillait sur ses lèvres » (I, 6).

3. Peut-on également apprécier son propre âge, se reconnaître tel qu'en soi-même ?

La fin du roman épistolaire de **Laclos** consacre la réconciliation entre l'être et le paraître : Madame de Merteuil, qui a été confondue par la révélation publique des lettres qu'elle a écrites et humiliée en plein théâtre, est ravagée par la petite vérole. A cause de la maladie, précise Madame de Volanges, elle a « perdu un œil ». Un peu à la manière d'un Œdipe accédant à la lucidité en s'énucléant, Merteuil partiellement aveuglée, accède à une vérité, à la révélation d'une réalité qui se situe au-delà des apparences. Elle a perdu le seul homme qu'elle ait aimé. Philippe Strozzi, dans la pièce de **Musset** reconnaît ses propres faiblesses, sans se mentir à lui-même. Il a toujours manqué de courage, n'a été qu'un doux rêveur, un philosophe. Il finit par reconnaître que la violence est nécessaire pour rétablir la république : « c'est une juste vengeance qui me pousse à la révolte » (III, 7). Lorenzo, lui aussi, décide d'un dernier geste qui lui permettra de sortir de son bourbier de mensonges, d'agir en toute lumière, de tuer Alexandre en plein jour : « il se verra tuer » (III, 9). Le duc s'allonge sur le lit, et Lorenzo le frappe avec une épée : « c'est toi, Renzo ? » demande Alexandre. « Seigneur, n'en doutez pas », répond Lorenzo, qui assume son geste.

Conclusion

Ne peut-on regarder le temps que comme « quelque chose seulement qui ride et enlaidit » demande La Bruyère (VII) ? Ou ne peut-on faire du temps un allié pour reconquérir une part d'authenticité, de lucidité, de vérité ? Que faire si ces options sont trop douloureuses ? La Bruyère propose : de la philosophie. Pratique hors d'âge par excellence, qui « convient à tout le monde », « est utile à tous les âges », « elle nous console [...] du déclin de nos forces ou de notre beauté ; elle nous arme contre la pauvreté, la vieillesse, la maladie et la mort ». Elle fait de la vérité une consolation et non une plaie.

Désirs et nécessités du « faire croire »

« Tout le monde ment. Bien mentir, voilà ce qu'il faut. » fait dire Albert Camus à Stepan dans sa pièce de théâtre *Les Justes*, en 1949

➥ *Vous évaluerez la pertinence de cette affirmation à la lumière du thème et des œuvres au programme.*

DALIE FARAH

Analyse du sujet

- Pour Stepan, le mensonge est universel
- Ce qui importe c'est de bien le pratiquer

Les enjeux du sujet

1. Il s'agit de relier le mensonge au « faire croire »
2. Puis de révéler cet « art » de « bien mentir ».

PROBLÉMATIQUES POSSIBLES

- Doit-on s'accorder avec Stepan pour affirmer l'universalité du mensonge et s'intéresser à l'art de « bien mentir » ?
- Stepan a-t-il raison de constater l'universalité du mensonge pour exiger la maîtrise du « faire croire » ?

PROBLÉMATIQUE CHOISIE

- Stepan a-t-il raison de constater l'universalité du mensonge et exiger la maîtrise du « faire croire » ?

PLAN

I. Certes, le mensonge paraît universel et exige une maîtrise du « faire croire »
   1. L'universalité du mensonge
   2. L'art de mentir
   3. « Faire croire » plutôt que « faire mal »

II. Pour autant, cette nécessité du mensonge n'est pas une valeur commune
   1. L'amour de la vérité
   2. Le refus de l'illusion
   3. Refuser de croire et se révolter

III. Dès lors, comment le monde peut-il s'aménager entre vérité et mensonge ?
   1. Les illusions nécessaires
   2. Le désir de croire
   3. L'utopie d'un monde sans mensonge

Introduction

Dans la pièce d'Albert Camus, *Les Justes*, l'acte I s'ouvre sur un groupe de terroristes qui prépare un attentat contre le gouverneur de Moscou : le grand-duc Serge Alexandrovitch. La pièce interroge la légitimité de la violence en résistance à l'homme tyrannique, tortionnaire notamment responsable de la répression sanglante d'une manifestation d'étudiants.

Voinov, un des activistes, évoque son malaise à mentir, Stepan balaie son argument d'une sentence : « Tout le monde ment. Bien mentir, voilà ce qu'il faut. » Ainsi, pour Stepan le mensonge est universel. Il est partagé par « tout le monde », ce qui importe pour lui est de savoir « bien mentir. » Il plaide alors pour un art du « faire croire » nécessaire dans la société.

Stepan a-t-il raison de constater l'universalité du mensonge pour exiger la maîtrise du « faire croire » ?

Certes, les œuvres au programme donnent bien l'image du mensonge comme chose du monde la mieux partagée, chose qui exige une maîtrise du « faire croire ». Pour autant, cette nécessité du mensonge n'est pas une valeur commune. Dès lors, comment le « monde » peut-il s'aménager entre vérité et mensonge ?

I. Le mensonge paraît universel et exige une maîtrise du « faire croire »

1. L'universalité du mensonge

Ce que reconnaît l'ensemble du corpus, c'est bien l'universalité du mensonge. Le monde dépeint par *Les Liaisons dangereuses*, est un monde où le mensonge s'enseigne et se transmet d'un personnage à l'autre. Ainsi lorsque le Vicomte de Valmont désire maintenir Cécile Volanges dans son piège, il lui apprend à mentir, à maîtriser le mensonge pour contourner les règles et le regard de sa mère. Pour obtenir la clé de sa chambre détenue par la mère, il conseille un stratagème à la fille : substituer la clé et tenir un bavardage détaillé concernant un employé du château œuvrant à l'entretien des serrures et des clés, car écrit-il « la vraisemblance rend les mensonges sans conséquence, en ôtant le désir de les vérifier. » Cette maîtrise s'apparente d'ailleurs, pour **Hannah Arendt** à une forme de « lieu commun » comme elle le signale, au début de son chapitre « Vérité et politique ». La philosophe rend compte d'un lien consubstantiel entre le mensonge et le pouvoir comme si le second produisait le premier par nature. Elle met en vis-à-vis la vérité impuissante et le politique qui la méprise comme si « faire croire » exerçait une domination totale comme le remarque Stepan : « Tout le monde ment. »

2. L'art de mentir

Cette domination du mensonge en rend l'exercice périlleux. Il faut mentir mieux que son prochain. Une société du mensonge permet donc de développer la capacité à « bien mentir ». L'individu qui veut se préserver et surtout préserver ses intérêts a donc « intérêt » à mentir. Il ne faut pas attendre longtemps dans la pièce de **Musset** pour que les procédés de cet art se fassent jour dans la bouche de Lorenzo. La première scène du premier acte offre – sous le clair de lune – le mode d'emploi d'un séducteur. Lorenzo évoque les « yeux languissants » et la « rouée » à venir, c'est-à-dire la perversité à venir dans la jeune fille de quinze ans qu'il veut conquérir, il énumère à la forme infinitive le « cahier des charges » d'une ingénierie du mensonge : « étudier, ensemencer, infiltrer paternellement le filon mystérieux du vice dans un conseil d'ami, dans une caresse au menton ; tout dire et ne rien dire, […] » Cet art est un art conquérant, guerrier qui trouve écho dans toutes les roueries des épistoliers Mme de Merteuil et le Vicomte de Valmont, tous les deux maîtres dans les non-dits et les manipulations du faire croire, la première conseillant à Cécile de déclarer son amour à Danceny dans un premier temps, puis plus tard de « faire croire » qu'elle l'aime moins… **Hannah Arendt** s'étonne même que personne n'ait pensé que le « mensonge organisé » se révèle une arme contre la vérité. L'art de mentir est donc un art guerrier et c'est peut-être ce sens-là qui préside à la réplique de Stepan.

3. « Faire croire » plutôt que « faire mal »

Cette « guerre » qui menace l'individu est illustré par le titre même de l'œuvre de **Laclos,** tout lien de confiance est un risque comme Mme Volanges le confie à Madame de Rosemonde à la toute fin du roman : « Qui pourrait ne pas frémir en songeant aux malheurs que peut causer une seule liaison dangereuse ! et quelles peines ne s'éviterait-on point en y réfléchissant davantage ! Quelle femme ne fuirait pas au premier propos d'un séducteur ? » Il apparaît que « faire croire » n'est rien sans l'action fatale qui en découle. Le malheur ne tient pas au mensonge seulement, souvent convention universelle et sociale mais à l'action qui le poursuit car souvent mentir est un « sacrifice fait au monde pour la vérité » comme l'écrit **Hannah Arendt**. Utilisés comme « substituts » à la violence, ils sont plus doux que la violence elle-même écrit-elle en commentant l'adage « Fiat justitia, et pereat mundus » (« Que justice soit faite le monde dût-il en périr »). Mieux vaut un mensonge qu'un acte de violence. Désirant sauver le monde, il faut accepter le mensonge.

Ainsi, l'on pourrait conclure à un universel du mensonge comme l'entend le personnage de Camus, universel qui nécessite une maîtrise. Pour autant, cette nécessité du mensonge n'est pas – à proprement parler- une valeur commune.

II. Cette nécessité au mensonge n'est pas une valeur commune

1. L'amour de la vérité

Il apparaît en effet que le mensonge soit tout de même un repoussoir plutôt qu'une valeur à poursuivre. Il semblerait que l'amour tend vers la vérité et donc à l'être, comme **Arendt** le décrit au sujet de Platon. Elle se réfère aussi à Hérodote et à sa maxime « dire ce qui est » : « Aucune permanence, aucune persistance dans l'être ne peut même être imaginée sans des hommes voulant témoigner de ce qui est et leur apparaît parce que cela est. » Aimer la vérité serait alors maintenir l'être et le monde. C'est bien ce qui obsède et tient de nombreux personnages dans les deux œuvres littéraires. La vérité est une vertu et la vertu a besoin de vérité. Dans la pièce de **Musset,** Marie se lamente sur son Lorenzo : « Ce ne sera jamais un guerrier que mon Renzo, disais-je en le voyant rentrer de son collège, avec ses gros livres sous le bras, mais un saint amour de la vérité brillait sur ses lèvres et dans ses yeux noirs. […] « faire croire » lui serait venu avec l'expérience et la perversité de la ville de Florence. Lorenzo enfant aimait la vérité comme Cécile de Volanges et Madame de Tourvel la désirent à tout prix et tentent de résister aux mensonges orchestrés par le duo Valmont-Merteuil.

2. Le refus de l'illusion

Cet amour de la vérité est corrélé à un refus de l'illusion. La vérité demande des preuves alors que le mensonge désire la ruse. Dans la scène 6 du premier acte de *Lorenzaccio*, Marie pleure les masques de son fils, loin de l'image de l'enfant amoureux de la vérité, elle évoque sa laideur physique et morale car son fils ne fait plus illusion à ses yeux : « il n'est même plus beau, comme une fumée malfaisante, la souillure de son cœur lui est montée au visage. » Même Madame de Merteuil, s'en prend à son « ami » Valmont car elle ne veut pas être confondue avec ces femmes promptes à confondre « l'amour et l'amant », elles sont plongées « dans leur folle illusion » et ne peuvent imaginer que l'amour puisse leur appartenir en propre. **Laclos** octroie au personnage de la Marquise une vertu au-dessus de tout, le désir de vérité sur sa condition féminine dans une société où l'on oppose sexe fort et sexe faible. La marquise garde le pouvoir sur elle-même en acceptant le sexe, plaisir concret, tout en refusant l'amour, illusion dangereuse. La réalité est un objet à plusieurs facettes pour le menteur, il faut refuser le mythomane capable de dire, comme l'écrit **Arendt** « le soleil brille » alors qu'il pleut. « Faire croire » c'est refuser la réalité telle qu'elle est, ce qui peut s'apparenter à une sorte de d'insoumission.

3. Le refus de croire et révolte

En cela, le refus de croire, de faire croire revient à résister, voire à se révolter. **Arendt** présente d'ailleurs la vérité comme menacée par le pouvoir politique, cette menace serait une forme de désir de domination. La « vulnérabilité » de la vérité réside dans le fait qu'elle ne peut pas toujours être prouvée, elle est alors niée sans effort par la parole et l'action politiques. Elle donne pour exemple l'existence de Trotski qui disparaît de l'histoire russe. Les « faits et les événements » sont à la merci des forces dominantes qui peuvent écrire l'histoire, « faire croire » à une histoire alternative, ce qu'elle développe dans son Essai de politique contemporaine, au sujet du Pentagone. De même, la pièce de **Musset** n'est pas qu'un drame « romantique », il s'agit aussi d'une pièce politique ou le régicide figure un refus, une résistance aux illusions de l'aristocratie. La vengeance est à la fois individuelle et collective dans l'allusion à la situation de la France du XVIIIe siècle, mais opère le sacrifice d'une figure tutélaire et paternelle : Le Roi. Lorenzo n'est pas réellement suivi dans son projet d'attentat. Cela ne changera rien, d'un duc, l'on passe à un autre et le corps de Lorenzo finit dans le fleuve. Le drame ne donnera pas plus de vérité à la société italienne.

Oui, tout le monde ment, Stepan a raison mais tout le monde n'aime pas le mensonge, même les menteurs. Soit, la vérité protège le réel mais il faut convenir aussi avec le personnage de la pièce de Camus que mentir est un art nécessaire. Dès lors, comment le monde peut-il s'aménager entre vérité et mensonge ?

III. Dès lors, comment le monde peut-il s'aménager entre vérité et mensonge

1. Les illusions nécessaires

Il semblerait que l'illusion décrié par Platon dans la fameuse allégorie de la Caverne et évoquée par **Arendt** soit nécessaire au monde. Comment le monde tournerait-il si les individus ne portaient pas de masques ? Faut-il envisager que le monde soit cette caverne où les ombres font offices de vérités ? La pièce de **Musset** donne place aux masques des bals de Florence, certains sont même des personnages dont on ne devine pas l'identité. C'est bien cette métaphore du masque que Lorenzo utilise face à Philippe pour lui confier son jeu social auprès du duc qu'il veut assassiner. Il se défend d'en rougir : « les masques de plâtre n'ont point de rougeur au service de la honte. J'ai fait ce que j'ai fait. Tu sauras seulement que j'ai réussi dans mon entreprise. Alexandre viendra bientôt dans un certain lieu d'où il ne sortira pas debout. » L'illusion était nécessaire à son dessein de « Brutus », traître assassin de son mentor. Ainsi, Arendt distingue les vérités indifférentes d'avec les vérités douloureuses. Une vérité qui fait mal doit être dissimulée, elle entraîne un jeu politique quasi-illusionniste, le but étant de préserver un ordre. Cet ordre peut-être celui du pouvoir mais aussi celui de la paix. Comment dire la vérité dans le monde de **Laclos,** comment dire la vérité sans danger dans un monde où le pouvoir de la religion et des convenances régentent le désir, c'est bien la question posée par le libertin, la solution est simple : il faut faire illusion.

2. Le désir de croire

Qui plus est, l'illusion est souvent conséquence du désir de croire. Comment **Cécile de Volanges** pourrait-elle trouver place sans croire ceux en qui elle a confiance ? Depuis ses quinze ans, elle obéit à ceux à qui elle est confiée. Elle est vite convaincue par Mme de Merteuil et même le Vicomte de Valmont car elle a été éduquée à la crédulité. Son désir de croire procède de sa soumission à l'ordre religieux et familial. Elle s'applique à suivre les conseils de ceux qui ont de l'expérience et la protège. Le Vicomte transforme cette confiance en abus lorsqu'il pénètre dans la chambre de Cécile et la contraint à l'embrasser, la force physique, la situation sociale ne donnent aucune chance à la jeune fille face à Valmont. Ce désir de croire, fatal pour Cécile, peut aussi apparaître comme une forme de protection, il est même au cœur des dérives de ceux que **Arendt** appelle les « teneurs-d'opinion. » Pris au piège de leur croyance, ils tiennent pour évidence ce qui n'est qu'une ombre, désirant croire ce qui conforte déjà ce qu'il pense, l'opinion devient une vérité par la chimie d'un désir de falsification du réel. Dès lors, la falsification transforme l'opinion en fait et les êtres se mettent à porter leurs croyances comme un vêtement social et politique. Cette métaphore du vêtement convient aux exclamations de Philippe dans l'acte II de la pièce de **Musset** : « La corruption est-elle donc une loi de nature ? Ce qu'on appelle la vertu, est-ce donc l'habit du dimanche qu'on met pour aller à la messe ? » La vertu devient une valeur porteuse de croyances impossibles, l'humanité s'habille comme elle peut dans la société corruptible et faillible.

3. L'utopie d'un monde sans mensonge

In fine, un monde sans mensonge serait-elle l'utopie des fanatiques, des imbéciles, des illuminés ou des aveugles ? Lorenzo explique comment et pourquoi il est devenu Lorenzaccio, le « mauvais » Lorenzo, comment il s'est converti au vice, à la tromperie, aux masques, après avoir vécu vingt ans dans la vertu de la vérité et de l'amour : « J'entrai alors dans la vie, et je vis qu'à mon approche tout le monde en faisait autant que moi ; tous les masques tombaient devant mon regard ; l'Humanité souleva sa robe, et me montra, comme à un adepte digne d'elle, sa monstrueuse nudité. » Ce constat révèle que le mensonge, la tromperie, le « faire croire » est une caractéristique de l'humanité. De même, le monde de **Laclos** semble totalement vicié et allergique à la vérité. Pour **Arendt,** à la lecture de son essai sur le mensonge en politique, on ne peut qu'envisager une chose : un monde sans mensonge serait un monde sans pouvoir. Est-ce possible ? Les documents du Pentagone révélés, ils dévoilent les ressorts du « mensonge organisé », ils dépeignent l'entêtement du pouvoir à renforcer le mensonge contre le réel pour sauver non pas la vérité, ni même le monde, mais sa propre persévérance. Le pouvoir veut persévérer à tout prix, il peut tordre le monde, tordre la réalité jusqu'à qu'elle se brise en même temps que la vie des hommes. Telle est la terrible conséquence du mensonge politique qui, sous son apparente légitimité, opère des violences qui tuent.

Conclusion

« Faire croire » est l'axiome tragique des sociétés peintes dans les œuvres au programme. La vérité tuera et le mensonge aussi. C'est finalement tout le cynisme de la remarque de Stepan : « Tout le monde ment. Bien mentir, voilà ce qu'il faut. » Face à l'ampleur du mensonge, à son étendue, la vérité semble impossible.

Pourtant, si l'on cède à cet art de la falsification on met en péril le monde, on contraint, on violente pour soumettre. « Faire croire » c'est la triche de la force comme de la faiblesse. Et l'on apprend vite à « mentir ». Cécile et Lorenzo en contact avec une société qui les attend après leur jeunesse vertueuse, s'y plient. Les États-Unis n'auront pas un second Vietnam, mais le mensonge politique ne disparaît pas du pouvoir après 1971. Malgré les conséquences tragiques mises au jour dans les trois œuvres au programme, « faire croire » est un outil de pouvoir et de soumission beaucoup trop puissant pour être abandonné.

Donc, dans la sphère sociale, politique ou intime, « faire croire » et bien « faire croire » semblent une garantie de bienséance et d'ordre, une sorte de nécessité. Malgré cela, ne faudrait-il pas engager un pari sur l'avenir ? Il faudrait, comme le conclut la philosophe, que la vérité soit : « le sol sur lequel nous nous tenons et le ciel qui s'étend au-dessus de nous. »

« Pour l'être humain, pour sa bonne santé psychique, se faire des illusions, avoir des illusions, est indispensable. »

Julia Kristeva, *Cet incroyable besoin de croire*, Bayard, 2017

➥ *Votre lecture des œuvres de Musset, Laclos et Arendt corrobore-t-elle ce constat de Julia Kristeva ?*

NADÈGE GOLDSTEIN

Analyse

- Traditionnellement l'illusion est conçue comme apparence trompeuse sans réalité ou comme mésinterprétation de la perception.
- Julia Kristeva affirme pourtant la nécessité vitale de l'illusion et en fait la clé fondamentale de la « santé psychique ».
- Les effets pervers des illusions et de l'illusionnisme dans l'existence individuelle comme dans la vie et l'action politiques abondent.
- Mais ces illusions trompeuses et aliénantes ne sont-elles pas celles qui sont subies? Si l'illusion est une forme du jeu avec la réalité mais aussi une croyance motivée par la réalisation du désir, comment la vie mentale en dépend-elle positivement?

PROBLÈME

▶ Si s'illusionner, c'est se tromper, si croire à ses illusions, c'est s'aliéner, en quoi et comment « se faire des illusions » est-il pourtant vital, voire dynamisant pour l'esprit?

Introduction

L'illusion semble le plus souvent faire de nous ses victimes et nous priver de tout sens du réel. « Se faire des illusions » n'est-ce pas avant tout se tromper et ne pouvoir qu'être déçu ? De même « avoir des illusions » n'est-ce pas surtout être pris au piège de celles-ci ? La « santé psychique » d'un individu paraît davantage relever de son pragmatisme que de ses rêves, ses « grandes espérances », ou ses petits arrangements avec le réel. Mais n'est-ce pas pourtant l'inconsistance du réel qui sollicite l'imagination et l'illusion est-elle seulement une fuite du réel ou bien la seule possibilité de l'affronter ? Peut-on se « faire des illusions » sans en être la dupe ? En quel sens l'équilibre psychique est-il conditionné, voire renforcé par cette aptitude à s'illusionner ?

I. Nos illusions nous manipulent et nous manipulons les choses et les autres par leurs illusions

1. Avoir ou se faire des illusions c'est se laisser tromper

Une illusion peut être l'interprétation erronée d'une perception, une apparence trompeuse, une croyance reposant sur un raisonnement faux ou sur l'ignorance, une chimère, un artifice. Avoir des illusions c'est rencontrer des limites perceptives, interprétatives, intellectives ou spéculatives mais sans en tenir compte. Il semble que les illusions soient à la fois subies ou reçues et conçues. On a des illusions en même temps que l'on se fait des illusions. Le philosophe Clément Rosset révèle le mécanisme paradoxal de l'illusion qu'il qualifie de « perception *inutile* », acceptée et niée en même temps.

Musset met en évidence la dissimulation et la manipulation qui gouvernent les êtres et les choses. Il a expérimenté lui-même la question qui hante Lorenzo mais aussi chaque conscience : savoir ce qui peut advenir d'un jeune idéaliste épris de liberté, opposé à la tyrannie, voulant modifier par l'action l'histoire de sa patrie. Le personnage de Lorenzo s'obscurcit au fur et à mesure qu'il doit s'enfoncer dans la noirceur pour faire aboutir son projet. Les ressorts dramatiques dessinent une société animée par l'intrigue et le plaisir d'intriguer. Les scènes les plus extraordinaires et les plus significatives, à cet égard, sont celles entre le cardinal et la marquise Cibo. La scène de la confession (II, 3) montre la profanation du sacrement religieux par la tension dramatique croissante, rythmée par la métamorphose des appellations des personnages entre eux. Le rituel commence entre « mon père » et « ma fille », puis le confesseur se fait inquisiteur et le rituel de la confession s'effondre : « mon beau-frère » devient « Malespina » pour la « marquise », une puissance à craindre qui l'a « laissée toute tremblante » ainsi qu'elle l'avoue dans le monologue final.

2. Se faire des illusions c'est aller au-devant de la désillusion

Par nos illusions nous essayons de conjurer une réalité gênante ou insignifiante : agir pour un avenir meilleur ou des lendemains qui chantent, protéger la conscience de toute forme d'indésirable. Clément Rosset dit plaisamment : envoyer le réel « se faire voir ailleurs ». Nous ne faisons ainsi que nous précipiter vers la désillusion, voire précipiter la chute et l'issue tragique.

Dans *Les Liaisons dangereuses* le vicomte de Valmont et la marquise de Merteuil s'évertuent à déguiser la réalité par l'illusion pour satisfaire leur égoïsme. Les autres personnages : Madame de Tourvel, Cécile de Volanges, le chevalier Danceny répondent à leurs procédés illusionnistes selon des variations de leur crédulité, devenant eux-mêmes trompeurs et trompés et atteignant des degrés plus ou moins désespérés de désillusion. Mais n'est-ce pas aussi ce qui advient pour la marquise et pour le vicomte ?

La marquise croit qu'elle peut saisir la vérité sans coup férir et ne jamais se laisser prendre aux illusions du sentiment ou de la liaison.

> « *Vous voyez que l'amour ne m'aveugle pas* »
>
> Lettre II

Elle décrypte les sentiments de Valmont bien avant lui.

> « *Or, est-il vrai, Vicomte, que vous vous faites illusion sur le sentiment qui vous attache à madame de Tourvel ? C'est de l'amour.* »
>
> Lettre 124

Elle ne peut toutefois cacher son dépit de le voir effectivement tomber amoureux de la présidente.

La désillusion est la victoire inévitable de l'illusion et la pire des illusions est de croire que l'on peut se jouer impunément du réel. **Hannah Arendt** le montre en analysant les documents du Pentagone à propos de la guerre du Vietnam : « les trompeurs ont commencé par s'illusionner eux-mêmes » en croyant que la guerre se jouait dans les « relations publiques » et ils ont cru à cette illusion d'un pouvoir illimité de manipuler l'opinion en dépit des évidences du réel.

3. L'illusion c'est la faiblesse de croire plutôt que la force de savoir

En un sens croire en s'illusionnant c'est renoncer à savoir, c'est nier le désir de savoir qui sous-tend le déploiement de toute conscience et de toute forme d'être au monde. Mais l'illusion ne peut jamais nier ou détourner absolument le réel. Nous pouvons saisir cet extrémisme de la croyance où l'illusion déréalise l'existence et l'action en questionnant la misanthropie ou le pessimisme de **Musset**.

Interrogeant sa propre fascination pour l'humanisme florentin Musset présente les personnages de l'histoire florentine comme des hommes ordinaires avec leurs passions égoïstes, leurs tares ordinaires, leurs comportements irrationnels, leurs bassesses quelconques. Tous les corps sociaux sont montrés en pleine désagrégation : église, cour, aristocratie, bourgeoisie, peuple… et cette décomposition entraîne celle des consciences individuelles puisque même les meilleurs des hommes sont montrés dans leurs faiblesses secrètes : Philippe Strozzi est sincère, désintéressé mais n'est qu'un rêveur bavard et velléitaire. Pierre, courageux mais aussi emporté, brouillon dans l'action, n'est qu'un fier-à-bras dépité de ne pas être celui qui accomplit l'acte commis par Lorenzo. La marquise Cibo est généreuse mais équivoque dans ses intentions… Musset montre une société passive dont toute la préoccupation semble être de se précipiter un peu plus vers sa propre servitude : il n'y a que des semblants de résistance qui se résorbent finalement d'eux-mêmes. La société donne le spectacle de sa propre agonie et de l'agonie des consciences et cette philosophie de l'histoire est assez pessimiste puisque l'écho de la révolution manquée de 1830 rejoint la conspiration manquée de 1537. En dépit de nos désirs ou de nos rêves, aucune époque n'est privilégiée, la décadence arrive toujours, les hommes ne changent pas, la fuite dans le passé n'est qu'imaginaire et il ne reste qu'à imaginer comment résister au désespoir. Et pourtant Lorenzo choisit malgré tout d'agir et d'espérer quelque chose après lui. Il agit pour préserver Catherine et un avenir pour l'amour.

> « *Eh bien ! j'ai commis bien des crimes, et si ma vie est jamais dans la balance d'un juge quelconque, il y aura d'un côté une montagne de sanglots ; mais il y aura peut-être de l'autre une goutte de lait pur tombée du sein de Catherine, et qui aura nourri d'honnêtes enfants.* »

IV, 6

Si nos illusions nous dupent et nous asservissent n'est-ce pas néanmoins parce que nous n'en sommes pas les véritables auteurs et obéissons à des idéologies ou des utopies qui sont autant de pathologies sociales et politiques ? Et ne sommes-nous pas, comme Lorenzo, incapables d'exister et d'agir sans illusions ?

II. Être sans illusion c'est renoncer à agir comme à persévérer dans son existence

1. Perdre toute illusion revient à tout perdre

Dans *Lorenzaccio* la désillusion engendre un cynisme délétère et entrave l'action, la vie et toute forme de résolution.

Dans *Les liaisons dangereuses* en revanche, le personnage de madame de Tourvel démontre une articulation étroite de la foi et de la personnalité anticonformiste. Sa foi est avant tout une capacité à faire confiance à l'autre et c'est ce qui fait sa force personnelle comme son malheur dans une société dominée par le conformisme moral et puritain et par son contraire, le conformisme libertin qui n'est guère plus libre que l'autre. Si Valmont tombe amoureux de la présidente c'est qu'elle est réellement sincère et n'agit jamais qu'avec le cœur. Sa foi est véritablement amour et charité et sa conduite comme son être ne lui sont pas dictés par les autres. Valmont entend d'abord la conquérir par défi de l'interdit mais très vite il est touché par sa vérité, par son autodétermination.

Ce sont les illusions de la maîtrise propres aux deux grandes formes de conformisme qui se croisent dans la vie sociale du temps – puritanisme et libertinage – qui provoquent la perte de soi et l'impuissance effective des protagonistes.

2. C'est folie de se croire sans illusion

Se croire sans illusion, se croire lucide et rationnel, ne serait-ce pas précisément la plus grave des pathologies de la croyance ?

Selon sa propre analyse dans la lettre 81 la marquise de Merteuil construit sa duplicité en miroir de la duplicité sociale à partir du moment où elle comprend qu'en tant que femme, elle est « vouée par état au silence et à l'inaction. » Elle réalise très vite que seule sa pensée constitue son espace de liberté et semble même suivre une démarche stoïcienne en observant, réfléchissant et prétendant maîtriser ses passions, ses expressions et ses représentations. « Je n'avais que ma pensée [...] dès ce moment, ma façon de penser fut pour moi seule. »

Pour être elle-même la marquise entend exceller dans le mimétisme social en vogue, jouer de l'illusion pour ne pas en être le jouet.

Bien qu'elle prétende : « je puis dire que je suis mon ouvrage », elle n'est pourtant rien sans Valmont, seul témoin de sa rouerie et de son double jeu social et moral.

Notre besoin de croire et d'être crû tiennent à notre « exister avec l'autre » et au partage d'un monde qui garantit notre multidimensionnalité. A un certain degré croire c'est donc impliquer tout son être dans ce que l'on croit ou celui en qui l'on croit, sans pour cela être prisonnier d'une idéologie qui fige la croyance ou d'une utopie dystopique. Selon **Hannah Arendt** cette capacité de croire est le ressort pratique de notre condition politique.

3. La croyance participe à l'agir comme au savoir

Aucune institution politique, morale ou sociale, voire académique, ne peut se passer de la reconnaissance de sa légitimité, et son autorité est toujours dépendante d'un « faire croire », d'un assentiment qui n'est pas une obéissance servile. **Hannah Arendt** le montre en expliquant que « la crise de l'autorité » est une crise de confiance, une crise de l'institution. Pour exister et agir dans un monde commun et pluriel il faut pouvoir croire : la croyance participe au gouvernement des choses et au gouvernement des hommes, sous la forme des « balises de vérité » et des « seuils de confiance » décrits par Michel de Certeau.

Mais comment éviter les pièges de l'illusion nécessairement liée à l'exercice du croire et du faire croire ? Comment ne pas sombrer dans les pathologies idéologiques, identitaires, sectaires ?

Faut-il et peut-on chasser les illusions ? Comment concilier notre besoin vital de croire et de faire croire pour coexister et agir ensemble, l'exigence de savoir et la crainte d'être dupé, la confiance et la défiance ? Comment la vie bonne et la vie juste peuvent-elles s'articuler à cette ambivalence de l'imaginaire ?

III. La vie bonne serait le bon usage de l'illusion

1. La réalité et le sens du réel s'apprennent par la fiction

Que le réel soit idiot, dérangeant, tragique, voire « cruel » c'est ce que nous enseigne le mieux la fiction. **Hannah Arendt** explique comment la puissance narrative du récit, du roman, du film, de l'œuvre nourrit notre sens du réel, permet de reconnaître ce qui a eu lieu, d'accepter le tragique de l'action. L'histoire partage avec toute création poétique cette puissance qui fait des actions humaines des œuvres et édifie un monde, cette puissance révélante de la narrativité qui protège les vérités de fait, le tissu du réel. Elle résiste aux pouvoirs en place, car « quoi que puissent combiner ceux qui sont au pouvoir, ils sont incapables d'en découvrir ou inventer un substitut viable ». *La crise de la culture,* Folio, p. 330.

Avec Karen Blixen, et Hegel, Hannah Arendt salue le travail de réconciliation avec le réel qu'accomplissent l'historien et le romancier. Elle en déduit la fonction politique des raconteurs d'histoires qui est paradoxalement d'enseigner « l'acceptation des choses telles qu'elles sont » (p. 334) et de libérer la capacité d'agir.

2. L'ironie de la fiction fait la force de la conscience

Musset pratique l'ironie théâtrale, véritable art du commentaire, de la distance, de la mise en contradiction qui produit la mise en accusation du réel par lui-même.

Dans *Lorenzaccio* il multiplie les créations métaphoriques qui soulèvent le questionnement sur les clichés et les lieux communs. Lorenzo est « lendemain d'orgie ambulant », ce n'est donc plus Lorenzo qui s'avance sous le regard du duc et du spectateur, c'est toute une nuit de débauches. L'ironie joue à la surface des choses, voit et exprime la vie de façon tragique et comique.

Le monde de Lorenzo comme celui du public dans la vie politique est celui de la fausse perception des choses, on y voit l'événement spectaculaire sans voir les machinations secrètes et Lorenzo, bien qu'étant au cœur des intrigues, ne les voit pas non plus puisqu'il ignore que son véritable ennemi n'est pas le duc mais le cardinal.

Par sa lucidité aveugle ce personnage nous apprend à regarder le relief en lui, en nous et autour de nous. La force de la création ironique renouvelle le regard. Par exemple, en exprimant son amour lucide pour « sa mère », Florence, Tebaldeo vient réfuter tout le pessimisme de la pièce. La ferveur de la création contredit le pessimisme stérile et grandiloquent de Lorenzo. Même si l'histoire est insensée et tragique, l'artiste ne craint pas de penser que « L'enthousiasme est frère de la souffrance » et que « les peuples malheureux [...] font les grands artistes » II, 2.

3. L'art de vivre est un art de croire

Dans la *Seconde Considération intempestive* Nietzsche atteste qu'aucune forme de vie, de création, de génie, aucun homme, aucun peuple, ne peut se passer de « l'illusion de l'amour ». C'est la force vitale de tout être vivant et croire inconditionnellement dans une forme de perfection, de justice, de mystère constitue « les racines de sa force ».

Lorsque Julia Kristeva analyse cet « incroyable besoin de croire » et en constate la nécessité vitale pour la santé mentale, elle s'appuie sur son étude des « nouvelles maladies de l'âme ». Elle rencontre les observations d'**Hannah Arendt** : la société de consommation, la domination des techniques de communication, la marchandisation des relations et des affaires humaines réduites à des « rapports ». Tout ceci conduit l'homme moderne à « perdre son âme ». Car ce qui disparaît c'est la représentation de notre expérience, la capacité à réfléchir et explorer le sens de ce que nous expérimentons. C'est ce que Kristeva nomme « la vie psychique ». Notre être au monde pluriel et singulier à la fois nécessite peut-être de se soucier de son âme, ce « beau risque à courir », cette belle espérance dont parlait Platon.

Conclusion

Il est tentant de partager le pessimisme des *Pensées* de Pascal décrivant la vie humaine comme une « illusion perpétuelle » dans laquelle « on ne fait que s'entre-tromper et s'entre-flatter » (Édition Sellier, 743). Et **Musset** ou **Laclos** ne semblent guère nous en détourner. Pourtant c'est aussi **Musset** qui défend l'amour contre la tyrannie et nous enseigne qu'*On ne badine pas avec l'amour* et c'est **Laclos** qui unit la force d'aimer et de croire à la liberté de juger et d'agir. Nul ne saurait vivre sans conviction, sans expression de son jugement et sans partage de ses idées. Sans se soucier de son âme et y croire.

« Le langage politique est destiné à rendre vraisemblables les mensonges, respectables les meurtres et à donner l'apparence de la solidité à ce qui n'est que vent. »

Georges Orwell, *Essais*, articles et lettres

➥ *Faut-il condamner le langage politique (rhétorique, éléments de langage), moyen de faire croire à l'incroyable, de justifier l'injustifiable ? Vous évaluerez la pertinence de cette affirmation à la lumière du thème et des œuvres au programme.*

JULIE REYNAUD

Introduction

Analyse

- D'après Georges Orwell, « le langage politique est destiné à rendre vraisemblables les mensonges, respectables les meurtres et à donner l'apparence de la solidité à ce qui n'est que vent » (*Essais, articles et lettres*). Georges Orwell, en fabriquant une Novlangue inspirée de celle des régimes totalitaires dans son roman *1984*, a mesuré combien le langage politique pouvait être puissant. Le langage politique aurait ce pouvoir de rendre indiscernables la vérité et le mensonge, puisque le mensonge dit par le politique semble si vraisemblable qu'il devient crédible. En effet, le monde politique est le domaine des affaires humaines, changeantes, contingentes, où l'on n'a pas de certitude absolue, raison pour laquelle la rhétorique s'y déploie. Le politique argumente, persuade, suscite l'adhésion. Cette parole destinée à un auditoire sait jouer de la disposition de ce dernier, de ses peurs, de ses espoirs. Il est tentant pour un politique d'abuser de cet art oratoire. Il pourrait rendre les meurtres respectables, serait capable de justifier le pire : les croisades, les guerres, la colonisation de peuples, l'esclavage, la déportation de 6 millions de juifs… Le pouvoir du langage politique est si grand qu'il donne consistance à du rien, solidité à du vent. Le jugement d'Orwell semble justifié : mensonges, violences légitimées, horreurs cautionnées, discours creux, vides semblent bien caractériser le jargon des politiciens.

Enjeux

On reproche souvent au langage politique d'être inefficace : les politiques parlent mais n'agissent pas, ils ne disent pas ce qu'ils font et ne font pas ce qu'ils disent, ils dissimulent la réalité des choses, mentent, bref font un mauvais usage du langage. Pourtant cet usage n'est-il pas plus efficace qu'il paraît ?

PROBLÉMATIQUES POSSIBLES

Comment le langage politique, souvent jugé inefficace, peut-il détruire toute capacité à discriminer mensonge et vérité, meurtre et moralité ? Faut-il que le politique se passe de cette rhétorique perverse et lui préfère l'action ? Toute parole politique est-elle à condamner ?

ANNONCE DU PLAN

Le langage politique est un langage de fiction plus que de réalité, de mensonge plus que de vérité, visant à rendre vraisemblables les mensonges, à rendre légitime la violence. Mais un tel langage politique n'est-il pas plus inefficace et risible que dangereux ? Le langage étant foncièrement politique, peut-il être réinvesti par l'éthique ?

PLAN DÉTAILLÉ

I. Le langage politique est un langage de fiction plus que de réalité, de mensonge plus que de vérité, visant à rendre vraisemblables les mensonges, à rendre légitime la violence

1. Le langage politique sert à acquérir et à conserver le pouvoir, non à dire le vrai
2. Le langage politique vient justifier, légitimer la violence la plus insupportable
3. Le langage politique « solidifie » du vent en imaginant ce qui n'est pas, en brodant sur du rien

II. Mais un tel langage politique n'est-il pas plus inefficace et risible que dangereux ?

1. Le politique use de plus en plus d'un langage spécifique, d'un jargon politico-médiatique dont on peut questionner la capacité à changer le monde
2. Le politique substitue aux faits, aux vérités des faits des éléments de langage vides ou ambigus
3. Il pourrait souhaiter ne plus parler, ne plus jargonner et agir seulement

III. Le langage étant foncièrement politique, peut-il être réinvesti par l'éthique ?

1. Le langage est foncièrement politique
2. Un de moyens de préserver la politique et le monde commun en général est de lutter contre la falsification du langage
3. Vers une décence commune ?

Dissertation

I. Le langage politique est un langage de fiction plus que de réalité, de mensonge plus que de vérité, visant à rendre vraisemblables les mensonges, à rendre légitime la violence

1. Le langage politique sert à acquérir et à conserver le pouvoir, non à dire le vrai

« La véracité n'a jamais figuré au nombre des vertus politiques » note **Arendt** dans *Du mensonge en politique*, I. Pour se faire entendre, se faire élire en démocratie, on use, depuis la Grèce antique, de la rhétorique, un art de persuader par le langage que Platon critique très vivement. **Arendt** rappelle combien Platon est virulent à l'endroit des sophistes, des orateurs : « l'antagonisme entre la vérité et l'opinion fut prolongé par Platon (spécialement dans le *Gorgias*) d'un antagonisme entre la communication sous forme de dialogue, discours approprié à la vérité philosophique, et sous forme de « rhétorique » par laquelle le démagogue [...] persuade la multitude » (*Vérité et politique*, II). L'orateur ne sait pas ce qu'est le juste, l'injuste, il persuade, séduit l'auditoire. Si Lorenzo enfant se croyait le digne héritier de Cosme l'Ancien, être dont la moralité était notoire, il a appris à dissimuler ses intentions. **Musset** lui fait tenir un discours à double sens. Lorenzo dit à Alexandre devoir se rendre chez Strozzi pour espionner ce vieillard qui ouvre sa bourse aux bannis : « j'aurai ce soir quelque bonne histoire à vous conter, quelque charmante fredaine qui pourra faire lever de bonne heure demain matin quelques-unes de toutes ces canailles » (II, 4). Cette phrase est à prendre au premier degré : car c'est bien à Alexandre que Lorenzo raconte des histoires et des fredaines.

2. Le langage politique vient en outre justifier, légitimer la violence la plus insupportable

Pour cacher le caractère sordide de ce qui a lieu, on use d'un langage éloigné des réalités « le froid langage des chiffres et des pourcentages » dénoncé par **Arendt**. Le vocabulaire utilisé (« scénarios », « acteurs ») est celui du théâtre, comme si tout n'était que fiction. Or les « solutions » des spécialistes ne sont pas fictives : elles consistent dans « la pacification et les transferts de populations, la défoliation, l'emploi du napalm et des projectiles anti-personnel » (*Du mensonge en politique*, II). Dans la pièce de **Musset**, l'affront fait à Louise Strozzi par Salviati vient justifier l'abandon de Pierre à la violence. Ce dernier est un impulsif, un homme bourru sans réflexion, mais ambitieux. Il prétend vouloir venger sa sœur alors qu'il aime se battre et veut le pouvoir. « Si les républicains étaient des hommes, quelle révolution demain dans la ville ! Mais Pierre est un ambitieux » constate Lorenzo (IV, 9).

3. Le langage politique « solidifie » du vent en imaginant ce qui n'est pas, en brodant sur du rien

Les complotistes considèrent certains événements comme résultant de l'action planifiée d'un petit groupe d'hommes puissants agissant dans le plus grand secret. Il est aisé pour les politiques de faire croire à l'existence d'un complot contre l'État, puisque sa réalité est invérifiable. Donald Trump, Vladimir Poutine élaborent des discours correspondant assez à ce que décrit Georges Orwell : un discours qui donne quelque solidité à du vent comme l'invention d'un *casus belli*, l'identification d'un bouc émissaire, la création d'une peur sans objet réel (d'un nazisme ukrainien ?). Après 1963, explique **Arendt**, les E.-U. ont développé une « stratégie de provocation », pour fabriquer de toute pièce une raison d'intensifier les combats au Vietnam. Il s'agissait « de provoquer la République démocratique du Vietnam à prendre des initiatives qui justifieraient une campagne aérienne américaine systématique » (*ibid.*). Ce langage qui « solidifie du vent » est capable de formuler des antilogies, des discours contradictoires à la façon des sophistes. Lorenzo avoue à Bindo son patriotisme : « je suis des vôtres [...] l'amour de la patrie respire dans mes vêtements les plus cachés », pour se dédire une minute après, car Alexandre vient d'entrer (**Musset,** II, 5). Il passe de l'aveu de républicanisme à la posture courtisane la plus servile et obtient avec une ironie mordante des charges pour Bindo et Venturi qui ne les avaient pas demandées et qui remercient allègrement leur despote et bienfaiteur, prouvant eux-mêmes que leurs paroles ne sont que du vent...

Transition : Les paroles volent, faut-il alors tant redouter le langage politique ?

II. Un tel langage politique n'est-il pas plus inefficace et risible que dangereux ?

1. Le politique use de plus en plus d'un langage spécifique, d'un jargon politico-médiatique dont on peut questionner la raison d'être

Tous les partis sont atteints de « xyloglossie » politicienne quand bien même chacun affirme lutter contre la « langue de bois » (traduction littérale de ce mot grec). On jure « les yeux dans les yeux », on est « disruptif », on refuse des mots discriminant telle ou telle communauté, on parle une langue inclusive, on use d' « éléments de langage » (réponses toutes faites, préfabriquées, fiches et mots à apprendre par cœur en amont pour répondre la même chose et donner à faire croire à une cohérence de la classe politique). Ce langage, on l'a longtemps appris dans les classes de rhétorique, dans les organisations politiques, puis à Sciences Po ou à l'ENA, plus récemment on a emprunté les slogans des start up. **Arendt** évoque, dans *Du mensonge en politique*, II, le rôle déterminant des « spécialistes de la solution des problèmes » qui « sortaient des universités et de divers instituts de recherche ». À leur échelle, Merteuil et Valmont, dans l'ouvrage de **Laclos**, échangent des lettres emplies de références à l'idéal libertin qu'ils cultivent l'un et l'autre. Ils rivalisent d'énoncés cyniques : « sans esprit et sans finesse, elle a pourtant une certaine fausseté naturelle » dit Merteuil de la jeune Cécile Volanges (XXXVIII). Merteuil conseille à cette dernière la lecture de certains livres qui lui donneront les éléments de langage dont elle aura besoin pour séduire Danceny (XXIX).

2. Le politique substitue aux faits, aux vérités des faits des éléments de langage vides ou ambigus

Les « chargés de communication » explique **Arendt** (*ibid.*) ont « en commun avec les menteurs purs et simples » de s'efforcer « de se débarrasser des faits ». Usant de formules, se référant à un « langage pseudo-mathématique », ces technocrates ont les faits et la contingence des actions humaines en aversion. La théorie (celle des dominos par exemple qui veut qu'un pays communiste contamine et fasse tomber les pays proches) leur fait perdre tout sens du réel : « le modèle que la bureaucratie avait conçu faisait totalement abstraction des réalités » déclare Richard J. Barnet, cité par **Arendt**. Le langage politique, vidé de toute référence au réel, ne dit plus rien du monde. Le Vicomte de Valmont écrit une lettre enflammée à Madame de Tourvel, en prenant pour pupitre les fesses de sa maîtresse Émilie, ce qui anéantit tout le contenu du discours passionné qu'il tient. « La table sur laquelle je vous écris, consacrée pour la première fois à cet usage, devient pour moi l'autel sacré de l'amour » (**Laclos**, XLVIII). De tels mots semblent vides de signification, ou en être trop pleins.

3. Par conséquent, le politique pourrait souhaiter ne plus parler, ne plus jargonner et agir seulement

Lorenzo se lamente à la pensée d'une humanité qui parle, mais n'agit pas : « O bavardage humain ! ô grand tueur de corps morts ! » (IV, 9). Un mot suffit à Philippe Strozzi, qui se présente lui-même comme un penseur, peu apte à l'action. Ce mot est « la république ». Philippe évoque les bannis, l'humanité corrompue, et sa propre inaction de vieil homme, de vieux rêveur, philosophe échafaudant des théories, perdu dans les livres, incapable de hardiesse : « Allons-y donc plus hardiment ! la république, il nous faut ce mot-là » (II, 1). Son fils Pierre incarne le choix de l'action qui se passe de discours. Une fois son fils emprisonné, Philippe se tourne vers Lorenzo pour l'inciter à passer à l'acte : « Agir ! Comment, je n'en sais rien [...] agir, agir, agir ! » (III, 3). C'est la *virtù* qui est incarnée ici par les deux hommes dans cette scène de la pièce de **Musset**. **Arendt**, dans *Du mensonge en politique*, II, constate que, malheureusement, même lorsque les discours sont véridiques, ils influencent peu des hommes avides d'agir : les rapports « qui n'ont cessé de dire la vérité » [...] « n'ont pas exercé la moindre influence sur les propositions et les décisions du Conseil national de sécurité ». Au mieux l'homme politique s'efforcera-t-il de faire coïncider son action précipitée avec une théorie élaborée de toute pièce pour la justifier : « <les hommes d'action> seront tentés [...] de faire concorder la réalité envisagée par eux [...] avec leurs théories ».

Transition : L'action politique sans langage ni réflexion n'est pas satisfaisante. À quelle condition réinvestir le langage politique ?

III. Le langage étant foncièrement politique, peut-il être réinvesti par l'éthique ?

1. Le langage est, d'après Aristote, foncièrement politique : si nous disposons, en tant qu'hommes, du *logos*, c'est pour formuler des idées, notamment distinguer le juste de l'injuste

Le personnage de Madame de Tourvel incarne chez **Laclos** ce souci de ne pas juger trop vite, de délibérer pour ne pas tomber dans l'injustice : « j'ai cru devoir à la vérité un témoignage avantageux de M. de Valmont » répond-elle à Madame de Volanges qui dresse de lui le portrait d'un odieux libertin. Sans langage en quête de modération, de justice, il n'y aurait pas de débat, de délibération, bref de mise en commun des idées : « il y a vie politique quand il y a des débats sur le juste et l'injuste » (Aristote). Or cette délibération n'a plus lieu aux E.-U. lorsque les présidents agissent, décident sans consulter le Congrès, ce que déplore **Arendt**. Pour certains hommes politiques, dont Eisenhower, le respect des institutions, s'imposait encore « le président Eisenhower était démodé au point de garder le respect de la Constitution », mais plus tard, avec Kennedy ou Johnson, « la question de l'autorisation du Congrès » n'est plus « sérieusement soulevée » (*Du mensonge en politique*, II).

2. Un de moyens de préserver la politique et le monde commun en général est de lutter contre la falsification du langage

Les *Pentagon Papers* (7 000 pages de documents secret-défense concernant l'implication des États-Unis dans la guerre du Vietnam de 1955 à 1971) furent clandestinement révélés à la rédaction du New York Times puis publiés par le journal. « Se débarrasser des faits [...] . En vérité on ne peut jamais y parvenir » écrit Arendt (*ibid.*). Le gouvernement américain chercha à censurer ces articles de révélations, en vain. Les avocats du New York Times invoquèrent le droit du public, garanti par le *Premier Amendement*, à connaître une information cruciale pour sa compréhension de la politique et l'emportèrent. Ces documents révélèrent que les faits réels étaient connus, les sections de renseignement faisaient bien leur travail : « elles n'étaient nullement contraintes de faire état de résultats positifs et ne subissaient aucune pression de Washington » (*ibid.*). Pour **Arendt,** « la parfaite intégrité des auteurs du rapport ne fait aucun doute ». La probité peut donc bien exister, contrairement à l'idée que s'en fait Lorenzo dans la pièce de **Musset**. Ce personnage voit dans le vice une tache indélébile. « Moi qui n'ai voulu prendre qu'un masque pareil à leurs visages, [...] je ne puis ni me retrouver moi-même, ni laver mes mains, même avec du sang ». L'être souillé l'est à jamais, et même le crime qui fera verser le sang d'Alexandre n'y fera rien.

3. Vers une « décence commune » ?

Georges Orwell plaçait ses espoirs dans les gens du commun plus que dans les politiciens ou intellectuels usant et abusant d'éléments de langage : « ce qui surprend », écrit **Arendt**, « c'est l'ardeur avec laquelle des douzaines d'intellectuels apportèrent leur soutien enthousiaste à cette entreprise axée sur l'imaginaire » (*ibid.*). Mêmes des enfants auraient plus de bon sens que certains de nos politiques : à la fin de la pièce de **Musset** arrivent sur la place publique (tout un symbole !) deux précepteurs avec le petit Strozzi et le petit Salviati qui se disputent, pendant que leurs maîtres parlent poésie. Les hommes ont moins de courage que les deux enfants, qui incarnent l'opposition frontale entre leurs deux familles, de deux bords politiques différents. Le mode de vie et les vertus des gens simples sont bien représentés par **Musset**. Ils ont cette « décence commune » dont parlait Charles Dickens et qu'Orwell a voulu mettre en valeur. L'orfèvre, à la scène 2 de l'acte I, est un homme de moralité qui critique la Cour « le peuple la porte sur le dos », la compare à un palais en ruines, regrettant une Florence bien bâtie, dont les familles étaient autant de colonnes solides. Orwell fait un constat identique à celui d'**Arendt** : « nous savons aujourd'hui à quel point on a pu se tromper sur tous ces publics ». Les hommes politiques se trompent sur les masses, qui ne sont pas forcément aliénées par les dirigeants. Orwell ne croit pas qu'il faille éveiller les consciences populaires, car, restées ancrées dans la réalité, elles ne se sont jamais endormies.

Conclusion

La parole politique exprimée par le peuple mérite d'être entendue. Elle est capable de trouver injustes les décisions prises par une classe politique détournée des réalités. La confiscation du « politique » par des experts ne se justifie pas. Orwell et Arendt tiennent à la préservation coûte que coûte d'une vie publique active où chacun se manifeste en tant que « *zoon politikon* » (animal politique).

« Tôt dans ma vie, j'ai remarqué qu'aucun événement n'avais jamais été relaté avec exactitude dans les journaux ; mais en Espagne, pour la première fois, j'ai lu des articles de journaux qui n'avaient aucun rapport avec les faits, ni même l'allure d'un mensonge ordinaire. J'ai vu l'histoire rédigée non pas conformément à ce qui s'était réellement passé, mais à ce qui était censé s'être passé selon les diverses "lignes de parti". Ce genre de choses me terrifie, parce qu'il me donne l'impression que la notion même de vérité objective est en train de disparaître de ce monde. »

George Orwell, *Réflexions sur la guerre d'Espagne*, 1942

➥ *Vous évaluerez la pertinence de cette affirmation à la lumière du thème et des œuvres au programme.*

ADRIEN BORDAIS

Analyse du sujet

- Orwell constate que les journaux anglais inventent une réalité.
- Il découvre un au-delà du mensonge, une forme de récit détaché des faits.
- La vérité objective est menacée, et il faut prendre la mesure de ce danger.

Enjeux du sujet

1. Il s'agit d'analyser ce processus de disparition de la vérité.
2. La vérité n'est pas seulement travestie et transformée.
3. Le réel est créé de toutes pièces pour correspondre à une idéologie.

PROBLÉMATIQUES POSSIBLES

- Une réécriture totale du réel est-elle possible ?
- Peut-on aller jusqu'à faire croire à ce qui n'a pas pu exister ?
- Orwell a-t-il raison de croire que la vérité objective est en passe de disparaître ?

PLAN

I. La vérité est menacée de disparition totale
1. Une déformation d'un fait
2. L'efficacité du mensonge en politique
3. La fin de l'objectivité ?

II. La vérité résiste à son occultation
1. Le scandale du mensonge
2. Est-il possible de reconnaître le mensonge ?
3. Le mensonge se heurte à la vérité objective

III. Il faut donc éviter que la vérité perde toute valeur
1. Le cynisme face à la vérité
2. Préserver le sens de la vérité
3. L'impossibilité d'une vie en commun sans vérité objective

Introduction

Dans *1984*, le ministère de la Vérité est chargé de réécrire l'Histoire en fonction du contexte géopolitique du moment, détruisant par cet acte toute référence au réel et aux faits établis. Le rêve de tout régime totalitaire serait donc de modeler la réalité selon son bon vouloir.

Ce récit dystopique est inspiré de l'expérience qu'Orwell a pu faire de la Guerre d'Espagne. Il constate à son retour que les journaux ne se contentent pas de déformer la réalité de ce qu'il a vécu là-bas, mais qu'ils forgent de toute pièce une réalité alternative qui entend se substituer aux événements factuels de la guerre civile espagnole.

Il convient donc de s'interroger sur la possibilité esquissée par Orwell d'une réécriture totale du réel. Une telle chose est-elle possible ? La politique n'est-elle pas par essence l'art de « faire croire » à une version spécifique du réel ?

Est-il possible de montrer que le mensonge part toujours d'une volonté de supprimer la réalité et de ne pas tenir compte d'un fait ? Mais le mensonge se heurte le plus souvent à la réalité qu'il entend masquer. Dès lors, doit-on partager la terreur d'Orwell à propos de la vérité ?

Le mensonge dont parle Orwell est-il une radicalisation du « mensonge ordinaire », ou bien au contraire une falsification d'un genre nouveau ?

I. La vérité est menacée de disparition totale

1. Définition du mensonge

Le mensonge est un récit qui omet volontairement de relater un ensemble de faits, que ce soit par convenance personnelle, par volonté de manipuler autrui, ou par idéologie politique. C'est ce qu'Orwell nomme un « mensonge ordinaire ». Le mensonge, pour **Arendt**, peut aisément faire croire à ce qui n'existe pas, du fait de son élaboration et de son caractère rationnel. En effet, « le mensonge est souvent plus plausible », dit Arendt, car le menteur sait « ce que le public veut entendre », et peut dès lors élaborer son mensonge en fonction de ces attentes. La vérité peut comporter un côté irrationnel et contingent, là où un mensonge doit, pour être crédible, être construit comme une intrigue parfaitement développée. La lettre 137 des *Liaisons Dangereuses,* de **Laclos,** est une démonstration de l'habileté du menteur à « faire croire » à une interprétation particulière des faits. Mais on en reste au niveau du mensonge ordinaire, qui prend racine dans une fait particulier auquel le menteur tente de donner un sens particulier, qui soit à son avantage. Valmont ne nie pas la faute, mais tente d'en imposer une lecture qui lui soit favorable. La raison humaine n'aime pas la contingence et y préfère des récits bien structurés.

2. L'efficacité du mensonge en politique

Orwell dénonce ici l'usage politique du mensonge au service d'une « ligne de parti ».

Mais ce que sous-entend Orwell, c'est que le mensonge politique a toujours existé, preuve en est sa conception politique, comme un outil ou un moindre mal, utilisé de mauvaise grâce mais néanmoins nécessaire pour quiconque entend mener une politique efficace. Le contexte politique de la pièce de **Musset** est tissé de mensonges qui sont pour les protagonistes des outils politiques. « Le mensonge peut fort bien servir à établir ou à sauvegarder les conditions de la recherche de la vérité », affirme **Arendt** dans « Du mensonge à la violence ». Autrement dit, falsifier la réalité peut être un moyen en vue d'une fin bénéfique. C'est précisément ce que fait Lorenzo, lorsqu'il mime le vice pour tenter d'en faire sortir un plus grand bien. Il choisit, afin d'approcher le tyran Alexandre, de porter le masque d'un personnage vicieux, de sacrifier sa pureté au nom d'une cause. Strozzi, à l'inverse, est « resté immobile au bord de l'océan des hommes ». Animé par de purs idéaux, il est incapable de comprendre que la politique exige le mensonge et la duplicité. L'efficacité politique du mensonge est ce qui en constitue le danger : il est aisé à justifier s'il est établi au nom du bien. Mais cette conception instrumentale de la vérité est précisément ce qui, pour **Arendt**, conduit à la violence du totalitarisme. Transformer le réel permet aux hommes d'action de se faire passer pour ce qu'ils ne sont pas.

3. La fin de l'objectivité ?

Que signifie que « la vérité objective est en train de disparaître » ? Lorsque **Arendt** mentionne le mensonge définitif, le constat qu'elle fait n'est pas aussi radical que celui d'Orwell. La philosophe parle de « manipulation moderne des faits », ce qui suppose encore l'existence d'une couche factuelle qui sert de base à un mensonge. Orwell, quant à lui, va jusqu'à affirmer que le réel n'est plus modifié, mais créé de toute pièce indépendamment de toute base factuelle. Le mensonge est pure fiction, pure en ce qu'il ne s'agit plus de modifier la vision d'un fait, mais bien de le créer de toute pièce au point que le fait objectif est supposé n'avoir jamais existé. On dépasse donc le stade du « mensonge ordinaire » pour atteindre un nouveau genre de mensonge : il ne s'agit plus d'opposer la vérité de fait à l'opinion, mais de créer un fait qui corresponde à ladite opinion. **Arendt** se pose la question suivante : « qu'est-ce qui empêche ces histoires, images et non-faits nouveaux de devenir un substitut adéquat de la réalité et de la factualité ? » (« Vérité et politique »). Comment peut-on distinguer la vérité d'une histoire fausse, mais cohérente ?

II. Cependant, la vérité résiste à son occultation

1. Le scandale du mensonge

La découverte du mensonge est celle de *ce qui devrait ne pas être,* autrement dit d'un scandale. La transformation fallacieuse du réel suscite une répugnance instinctive.

Musset met en scène une série de jeux avec la vérité objective. La scène IV de l'acte IV de *Lorenzaccio,* confrontation entre la marquise de Cibo et le cardinal, est un exposé de cet usage du mensonge par « Pour gouverner Florence en gouvernant le duc, vous vous feriez femme tout à l'heure, si vous pouviez. », ajoute-t-elle ensuite. Preuve en est donc que le Cardinal joue un jeu et que le mensonge, la dissimulation du réel est un outil politique comme un autre. La marquise de Cibo comprend le projet du cardinal, et voit la finalité politique qu'il poursuit derrière son masque. Elle saisit que la politique est irréaliste et inefficace si elle n'est pas accompagnée du mensonge. Le cardinal s'avance masqué, avec la soutane comme outil pour atteindre le pouvoir politique. Mais cette découverte s'accompagne d'une forme d'indignation morale qui fait écho à celle d'Orwell. Valmont lui-même, dans la lettre 96, avoue apprécier l'honnêteté et la vérité des sentiments de Mme de Tourvel, lui qui a pourtant voué son existence au mensonge. La vérité est-elle donc impossible à recouvrir en totalité ?

2. Est-il possible de reconnaître le mensonge ?

L'affirmation d'Orwell s'invalide d'elle-même, puisqu'elle est la preuve que le réel ne peut être totalement masqué sans se heurter aux faits qui se trouvent remis en question. **Arendt** postule l'existence d'un sens inné de la vérité qui se manifeste, par exemple, dans la lettre 165 des *Liaisons dangereuses* de **Laclos**. « J'espérais lui faire croire qu'elle s'était trompée », écrit Merteuil lorsqu'elle relate la réaction de Madame de Tourvel à la mort de Valmont. « Faire croire » quelque chose suppose de donner au public à duper un récit qu'il veut bien entendre. Faire disparaître la vérité objective, est une entreprise impossible si elle ne s'accompagne pas d'une certaine distance physique entre le fait à masquer et la personne que l'on souhaite tromper.

3. Le mensonge se heurte à la vérité objective

Le fait n'est jamais totalement occulté par le mensonge, et même la plus élaboré des fictions ne peut, dit **Arendt**, « recouvrir la texture entière du réel ». Le projet du menteur, de « faire croire » à ce qui n'est pas la réalité, est rendu impossible par la nature même de la réalité.

On peut ici faire un parallèle avec la lettre 137 de Valmont à la Présidente. Jamais un mensonge ne peut abolir la réalité, jamais il n'est possible de « recouvrir la texture entière du réel ». Si Orwell semble témoigner d'un effacement complet du réel au profit d'un récit faussé, cela est pour **Arendt** tout simplement impossible. Valmont est impuissant à recouvrir complètement la totalité du réel. Obligé d'avouer sa relation avec Émilie, il ne peut que tenter d'en modifier le sens à défaut de forger de toute pièce un récit autonome. La réalité n'a « pas d'équivalent », dit **Arendt** dans « Du mensonge à la violence ». Elle est cette couche factuelle qui en dernière instance fait échouer le mensonge. La surprise de la présidente, l'expérience d'Orwell, sont autant de preuves intuitives que la réalité répugne à être totalement recouverte. C'est que la « vérité est despotique », ajoute Arendt, et c'est pour cela que le pouvoir politique, qui serait selon Orwell une entreprise pour imposer une idéologie et une conception du monde, tente de l'étouffer.

III. Il faut donc éviter que la catégorie même de vérité perde toute valeur

1. Le danger du cynisme face à la vérité

Mais **Arendt** n'est pas dupe du danger couru par la vérité, lorsque par exemple elle affirme, dans « Du mensonge à la violence », que « la catégorie de la vérité relativement à la fausseté » sera détruite, et « le sens par lequel nous nous orientons dans le monde réel » disparaîtra. Remplacer peu à peu toute vérité objective, ou vérité de fait, par des mensonges, c'est à terme faire disparaître la distinction entre vérité et fausseté. Le danger perçu par Orwell doit être pensé à nouveaux frais : il est plus dans le cynisme vis-à-vis de la vérité objective comme norme que dans la disparition du réel. Cela conduit à une forme d'indifférence cynique à la vérité et au mensonge. Là est le danger qu'Orwell intuitionne dans ses écrits.

2. Préserver le sens de la vérité

Plus qu'une défense de la vérité, ce qui ressort de la pensée d'Orwell, en filigrane, est la nécessité de préserver ce qu'Arendt appelle le sens de la vérité. **Musset** montre ainsi que, malgré le jeu trouble dans lequel Lorenzo s'est jeté, il n'a jamais perdu le souvenir de son identité passée. Il conserve, comme le montre la réplique de l'acte III, scène 3 la claire conscience de sa perte d'identité et des dommages irréversibles causés par un rôle qu'il a tenu trop longtemps. Il conserve ce sens de la vérité lorsqu'il dit à Strozzi : « je suis devenu vicieux, lâche, un objet de honte et d'opprobre ».

Selon **Arendt** dans « Vérité et politique », l'interprétation est une lecture du fait, mais elle ne peut pas dépasser les limites objectives de ce qui a eu lieu. Orwell est donc témoin d'une interprétation qui s'émancipe totalement du fait qu'elle est supposée expliciter. La crainte d'Orwell, éprouvée face au récit totalement détaché des faits qu'il trouve dans les journaux anglais, est de voir tout référentiel objectif brut disparaître. Sans un socle réel objectif, comment distinguer la vérité de la fiction, le mensonge de la réalité, le récit fidèle de la fiction idéologiquement orientée ? Et surtout, comment mener une vie commune ?

3. Pas de vie en commun sans vérité objective

La disparition de la vérité signerait pour Orwell la fin de toute vie en commun. Chose impossible sans référence à une vérité objective. Car si toute vérité objective disparaît, c'est l'éthique et la vie en commun qui est impossible. La perte de ce « sens de la vérité », cette « disparition de la vérité objective » est terrifiante parce qu'elle détruit toute possibilité d'existence en commun, selon **Arendt** dans « Vérité et Politique ». Orwell n'adhère pas à la peinture que fait **Musset** de la politique, au travers de la figure de Cibo par exemple. La vérité n'est pas la croyance, et la vie humaine en commun est impossible sans un socle commun qui puisse servir de base à toute discussion politique. Un monde commun est inconcevable sans la vérité objective.

Conclusion

Orwell refuse que la politique s'établisse au prix d'un renoncement à la vérité. Il estime, contre le portrait que **Musset** fait de la vie politique florentine, que sans une solide référence à la vérité objective, toute forme de vie commune se trouvera vouée à l'échec. Orwell craint de voir toute forme de démocratie disparaître si la vérité n'est pas sauvegardée.

« [...] à l'origine même des pouvoirs du « faire croire », il y a notre désir de croire. Sur le sceptique, le « faire croire » a peu d'impact. Somme toute, foi, mensonge, manipulation et propagande ne font qu'orienter notre désir d'adhérer, bien plus qu'ils ne le créent. »,

Jocelyn Maixent, in « *La Voix du Regard* », n° 16, 2003, « Appétit de carton-pâte »

➥ *Dans quelle mesure les œuvres du programme vérifient-elles ce lien entre désir de croire et faire croire ?*

NADÈGE GOLDSTEIN

Analyse

- Jocelyn Maixent identifie au fondement des pouvoirs de manipulation du « faire croire » un désir de croire qui ne semble s'amenuiser que dans l'attitude ou la pratique sceptique. Seule une certaine forme de suspension du jugement semblerait réduire la puissance de la croyance que nous subissons.
- Il y aurait donc une forme de disposition à se laisser dominer par le faire croire présent sous des formes et des degrés multiples : foi, mensonge, manipulation, propagande.
- Ce désir de croire est défini comme « désir d'adhérer » et semble premier, inné plus que produit, créé ou provoqué par ces pouvoirs de – et du – faire croire.

PROBLÈME

▶ Si le désir de croire, d'adhérer à ce que l'on tient pour vrai, est constitutif de notre humanité, est-il au principe de notre aliénation et sommes-nous condamnés à l'assujettissement ?

Introduction

Le désir de croire peut se concevoir comme la cause directe des pouvoirs du faire croire. Cette tendance à croire, à adhérer à ce que l'on tient pour vrai, est-elle accidentelle ou essentielle et surtout est-elle éducable ? Il convient d'étudier les formes et les raisons d'être de ce désir de croire afin de saisir s'il s'agit là d'un désir irrésistible nous vouant à la servitude ou bien d'une donnée de la condition humaine qui peut encourager une certaine forme de liberté. Le désir de croire est-il en nous ce que La Boétie rencontre à travers l'énigme de la servitude volontaire ? Est-ce une faiblesse naturelle, culturelle, accidentelle ou essentielle ? Si le sceptique semble résister à l'impact de la crédulité subie ou provoquée peut-on transmuer le désir de croire en liberté de croire par l'exercice du doute ? Peut-on croire librement?

I. Le désir de croire est propre à la condition humaine et semble constituer sa faiblesse

1. Notre existence et notre condition nous vouent à une récurrence de la croyance superstitieuse

Désirer croire c'est espérer mais Spinoza nous enseigne que l'espoir est une joie inconstante et mêlée de crainte – par son manque de plénitude – et la crainte est une tristesse. Se libérer de la servitude et pouvoir vivre sous la conduite de la raison suppose d'être moins dépendants de l'espoir et de la crainte. Or notre affectivité projette ses idées et ses affects dans la durée par l'imagination. L'espoir est une joie triste car incertaine de l'issue et la crainte est aussi une tristesse faite de joie car elle n'écarte pas l'espoir que la chose redoutée n'arrive pas. Dès lors toutes nos évaluations sont imaginaires, la vie psychique est interprétative et peut conduire au délire d'interprétation puisque nous sommes enclins à croire ce que nous espérons et croyons difficilement ce que nous craignons.

Espoir et crainte tirent les fils des marionnettes et des marionnettistes que sont tous les personnages dans *Lorenzaccio*. Il n'y est pas seulement question du désenchantement éthique et politique, de l'idéal de liberté et de justice déçu. Il est aussi question de la fêlure de l'âme et des tourments de la conscience hantée par la confusion entre lumière et ombre. Plus Lorenzo tente de se réaliser et de suivre la lumière de l'idéal, plus il se confond avec le spectre qu'il devient, ombre du duc, ombre inversée du courage, ombre de son ombre. En manipulant l'imagination des autres, il se prend aux leurres de ses espérances et c'est bien de lui-même qu'il parle en expliquant comment il prépare les victimes féminines du duc : « habituer doucement l'imagination qui se développe à donner corps à ses fantômes, à toucher ce qui l'effraye, à mépriser ce qui la protège ! », I, 1.

2. Nous ne pouvons agir sans croire en des fins ou des valeurs

Par ce complexe affectif d'espoir et de crainte nous nous projetons dans des fins et des valeurs qui ne sont que des images et des simulacres, traductions imaginaires de notre instabilité mentale et de la difficulté de se tenir en joie. Nos jugements de valeur ne relèvent donc pas de la raison mais de critères affectifs, précaires et incertains. L'espoir et la crainte engendrent alors la peur (*timor*) que Spinoza définit comme « la crainte en tant qu'elle dispose un homme à éviter un mal qu'il juge devoir venir par un mal moindre », *Éthique*, III, 39, scolie. Et cette peur peut se transformer en « consternation », affolement, peur panique qui diminue drastiquement la puissance d'agir et d'exister.

Notre désir de croire tend donc à nous soumettre à l'idéal de sécurité au prix du sacrifice de la vérité, de la liberté et de la justice qui conservent toujours en tant que valeurs et idéaux une composante de crainte à travers leur espérance. **Hannah Arendt** s'étonne ainsi que l'on puisse laisser se perdre les vérités de fait, la trace et la connaissance des affaires humaines, au nom de la sécurité et de la survie, sans apercevoir qu'aucune persévérance d'un monde humain n'est possible sans les « diseurs de vérité » et les poètes qui font durer nos actions et nos vies dans leurs œuvres et leurs enquêtes.

3. Le désir de croire nous incline au relativisme

Hannah Arendt explique la vulnérabilité des vérités de fait, la fragilité des faits et de l'histoire en tant que *res gestae*. Ces vérités sont « précaires » et peuvent être détruites et non seulement dissimulées. Les formes totalitaires du politique ne se sont pas peu illustrées en matière non seulement de mensonge, de dissimulation mais surtout de destruction des faits. Or, par leur contingence, leur mobilité, leur instabilité, « une fois perdus, aucun effort rationnel ne les ramènera jamais », *La crise de la culture*, Folio, p. 295. Un fait important qui a été détruit, effacé de la mémoire, a peu de chances d'être redécouvert.

À cette fragilité des vérités de fait, matériau essentiel de la vie et de l'action politique, s'ajoute la relativisation des vérités de raison due à la misologie. À force de découvrir par l'exercice du logos que les vérités logiques que l'on tenait pour vraies ne le sont pas, le misologue finit par « haïr les raisonnements et les outrager » nous dit Platon dans le *Phédon*, 89d-90d.

Dans *Les Liaisons dangereuses* Valmont et Merteuil font preuve d'une véritable maîtrise du langage car pour détourner la parole de l'autre il faut savoir dire et lire. Ils parodient des textes, inventent des néologismes ou leur insufflent une vitalité inédite. Par exemple Merteuil se moque de madame de Tourvel en dénonçant « Ces femmes à délire et qui se disent à sentiment [...] Ces femmes actives dans leur oisiveté, que vous nommez sensibles » Lettre 81. Ironisant à son tour et retournant contre elle-même l'ironie de la marquise, Valmont parle du « sentimentaire Danceny » (lettre 144) qu'elle entend conquérir et dévoyer.

L'importance du serment, que le philosophe Giorgio Agamben définit comme « le sacrement du langage » et qui constitue le support de toute institution du politique et des fonctions publiques, souligne le danger du relativisme dans les affaires humaines. Or notre désir de croire semble nous y exposer et nous enfermer dans la servitude.

Ce désir de croire est-il néanmoins incompatible avec une aspiration à connaître et à agir sous la conduite de la raison ?

II. Le désir de croire inclut aussi le désir de savoir et de liberté

1. Le désir de croire aspire à la certitude et suppose l'incertitude

Si croire ce n'est pas savoir, c'est tenir pour vrai et donc pouvoir distinguer le vrai du faux ou le juste de l'injuste, l'imaginaire du réel. Si nous désirons croire c'est à la fois parce que nous voulons savoir et que notre savoir n'est jamais achevé ni indépendant de l'autre. **Hannah Arendt** prolonge les analyses kantiennes dont elle tire des enseignements féconds sur le plan éthico-politique. En distinguant l'opinion, la foi et le savoir, Kant révèle la subtile gradation et l'entrelacs du croire et du savoir. « Opiner » c'est juger de quelque chose de façon incomplète parce que les raisons de notre assentiment sont objectivement incomplètes mais ces raisons peuvent augmenter et notre assentiment croître avec elles. Pour former et exprimer un jugement d'opinion, la foi est nécessaire. La foi historique concerne les faits et expériences rapportés par des témoignages qui ne peuvent pas raisonnablement être mis en doute. Ils font foi parce qu'on peut y croire en les soumettant au doute. La foi morale c'est la crédibilité que l'on accorde à une personne, par exemple dans la promesse. Il y a une foi rationnelle qui est fondée, même si elle ne peut constituer un savoir. C'est la foi par laquelle nous accréditons ce qui n'est pas démontrable théoriquement mais néanmoins moralement nécessaire.

Les liaisons dangereuses en montrent la mise en péril par l'effet destructeur du nominalisme des libertins. La marquise dénonce « le jargon de l'amour » qui permet aux hommes de prendre les femmes au piège mais par lequel elles-mêmes se prennent au piège. Cécile tient le discours du sentiment mais la marquise y décèle celui du plaisir, en lisant « à travers le petit bavardage » de la jeune fille. (Lettre 105) La réalité de tout sentiment est niée et cette lucidité qui se veut héritière de la philosophie des Lumières ne libère plus les individus des pièges des mots et les asservit plus étroitement encore.

2. La faiblesse du tenir-pour-vrai détruit la vérité politique

La liberté et la puissance de juger se jouent dans l'opinion individuelle et dans l'autorité des institutions sociales et politiques. Paul Ricoeur, analysant les degrés du croire, étudie, à travers l'idéologie et l'utopie, « le croyable disponible d'une époque ». Toute crise sociale et politique se rapporte à cette force du « croyable » et la pièce de Musset en témoigne à l'envi en faisant ressentir la pauvreté de ce croyable dans la cité de Florence, elle-même miroir du malaise de la France des années 1830.

Car la pièce ne condamne pas l'action mais l'interroge. L'action du cardinal est efficace ; Pierre Strozzi se venge de Salviati et devient l'allégorie de la vengeance ; par son attitude créatrice, Tebaldeo propose de dégager le bien du mal comme le diamant est extrait de sa gangue. Mais Lorenzo gaspille en vain une grande énergie en refusant de compter avec le réel, son obsession de pureté le rend incapable de choisir les moyens de la fin. Il ne produit qu'un acte vide. Les rouages du monde politique sont les passions : Cibo manipule les consciences au nom du religieux ; Pierre Strozzi s'allie aux ambitions terrestres et italiennes du roi de France… Le contemplatif, Philippe Strozzi, traducteur de latin, est l'idéaliste qui ne voit pas ou ne veut pas voir la réalité. Il figure l'amertume de Musset devant les échecs de l'action. C'est bien la difficulté d'agir qui appelle le croire. Mais ce croire est inavouable, incommunicable et indiscutable. Il n'y a pas d'espace public ni de partage de la parole et de l'action. C'est ce qui fait qu'aucune action ne peut réellement avoir lieu : tuer le tyran ne tue pas la tyrannie.

3. Les apories de l'action et de la pensée exigent la puissance d'imaginer

Le « croire » garantit le vouloir et le pouvoir du sujet agissant. Nous ne pensons pas seuls mais « à plusieurs » et nous n'avons pas d'autre pouvoir que l'agir ensemble comme le montre **Hannah Arendt**. De surcroît l'action humaine est imprévisible et irréversible. Pouvoir de commencer et de produire de la nouveauté, elle est « infinie » car on ne saisit le sens d'une action qu'une fois qu'elle est finie et elle ne peut être défaite, car ce qui est fait est fait. C'est pourquoi l'action est frustrante et difficile, expliquant que nous soyons si souvent tentés par le non-agir. Dans *Condition de l'homme moderne*, la philosophe précise qu'il faut du courage pour agir et que ce courage suppose lui-même celui de pardonner et de promettre. Le pardon lutte contre l'irréversibilité de l'action et la promesse construit des « îlots de sécurité » contre l'imprévisibilité. Ces deux formes du courage supposent une pensée mobile qui peut changer ses perspectives et une circulation de la parole par laquelle nous reconnaissons nos actions, nos engagements, nous comprenons notre monde commun et nous agissons pour le changer.

Si notre désir de croire est lié à notre complexion affective, il est aussi ce qui stimule et nourrit la capacité d'agir et de changer le monde et la vie. Il s'agit donc de comprendre comment s'articulent dans le monde humain la confiance et le doute, c'est-à-dire les formes du jugement.

III. Nos qualités humaines sont indissociables de la confiance comme du doute : il faut être libre de croire et de ne pas croire

1. Le scepticisme est un humanisme

Pour le sceptique antique il n'est pas question de nier toute réalité mais de la scruter au plus près de sa phénoménalité. Suspendre le jugement c'est retenir l'assentiment définitif et revenir aux choses apparaissant dans le flux perceptif. L'attention au langage et à la parole est donc au centre de cet art de vivre et elle ne produit pas une incapacité d'agir ni de connaître, ni un relativisme malsain. Bien au contraire elle sollicite une acribie de la perception et de l'expression de celle-ci. Et elle encourage une prudence active dont les vertus ne sont plus à démontrer. Montaigne en retient l'essentiel lorsqu'il nous dit que « nous ne nous tenons les uns aux autres que par la parole » et que « chaque homme porte la forme entière de l'humaine condition ». **Hannah Arendt** cite Montaigne pour montrer ce que signifie l'effondrement de toute forme de confiance, « le vacillement de tout ce sur quoi nous faisons fond pour notre sens de l'orientation et de la réalité », l'expérience devenue celle de l'inhumanité totalitaire. Le partage de la parole et de la confiance nous permet d'exister à la fois comme individus singuliers et universels. Le scepticisme pratique est le seul humanisme généreux et libérateur.

C'est l'impossibilité de mettre en œuvre cet humanisme que Musset déplore et exhibe en exposant la lâcheté généralisée contraire à toutes les valeurs de l'humanisme de la Renaissance qu'il admirait.

2. Le vrai risque d'aliénation réside dans la mauvaise foi

Ce n'est donc pas la foi qui trompe, détruit et asservit les hommes mais la « mauvaise foi ». Selon Sartre nous ne prenons conscience de notre liberté que dans l'expérience de l'angoisse et celle-ci nous révèle notre néant d'être et notre aspiration à être. Nous fuyons donc notre liberté en tant que « devoir être » et devoir-de-se-faire dans le monde en tentant d'acquérir la consistance des choses. Or le philosophe n'oppose pas la « mauvaise foi » et la « sincérité » mais les rassemble car dans tous les cas, la mauvaise foi est une foi. Si « dans la mauvaise foi, c'est à moi-même que je masque la vérité » il y a une « bonne foi » de la mauvaise foi en tant qu'elle est consciente. C'est pourquoi elle incline au cynisme.

Sartre découvre la sincérité elle-même comme mauvaise foi car vouloir coïncider avec soi comme une chose c'est nier la liberté (le néant) de la conscience.

Les personnages qui trompent les autres, aussi bien chez **Musset** que chez **Laclos**, peignent toutes les nuances de cette attitude qui n'est pas psychologiquement mais ontologiquement motivée. La conscience est ce qu'elle n'est pas et n'est pas ce qu'elle est. Mais il est bien difficile d'assumer cette non-coïncidence de soi à soi-même. On ne peut être juste, courageux, lâche ou libertin, et la mauvaise foi assujettit tout individu en niant sa liberté c'est-à-dire sa responsabilité.

3. Être humain et déployer son humanité c'est « se faire » et « faire » de bonne foi

Il semble impossible d'être de bonne foi. Mais il reste possible et indispensable d'agir, de se faire être et de faire de bonne foi. Cela suppose non pas de devenir un être mais de devenir, d'exister. Pour reprendre le terme choisi par Montaigne, vivre c'est essayer, l'existence est un essai et le monde lui-même – « branloire pérenne » – est une suite d'essais. Lorenzo ne le comprend que trop tard pour réaliser qu'il est « plus creux et plus vide qu'une statue de fer-blanc », V, 7. Sa fin est une disparition totale : poussé dans la lagune, « Eh quoi ! Pas même un tombeau ? », *ibidem*. Dans la vie politique et le partage de l'espace public cette manière d'exister et d'agir de bonne foi implique des institutions de la liberté de pensée, des lieux dans lesquels la pensée est libre et où cette liberté est matériellement et juridiquement garantie et accroît véritablement la puissance d'agir.

Conclusion

Nous pourrions juger que le désir de croire est le contraire de toute liberté et l'annonce d'un destin toujours subi et jamais choisi. Pourtant se lamenter de cette condition de « croyant » est inutile et injuste. C'est bien la liberté de croire qu'il convient de cultiver, le désir de croire n'est ni bon ni mauvais, il s'agit de savoir ce que c'est que croire et de d'assumer notre difficile liberté en tissant avec joie les « cordes d'imagination » qui nous lient et d'en faire des « liens qui libèrent ».

Dans son ouvrage
***La Mise en scène de la vie quotidienne*, le sociologue**
Erving Goffman cite le philosophe George Santayana :
« Derrière nos principes avoués et nos professions de foi, il nous faut assidûment cacher toutes nos inégalités d'humeur et de conduite, sans être hypocrites pour autant, puisque le personnage que nous avons choisi à dessein est plus authentiquement nous-même que ne l'est le flot de nos rêveries involontaires. »

➥ *Quelle lumière ces affirmations portent-elles sur les trois œuvres au programme ?*

VALENTIN GRIMAUD

Analyse du sujet

- George Santayana affirme que l'humain se présente aux autres grâce à un personnage calculé, lisse, sans aspérités. Ce personnage a des « principes avoués », il véhicule des opinions et un système de pensée (« professions de foi »). Il est cohérent, construit.
- Derrière ce personnage se cachent des irrégularités, des inconstances, à la fois dans nos états d'âme et dans la logique de nos actions. Notre intériorité n'est pas maîtrisée, elle est laissée aux « rêveries involontaires », au chaos de nos pensées.
- Pour le philosophe, le personnage créé serait plus proche de ce que nous sommes que le contenu non trié de notre intériorité. Dans la vie de tous les jours (l'objet des études sociologiques d'Erving Goffman), nous dissimulons notre chaos intérieur derrière l'égalité de notre façade, ce qui n'est pas une hypocrisie, puisque notre façade nous représente mieux que nos pensées.

Enjeux du sujet

1. Il s'agit ici de questionner les interactions entre la surface de notre représentation sociale, et l'intériorité de nos pensées. Quelle relation s'établit entre l'intérieur et l'extérieur ? Peut-on véritablement penser que l'extérieur est plus « authentique », plus proche de nous, que l'intérieur ? Cet extérieur est-il l'image de ce qu'on voudrait être ?
2. La citation interroge aussi le cynisme de la représentation de soi : a-t-on véritablement des professions de foi intérieures, et non juste celles de notre personnage ?

PROBLÉMATIQUES POSSIBLES

- Au moyen des trois œuvres du programme, nous nous demanderons dans quelle mesure le personnage social que l'on développe est cohérent avec notre intériorité.
- Le rôle projeté est-il plus fidèle à notre intériorité que ce que nous pensons ?
- La partie la plus authentique de nous-mêmes est-elle l'intérieur ou l'extérieur ?

ANNONCE DU PLAN

I. Le personnage extérieur représente mieux la personne que son chaos intérieur
1. La façade qui cache les états d'âme
2. L'image qu'on projette et sa valeur performative
3. Nous existons pour les autres au travers de cette image

II. (Mais) Il reste une vérité cachée qui nous révèle davantage
1. Le projet avoué cache toujours un projet secret
2. L'inconstance, l'illisibilité, sont le propre de l'humanité…
3. … mais elles montrent aussi notre capacité à évoluer

III. (En définitive) La difficile cohérence entre l'intérieur et l'extérieur
1. Faut-il se couper du monde pour être sincère ?
2. Comment trouver un rôle cohérent avec soi-même ?
3. L'humanité rejette-t-elle la vérité ?

Introduction

La Mise en scène de la vie quotidienne est un ouvrage en deux tomes du sociologue Erving Goffman, rattaché à l'École de Chicago. Dans cet essai incontournable, il développe l'idée que nos interactions sociales peuvent être analysées sous l'angle de la théâtralité. Notre présentation aux autres, consciente ou non, endosse un rôle qui dépend du public visé, ainsi que du décor. En spectacle permanent – notion non péjorative –, nous contrôlons notre apparence, notre langage, pour trouver avec notre interlocuteur un terrain d'entente. Chacun projette une situation de compromis, dont le succès n'est pas garanti. Goffman cite alors le philosophe George Santayana : « Derrière nos principes avoués et nos professions de foi, il nous faut assidûment cacher toutes nos inégalités d'humeur et de conduite, sans être hypocrites pour autant, puisque le personnage que nous avons choisi à dessein est plus authentiquement nous-même que ne l'est le flot de nos rêveries involontaires. » Selon lui, tout être humain est constitué d'un personnage extérieur, qu'il offre au monde, et d'une personne intérieure. Le premier est cohérent, construit, lisse. Il ne montre pas d'aspérités, ni dans sa conduite, ni dans ses opinions. À l'inverse, les pensées intérieures sont désordonnées, « involontaires », révèlent notre inconstance. Si l'ordre doit régner dans notre présentation au monde, à l'intérieur règne le chaos. Santayana considère toutefois que cette dissimulation du désordre par une façade égale n'est pas une hypocrisie : pour lui, l'extérieur est plus fidèle, plus révélateur que nos pensées intérieures. Qui du personnage extérieur ou de la personne est le plus authentique ? Le personnage que nous projetons est-il notre idéal, ou un pur mensonge ? Le rôle que l'on endosse est-il plus profond que ce que nous cachons ? Pour examiner ces questions à l'aune des trois œuvres du programme, nous verrons tout d'abord que la personne est plus fidèlement représentée par sa façade que par son chaos intérieur, avant de nous demander si notre vérité n'est pas précisément contenue dans ces intériorités troubles et désordonnées. Nous finirons par imaginer la possibilité d'une cohérence entre l'extérieur et l'intérieur.

I. Le personnage extérieur représente mieux la personne que son chaos intérieur

1. La façade qui cache les états d'âme

Contrairement à nos états d'âme, marqués par l'inconstance, le personnage que nous construisons est plus concerté, plus égal, ce qui en fait peut-être une représentation plus décisive de nous-même. En effet, dans *Les Liaisons dangereuses*, la présidente de Tourvel cherche longtemps à cacher auprès du vicomte de Valmont l'émoi qu'il produit en elle. Ses lettres construisent une posture de refus, mur qui se fissure au fur et à mesure des attaques du libertin. À la lettre 57, elle ordonne : « Laissez-moi, ne me voyez plus ; ne m'écrivez plus, je vous en prie ; je l'exige. Cette Lettre est la dernière que vous recevrez de moi. », affirmation ironique quand on connaît la suite du roman, et la reddition de la présidente. Derrière cette apparence d'autorité, elle tente de cacher son chaos intérieur. Le libertin, lui, est passé maître dans cette duplicité ; la marquise de Merteuil a une « petite maison » (lettre 10) dans laquelle elle est libre d'incarner un autre personnage. Toute surface cache métaphoriquement une intériorité secrète : pour **Arendt**, la politique doit pouvoir s'appuyer sur la notion de secret légitime, grâce au secret d'État. La question de sa légitimité pose problème : quand la vérité doit-elle être cachée, si la « nature du domaine politique est d'être en guerre avec la vérité sous toutes ses formes » ? Il existe des cas où la façade représente fidèlement l'intérieur : le duc Alexandre, dans *Lorenzaccio*, est précisément l'image de ce qu'il renvoie. Il meurt d'ailleurs en cherchant à s'octroyer le corps d'une femme, c'est-à-dire dans son rôle et son identité de pervers prédateur.

2. L'image qu'on projette et sa valeur performative

Le personnage que l'on créé « à dessein » peut aussi être vu comme authentique, dans la mesure où il projette ce que nous aimerions être, dans une visée performative. **Alfred de Musset** brouille cet entre-deux réalité et mensonge grâce au personnage de Lorenzo. Se complait-il dans sa corruption, s'autorise-t-il lui-même à être dépravé ? Ou se voit-il encore comme un être pur ? Le costume qu'il choisit pour le bal de Nasi (I, 2) est à cet égard révélateur : il est en « nonne » (et le duc en « religieuse »). Est-ce une blague ironique ou un vœu pieu ? Lorsque les États-Unis interviennent au Vietnam, leur but n'est pas tant un changement de la situation sur place, que l'élaboration d'une certaine image. En intervenant comme une « superpuissance », le pays entend performer le fait d'être « la plus grande puissance du monde ». Agir comme devient être comme. Cela est plus délicat pour le vicomte de Valmont, qui projette différentes images : celle d'un roué impitoyable devant la marquise de Merteuil, et d'un séducteur repentant devant la présidente de Tourvel. Lequel de ses rôles a sa faveur ? Lequel cherche-t-il le plus à performer pour le faire exister ? **Laclos** garde l'ambiguïté du personnage, tandis que le réalisateur britannique Stephen Frears penche plutôt du côté de l'amour sincère, en montrant Valmont comme un personnage qui souhaite se défaire des costumes.

3. Nous existons pour les autres au travers de cette image

En définitive, ce qui importe le plus, n'est pas ce que nous sommes à l'intérieur ; nous existons surtout par le regard des autres. Ce que nos publics s'imaginent de nous, la manière dont ils nous perçoivent, est la manière que nous avons d'exister à leurs yeux. Sans leur regard, nous ne sommes pas. La philosophe **Hannah Arendt** analyse dans *Du mensonge à la violence* comment les documents du Pentagone montrent que le gouvernement états-unien a été contaminé par les pratiques des relations publiques – *PR* (*public relations*). L'opinion du peuple, la réputation, voilà ce qui compte. D'où la nécessité d'établir une « vérité exemplaire » (« Politique et vérité »), en s'appuyant sur des exemples historiques. L'identification à ce qui est connu permet de concentrer l'attention d'un public sur une image. Ainsi, Lorenzo se rêve en Brutus, justicier qui trahit. De même, Louise Strozzi devient une « Lucrèce » (III, 7), victime du vice prédateur des Médicis. L'exemple historique permet une identification à une image, car la réputation est tout. Le sage Philippe le reconnaît lui-même : « On croit Philippe Strozzi un honnête homme, parce qu'il fait le bien sans empêcher le mal » (II, 5). La marquise de Merteuil a compris très tôt que le puritanisme est la meilleure des postures pour les publics féminins. Dans la lettre 104, elle campe des positions plus vertueuses que celles de Madame de Volanges, afin de l'inciter à maintenir le mariage de sa fille Cécile avec le comte de Gercourt : « Que serait la vertu, sans les devoirs qu'elle impose ? Son culte est dans nos sacrifices, sa récompense dans nos cœurs. » Cette illusion d'une vertu hors pair tiendra jusqu'à ce que ses manipulations soient révélées au grand jour, montrant que l'extérieur peut occulter l'intérieur.

En un sens, George Santayana a raison : à nos yeux, et aux yeux de ceux qui nous regardent, le personnage créé est une projection effective de nous-même. Toutefois, il semble impossible d'écarter tout à fait les émotions et sentiments que nous ressentons. Notre vérité y est plus présente que sur notre masque.

II. (Mais) Il reste une vérité cachée qui nous révèle davantage

1. Le projet avoué cache toujours un projet secret

La personne que nous sommes cache toujours une intention non avouée derrière chacune de ses actions. Toute interaction a un projet, rarement avoué. L'intérieur reste l'entité qui décide de l'extérieur en cherchant à accomplir ses « rêveries involontaires ». La marquise de Merteuil confie dans la lettre 81 qu'elle s'est construite dans le but de connaître, de goûter, de dominer : « je suis mon ouvrage », dont le projet révélé pour la première fois au vicomte de Valmont est d'être « née pour venger mon sexe et maîtriser le vôtre ». La libertine a ainsi un noyau, qui diffère de la façade qu'elle construit, auquel elle reste fidèle. Même secret pour Lorenzo, dont le projet caché est de tuer le duc, tout en se créant un personnage de corrompu quasi-délirant. Dans l'importante scène 3 de l'acte III, où le Médicis et Philippe Strozzi ont un échange marqué par la sincérité, ce dernier affirme : « Je conçois que le rôle que tu joues t'ait donné de pareilles idées. Si je comprends bien, tu as pris, dans un but sublime, une route hideuse », antithèse marquant le décalage entre l'extérieur et l'intérieur du personnage éponyme. Ces manipulations de l'image se retrouvent dans la politique américaine, comme le note **Hannah Arendt** dans *Du mensonge à la violence*, où elle se livre à la satire des « spécialistes de la solution des problèmes ». D'après leurs calculs, le but non déclaré de l'intervention au Vietnam est à 70 % d'« éviter une défaite américaine humiliante (pour conserver la crédibilité de notre garantie) », mais seulement à 10% de garantir « le bien du peuple du Sud-Vietnam », montrant le cynisme des autorités politiques, seulement intéressées par leur réputation.

2. L'inconstance, l'illisibilité, sont le propre de l'humanité…

Cette relation de mensonge, d'hypocrisie, entre l'intérieur et l'extérieur, est constitutif pour **Arendt** du citoyen. Contrairement aux scientifiques, aux philosophes, qui s'appuient sur des vérités mathématiques ou métaphysiques, les vérités de faits sont toujours instables. L'histoire est faite par les récits subjectifs de témoins oculaires : l'humain, en soi, est un facteur d'inconstance. Nos opinions changent en permanence, car elles sont relatives. Si cette évolution constante peut être vue de manière positive, comme nous l'examinerons bientôt, le constat que l'homme est illisible et incohérent, donc imparfait, est présent dans les œuvres du programme. Pour la génération romantique, à laquelle appartient **Alfred de Musset**, le héros romantique est une image de l'humanité dans son tremblement. Déplorant la corruption, incarnant l'impossibilité de tenir ses principes, Lorenzo se montre cynique : « il se moque de tout » (I, 4), le duc le dit « glissant comme une anguille », « un rêveur qui marche nuit et jour ». Toujours en mouvement, il incarne les « rêveries involontaires », la difficulté à être cohérent, décidé. Les roués excellent dans la manipulation de ces incohérences, de ces changements d'humeur. Ils y voient une faiblesse de l'être humain, dont ils tirent parti à loisir. Ainsi la marquise de Merteuil joue-t-elle avec les émotions de la jeune Cécile, notamment quand elle lui demande de céder aux avances sexuelles du vicomte de Valmont en la sermonnant avec ironie, alors qu'elle a été victime d'un viol : « Voyez donc, la pauvre enfant, comme elle est à plaindre ! Elle avait les yeux battus le lendemain ! » La marquise influence une personne vulnérable, envahie par son chaos intérieur.

3. ... mais elles montrent aussi notre capacité à évoluer

Ne peut-on pas dire pour autant que ces inconsistances montrent notre humanité ? Celui qui tient des positions monolithiques est-il encore capable de remise en cause ? Si notre inconstance intérieure crée une vulnérabilité, elle est aussi l'occasion d'une mue perpétuelle. En montrant la promesse (sincère ?) d'une sortie de ses principes de roués, Valmont n'exerce-t-il pas sa capacité à se réinventer ? L'influence néfaste de Merteuil ainsi que sa mort en duel nous empêchent d'assister à son éventuelle transformation. Madame de Volanges, dans la lettre 99, envisage de changer de projet pour sa fille : dérogeant à sa profession de foi maternelle, supposée intransigeante, elle fait preuve d'empathie, de compréhension. **Laclos**, sensible à la question de l'éducation des jeunes filles, y voit certainement une option désirable, qu'il brise par les manipulations de la marquise. Le flottement de Lorenzo, entre innocence et corruption, en fait également un être humain, qui garde une propension à l'évolution, ce que montrent ses interactions avec Philippe ou les moments où il parle seul : « une résolution inébranlable de rester pur sous mes vêtements souillés » (IV, 5). **Arendt** voit enfin dans le doute une résistance à l'oppression. Se remettre en cause, c'est éviter le totalitarisme : « l'expérience d'un mouvement tremblant et d'un vacillement de tout ce sur quoi nous faisons fond pour notre sens de l'orientation et de la réalité compte du nombre des expériences les plus communes et les plus vives des hommes sous la domination totalitaire » (*Politique et vérité*).

Malgré l'égalité de notre façade, la personne intérieure est à la fois ce qui nous menace, mais aussi ce qui montre notre propension humaine au changement et à la résistance. Est-il possible enfin d'envisager une cohérence parfaite entre l'intérieur et l'extérieur ?

III. (En définitive) La difficile cohérence entre l'intérieur et l'extérieur

1. Faut-il se couper du monde pour être sincère ?

Si toute interaction sociale répond à la métaphore du théâtre : faut-il se couper d'un public pour laisser de côté la représentation ? La condition nécessaire à la sincérité serait-elle de se retrouver seul ? **Hannah Arendt** oppose les figures de l'être-seul, de « l'être-un » avec celle du citoyen, qui par définition vit en société. Le « dire-la-vérité » est le privilège du philosophe, du savant, de l'artiste, l'historien… Eux seuls se retirent de la société pour l'observer, la réfléchir. Artiste raté, héros isolé, Lorenzo se montre comme un exilé intérieur : « je suis rongé d'une tristesse auprès de laquelle la nuit la plus sombre est une lumière éblouissante » (III, 3). Le romantique cherche ainsi un refuge, un lieu de vérité loin des bassesses du monde. Les personnages des *Liaisons dangereuses* cherchent à plusieurs reprises le secours d'un ailleurs, que ce soit la campagne, où se réfugie la marquise de Merteuil après avoir été démasquée, ou le couvent, où la présidente de Tourvel se rend pour y mourir, après l'ultime trahison du vicomte. La lettre 161 est à cet égard intéressante : écrite hors du monde, sans destinataire, elle montre une absence totale d'auto-censure, une écriture automatique de la douleur, comme si dans cet endroit de vérité, le personnage pouvait laisser tomber le contrôle qui l'empêchait de révéler à l'extérieur ce qu'elle ressentait.

2. Comment trouver un rôle cohérent avec soi-même ?

Idéaliste, Lorenzo voit dans son projet d'attentat contre le duc Alexandre une manière de se libérer du poids du mensonge. Ce meurtre lui permettra de révéler sa nature profonde, au-delà de la façade renvoyée jusque-là : « il faut que le monde sache un peu qui je suis » (III, 3). Il rêve ainsi de l'acte qui officialisera l'adéquation entre son personnage et sa personne. De même, on pourrait considérer que Valmont croit se réhabiliter en étant aimé de la présidente de Tourvel, en cédant à l'amour, comme s'il se réalisait, que ses désirs profonds – l'amour sincère qu'il ne recevait pas du fait de ses roueries – prenaient le pas sur son personnage public (à la réputation duquel la marquise ne manquera pas de le rappeler). Lorsqu'il dit en lettre 83 être « pénétré de vénération comme d'amour », est-il sincère ? Il pense paradoxalement que c'est sa distance prolongée par rapport aux vertus qui le fera revenir plus vite vers elles : « Plus fait qu'un autre, peut-être, pour les aimer et les suivre, entraîné par quelques erreurs qui m'avaient éloigné d'elles ». Si **Hannah Arendt** voit la politique à l'aune du mensonge comme dynamique de changement du réel, elle reconnaît à la fin de « Politique et vérité », qu'il existe des formes d'engagement politique qui permettent la cohérence avec soi-même. Elle rappelle ainsi que la politique permet au citoyen (et non au politicien) de se créer une identité personnelle et de « commencer quelque chose d'entièrement nouveau ». S'engager peut être l'occasion de se réaliser en adéquation avec ses idées.

3. L'humanité rejette-t-elle la vérité ?

La difficile conquête d'une posture qui permette de conjuguer son personnage à la complexité de la personne intérieure se heurte peut-être à l'idée que l'humanité a tendance à préférer le mensonge à la vérité. Dans « Politique et vérité », **Arendt** mentionne Spinoza et Kant, pour qui la survie de l'humanité justifie le mensonge. Elle développe ensuite l'idée que le peuple préfère souvent une illusion à une vérité, et qu'il peut être mortel aux habitants de la caverne de Platon d'en être tirés trop vite : ils ne croiraient pas à la vérité. Citant le *Léviathan* de Hobbes, Arendt reprend son idée qu'une « vérité qui ne s'oppose à aucun intérêt ni plaisir humain reçoit bon accueil de tous les hommes », ce qui limite clairement les vérités qu'on désirerait connaître… Dans la pièce *Lorenzaccio*, la figuration du peuple montre à la fois une lucidité sur la corruption des dirigeants, mais aussi une volonté d'aveuglement. Lorsque Maffio demande au duc d'être son justicier, à la scène 1 de l'acte I, il se n'est pas encore rendu compte à quel point Alexandre était véreux. De même, personne ne veut croire Lorenzo lorsqu'il annonce qu'il va tuer le duc : « Tu es fou, drôle, va-t'en au diable », lui jette Pazzi. Le duc lui-même ne veut croire les rumeurs : « cela ne se peut pas », le menant ainsi à sa perte. La chute de la présidente de Tourvel vient initialement de ce qu'elle n'a pas voulu croire son amie Madame de Volanges au sujet du vicomte de Valmont. *Les Liaisons dangereuses* pourrait être vu comme un roman moral sur la faiblesse des hommes, ou leur volonté de s'illusionner. Alors que Madame de Volanges indique en lettre 9 que Valmont est « encore plus faux et dangereux qu'il n'est aimable et séduisant », la lettre 11 confirme d'emblée que la présidente se perdra par son décalage avec la vérité : « il me semble que celui qui est capable d'une amitié aussi suivie pour une femme aussi estimable n'est pas un libertin sans retour. »

Conclusion

Partant de l'affirmation de George Santayana selon laquelle la personne que nous présentons au monde n'est pas hypocrite, mais une représentation plus fidèle de nous-même, nous avons interrogé les relations entre l'extérieur et l'intérieur d'une personne. Les trois œuvres du programme nous ont permis de voir que notre façade était peut-être une version idéale de nous-même, celle par laquelle nous existons au monde. Toutefois, il est apparu que ce masque cachait nos projets et nos vérités, puisque l'humain se définit, pour le meilleur ou pour le pire, comme un être en perpétuel mouvement, alors que le masque fige en une expression unique. Nous avons enfin envisagé la possibilité d'une cohérence entre l'extérieur et l'intérieur, accessible par l'engagement politique ou la mise à l'écart des contingences sociales, avant de reconnaître que la volonté humaine de s'illusionner rendait difficile l'abandon total du personnage, et du mensonge. Ces considérations ne sont pas sans rappeler l'esthétique baroque, qui voit dans l'illusion une forme plus élevée de la vérité que le réel. « Le monde entier est un théâtre », affirme le personnage Jacques dans *Comme il vous plaira*, consacrant la théâtralité du réel.

« Il y a apparence en effet que la vie n'est faite que pour l'apparence, j'entends pour l'erreur, l'imposture, la dissimulation, l'aveuglement et l'auto-aveuglement. »

Nietzsche, *Le Gai savoir*, 344, Trad. Pierre Klossowski, Paris, Gallimard, 1982, « Folio essais », p. 240

➥ *Vous évaluerez la pertinence de cette affirmation à la lumière du thème et des œuvres au programme.*

BRAHIM BOUMESHOULI

Analyse du sujet

- Thèse de Nietzsche : La vie en elle-même est loin de séduire le sujet, qui cherche à l'approfondir dans l'apparence. Dès lors, il est acculé à vivre dans l'illusion.
- Il est nécessaire de saisir le caractère polyphonique du propos. Les hommes croient que la vie doit être approfondie dans des croyances transcendantes. Nietzsche qui rapporte la pensée des autres (Il y a), si évidente pour eux (en effet), la modifie, non sans ironie, et note que l'approfondissement n'est qu'une apparence. Autrement dit, un rideau de fumée qui cache sournoisement la vie réelle, la seule d'ailleurs.
- Vivre est aussitôt dissout au profit de la croyance de pouvoir vivre, conformément aux principes de l'excellence et sous le regard des forces transcendantes, des idéologies, etc. Là aussi, Nietzsche restitue à ces affabulations leurs vrais noms : l'erreur, l'imposture, la dissimulation, l'aveuglement et l'auto-aveuglement.
- Le propos ne manque pas d'interpeller le lecteur. Puisque cette croyance est tellement ancrée dans l'esprit des hommes (notez la négation exceptive « n'est faite que pour » (du moins dans le texte traduit), se pose alors la question : comment peut-on y échapper ?

Enjeux du sujet

1. L'intérêt est de saisir les origines profondes de la croyance en une autre vie, capable de donner accès au sens prétendument mystérieux de l'existence, et d'analyser également les processus de mystification.
2. Considérer une autre dimension du thème, souvent occultée ; faire croire n'est pas seulement une interaction entre les sujets (charmeur-charmé), mais il peut parfaitement être l'effet d'un contact avec les faits tout court. L'insuffisance originelle du monde fait croire à d'autres modes de vie, nécessairement fictifs et trompeurs.
3. Il y donc le faire croire réciproque et le faire croire réfléchi : se faire croire.

PROBLÉMATIQUE

- La croyance en la nécessité d'approfondir la vie dans l'apparence, c'est-à-dire l'affabulation, n'est-elle pas la condition essentielle pour renouer avec la vie sans fard et pour la réhabiliter ?

PLAN

I. L'insoutenable légèreté de la vie en elle-même

1. Une vie ennuyeuse
2. Une vie triviale
3. La finitude

II. D'où la transfiguration de la vie dans l'apparence

1. La foi
2. L'idéologie
3. Le théâtre

III. Démystifier pour rétablir la vérité de la vie

1. Penser la mystification
2. Le langage
3. Le mensonge

Introduction

L'homme perçoit la vie comme lieu de transcendance, exigeant tant d'efforts, surtout intellectuel, pour dépasser son aspect prosaïque et trivial. Cette perception, universellement partagée, intrigue Nietzsche qui note dans *Le Gai savoir* : « Il y a apparence en effet que la vie n'est faite que pour l'apparence, j'entends pour l'erreur, l'imposture, la dissimulation, l'aveuglement et l'auto-aveuglement. » Si cet effort est considéré généralement par les hommes comme approfondissement, à travers nombres d'éléments transcendants, il est, en revanche, perçu par Nietzsche comme apparence, c'est-à-dire des créations imaginaires qui, en se superposant à la vie en elle-même, mystifient les gens. Au lieu de vivre dans la transparence propre à la vie en elle-même, le sujet se trouve dans un univers où règnent l'erreur et l'illusion. Mais, cette situation est inévitable, puisque, être de la pensée, donc toujours insatisfait de ce qui est, l'homme est contraint de viser un ailleurs, qui puisse donner sens à son existence. Or, les limites immanquables de cet ailleurs fictif, l'acculent, en fin de compte, à réhabiliter la vie, longtemps décriée. La croyance en la nécessité d'approfondir la vie dans l'apparence, c'est-à-dire l'affabulation, n'est-elle pas la condition essentielle pour renouer avec la vie sans fard et pour la réhabiliter ? Notre lecture personnelle du corpus au programme, en l'occurrence, *Les Liaisons dangereuses* de **Pierre-Ambroise-François Choderlos de Laclos**, *Lorenzaccio*, d'**Alfred de Musset**, *Du mensonge en politique*, dans *Du mensonge à la violence* et *Vérité et politique*, dans *La crise de la culture*, de **Hannah Arendt**, nous permettra d'abord de considérer les raisons qui font croire en l'insuffisance de la vie en elle-même ; ce qui nous mènera à voir comment s'opère sa transfiguration dans l'apparence ; avant d'analyser, enfin, le processus de la démystification.

I. L'insoutenable légèreté de la vie en elle-même

La vie en soi, sans les ajouts de l'imagination, ou encore le désir de la prolonger dans l'affabulation de tous genres, est insoutenable pour l'être humain, pour qui la vie est promesse d'éternité, non existence passagère. Aussi, cet approfondissement s'impose-t-il au sujet, lorsqu'il s'aperçoit, non sans amertume, que la vie, tout court, ne lui accorde qu'une existence ennuyeuse, sans aucune chance de la transcender immédiatement, avec au menu la finitude inévitable.

1. Une vie ennuyeuse

La vie, dans sa version la plus naturelle, c'est-à-dire vécue sans immédiateté, est décevante pour l'homme désireux de la vivre autrement, soit par le biais de l'aventure, ou la réflexion qui annule la vie telle quelle, pour la remplacer par une autre. C'est en tout cas ce que ressent la Marquise de Merteuil, dans la lettre CXIII des *Liaisons dangereuses* de **Laclos**, lorsqu'elle exprime le désir de : « courir une nouvelle aventure » car elle « [s]'ennuie à périr. » Sans cette « distraction » et sans l'aventure, chère aux charmeurs, vivre simplement, c'est mourir. La vie est conçue dès lors comme lieu de bataille et de conquête, et cette croyance est hissée, par le vicomte de Valmont (L. IV), au rang de Credo : « Conquérir est notre destin ; il faut le suivre. » C'est justement cette croyance qui parcourt, de bout en bout, la pièce de **Musset**. Pour le héros romantique, la vie est une scène, où il est constamment appelé, pour jouer le rôle qui lui est dévolu par l'histoire. C'est ainsi que Lorenzo s'arroge un destin, sur un ordre différent de celui du marquis : « j'ai commencé à vivre avec cette idée : il faut que je sois un Brutus. » (Acte III, 3). La vie devient une vocation, qui supprime, apparemment, tout élan vital individuel, pour lui substituer le désir de sauver l'humanité tout entière : « Je travaillais pour l'humanité. » (Ibid.) Ce désir de la refonte du réel simple, en le réinterprétant ou l'approfondissant dans un monde apocryphe, n'est pas étrange au grands États, en l'occurrence l'Amérique, comme le suggère **Hannah Arendt**, dans *Du mensonge en politique* (II), en renvoyant à l'essai écrit par Richard J. Barnet : « Le modèle que la bureaucratie avait conçu faisait totalement abstraction des réalités ; les faits [...] étaient délibérément laissés de côté. » Or, la réalité n'a rien d'autre à offrir que l'ennui de la paix, alors que les responsables politiques cherchaient obstinément l'aventure belliqueuse. La philosophe explique cela par le fait de vouloir surpasser la réalité, et lui substituer une autre plus exaltante. Et l'homme, politicien, libertin ou révolté, dispose de « l'imagination » qui lui permet le « déplacement ou la destruction de ce qui préexistait et la modification de l'état de choses existant. » (*Ibid.* I)

2. Une vie triviale

La vie, sans cet apparat qui fait croire en un monde exaltant, est en vérité prosaïque et insipide, pour l'homme, qui croit pouvoir forger la vie, non la vivre. Accepter la vie comme elle s'offre, c'est accepter l'idée de sa « contingence ». Or, selon **Arendt**, rien n'est plus répugnant aux « hommes d'action » que ce constat amer et pourtant réel. Car l'idée de la contingence, « déconcertante », leur interdit logiquement d'exclure toutes les possibilités que la vie offre, et d'imposer seulement « la réalité envisagée par eux. » Toute transcendance, excluant la contingence de la vie, ne peut être qu'une utopie, c'est-à-dire affabulation, et le responsable a un non : Hegel, qui dit : « l'unique intention de la contemplation philosophique est l'élimination de l'accidentel. » (*Ibid.* I) Et ce n'est pas Kant qui ferait croire le contraire, lui qui est sûr qu'« aucune vérité d'importance puisse être jamais découverte dans la "désolante contingence" ». (*Vérité et politique* (III), in *La Crise de la culture.*) Bref, cette transcendance impossible, dans la vie hasardeuse, rend cette dernière inapte à remplir les cases d'une philosophie qui aspire à être le chantre de l'histoire humaine, en tant que « nécessité dialectique ». Même Socrate ne sait pas à quel saint se vouer pour convaincre ses contradicteurs et ses propres disciples de la validité d'un propos transcendant, car « de telles « vérités » n'ont pas lieu entre les hommes mais au-dessus d'eux. » (*Ibid.* III) D'où le refus de traiter philosophiquement « la ténacité irritable et irraisonnable de la pure factualité. » (*Ibid.* III). Et voilà que le monde réel, pure factualité, se perçoit dans *Lorenzaccio*, comme incompatible avec toute vision imaginaire. La vie ordinaire y est dissoute, empêchant de saisir la réalité. L'œil de Lorenzo, qui croit pouvoir remplacer le réel par le monde fictif, qui est le sien, voit, en lieu et place d'une enfant naturellement innocente, une future femme perverse et libertine (rouée), forgée par ses soins : « Voir dans un enfant de quinze ans la rouée à venir. » (Acte I, 1) L'entremetteur du duc, qui croit servir, par la posture du débauché, l'intérêt des Florentins, justifie cette démarche par la nécessité de se placer au-dessus de « la médiocrité bourgeoise » ! (*Ibid.*) La marquise de Merteuil rejette d'un revers de main, exigeant « l'esprit d'un auteur » (L. LXXXI), la réalité des choses et des sentiments, pour les remplacer par une conception se situant au-delà. Elle interdit à Prévan, par exemple, d'exprimer un sentiment sincère ou une gaieté, car « trop légère pour un début. » (L. LXXXIV) Pour elle, l'amour n'existe pas « pour le ressentir à la vérité, mais pour l'inspirer et le feindre. » (L. LXXXI)

3. La finitude

La vérité, peut-être la seule, parmi tout le tumulte mondain et le brouhaha des « mots, mots, et rien de plus » (*Lorenzaccio*, III, 6), est que l'homme est mortel. Son action doit normalement s'inscrire dans cette réalité tangible. Mais, l'orgueil et le refus de cette vérité, véritablement tragique, font croire au sujet la possibilité d'agir au-delà des limites purement humaines. Ce n'est donc pas un hasard si la marquise de Merteuil décide d'outrepasser toute limite, pour « acquérir le renom d'invincible », juste après la mort de son mari : « Il mourut [...] je n'en sentis pas moins vivement le prix de la liberté qu'allait me donner mon veuvage, et me promis bien d'en profiter. » (L. LXXXI) La peur de mourir, comme le mari, dans de « si douces occupations », c'est-à-dire les « plaisirs rustiques », « foule d'ennuyeux », l'incite à feindre l'amour pour attirer une foule de soupirants, ce qui lui permet d'occuper toute la scène, avec pour corolaire le déploiement dans le temps : « Nouvelle Dalila » (*ibid.*). Elle croit pouvoir incarner la multiplicité du corps féminin, au passé, radicalisant ainsi le désir d'ubiquité. C'est ainsi qu'elle imagine Belleroche en Sultan « dont [elle] étai[t] tour à tour les Favorites différentes. » (L. X) Elle croit qu'elle est au-delà du réel et donc la seule qui puisse inspirer ou interdire la passion amoureuse. Aussi, avec un cynisme effroyable, propre aux gens sans âme, intime-t-elle l'ordre au vicomte de Valmont de revoir à la baisse les qualités de Mme de Tourvel ; « J'exigerais donc, voyez la cruauté ! que cette rare, cette étonnante Mme de Tourvel ne fût plus pour vous qu'une femme ordinaire. » (L. CXXXIV) Ce désir de braver la mort et de passer outre la finitude se remarque ouvertement chez Lorenzo, dans la plupart de ses discours, autant dire délires, à tel point qu'on pense qu'il le respire : « Il faut que le monde sache un peu qui je suis, et qui il est. » (III, 3) Le spectateur ne peut pas ignorer le fond biblique de cet énoncé jussif, puisque la définition de l'Éternel est « Je suis celui qui je suis. » (*La Bible, Exode*). Braver la finitude c'est se démarquer des autres, le reste, « le bavardage humain », et être par-dessus tout, sans nom, c'est-à-dire sans ancrage dans le réel, l'état civil : « Qu'ils m'appellent comme ils voudront. » (*Ibid.*) Pour **Arendt**, l'illusion d'être au-dessus des autres, avec au menu le pouvoir d'agir sans égard aux « limites » et sans se soucier de « ramene[r] sur terre les forces de l'imagination », est dictée essentiellement par la croyance de pouvoir « manipuler » le public, et donc la croyance qu'il « n'y a aucune limite à ses inventions. » (*Du mensonge à la violence*, I) Ici, comme ailleurs, on retrouve la même tendance dans cette «politique impérialiste», ce « mythe périlleux d'omnipotence », à savoir le déploiement dans tout l'espace observable « [...] ni guidée ni limitée par les intérêts nationaux et les frontières territoriales » (*ibid.*) ; et dans toute l'histoire : « Ces hommes se flattaient d'avoir compris les leçons du passé [...] » (*Ibid.* IV) Du coup, tels les dieux de l'Olympe, ils se hissent au-delà de la réalité et décident du sort du monde entiers, car ils sont dépositaires de l'éternel déroulement des choses : « Ils étaient incapables d'apprécier la réalité en elle-même, car ils avaient toujours présent à l'esprit quelque parallèle qui les «les aidait» à l'interpréter.» (*Ibid.*) Curieusement, cela n'est pas tellement loin de la croyance d'un philosophe comme

Platon : « Aux opinions toujours changeantes du citoyens sur les affaires humaines [...] flux constant [...] le philosophe opposa la vérité sur les choses qui sont dans leur nature même éternelles. » (*Vérité et politique*, II)

II. D'où la transfiguration de la vie dans l'apparence

Il est donc clair que la vie en elle-même n'octroie que l'ennui, l'immanence plate, et la mort inévitable. Mais, l'homme ne peut pas s'empêcher d'aspirer à une vie, qui ne soit pas réglée et orchestrée par ce prosaïsme, déjà *approfondi* dans des illusions qui l'annulent, comme nous l'avons constaté ci-dessus. Au demeurant, cette répulsion envers la vie ordinaire se fonde sur des systèmes, qui font croire qu'ils donnent un certain sens, souvent caché et mystérieux, à la vie.

1. La foi

La nécessité d'articuler la vie, dans les grands tournants, tout comme dans les actions les plus anodines, sur un principe transcendant, dépositaire des destins, est une croyance universellement partagée. Le sujet devrait s'interdire toute action qui ne soit tournée vers cet au-delà, ce qui le rend objet facile des manipulateurs, qui lui font croire qu'ils sont garants de ce fonds divin. Dans **Musset**, les gens sont soumis à l'institution de la foi, comme le montre bien la didascalie de la scène 5 de l'acte premier : « La foule sort de l'église. » Les personnages sont séduits par la parole, qui les transporte dans le monde du sens, celui de l'excellence : « Comme il a bien prêché ! » (*Ibid.*) C'est au nom de cet idéal que l'on veut imposer une certaine conduite à tout un chacun, y compris le duc : « La religion [...] plane doucement sur tous les rêves et sur tous les amours. » s'exclame Valori, l'envoyé du pape. Vivre, dans cette perspective, c'est exercer un dressage, autant dire violence, sur l'esprit et le corps. L'on fait croire au sujet qu'il est impératif de se conformer au modèle défini par la foi, celui incarné par Valori l'« honnête homme », comme le qualifie Tebaldeo Freccia (II, 2). Exister autrement, c'est fouler aux pieds la foi, que l'on présente comme unique fondement de la vie : « Lorenzo est un athée » s'indigne Sire Maurice devant le duc. Et l'anathème vient également du peuple : « Le peuple appelle Lorenzo, Lorenzaccio. » Paradoxalement, la foi censée sustenter le sujet, devient le moyen qui le transforme en proie facile, car prévisible. En voulant se confesser chez le cardinal Cibo, la marquise ne sait pas d'abord que ce dernier veut lui arracher le secret de sa relation avec le duc, pour servir ses plans machiavéliques (II, 3). Pour **Arendt**, la foi, comme base pour l'agir politique et social, a longtemps régi l'espace public. Telle « communauté » croit en la nécessité de « suivre » avec un « sérieux total les préceptes éthiques dérivés de l'homme au singulier – qu'il soit socratiques platoniciens ou chrétiens. » Les conséquences d'une telle croyance sont « désastreuses ». Il fallait attendre Machiavel pour « protéger le domaine public contre le principe pur de la foi chrétienne. » *Vérité et politique* III. C'est à cette foi, prêchant l'excellence morale, et prétendant endiguer tous les dangers qui menacent les hommes et les femmes, par tant d'endroits, que certains personnages sont soumis dans *Les Liaisons dangereuses*. Le vicomte de Valmont, fin analyste des mœurs, sait combien l'éducation basée sur la religion fragilise la fille et la métamorphose en proie sans défense, alors qu'on veut faire croire à l'efficacité, donc la nécessité, d'une telle éducation. Aussi, se délecte-t-il de la victoire annoncée, non seulement sur « la prude et dévote » Mme de Tourvel, mais sur Dieu lui-même ; « J'aurai cette femme ; je l'enlèverai au mari qui la profane : j'oserai la ravir au Dieu même qu'elle adore. » (L VI) La foi est déployée pour faire croire à Cécile, à la présidente et aux jeunes filles que les dangers des liaisons les guettent partout. En vain, puisqu'elle engendre l'effet contraire. C'est justement le confesseur de Mme de Merteuil, encore fille, qui éveille chez elle le désir de vider la coupe du plaisir jusqu'à la lie : « Mais le bon père me fit le mal si grand, que j'en conclue que le plaisir devait être extrême ; et au désir de le connaître succéda celui de le goûter. » (L. LXXXI)

2. L'idéologie

Un autre moyen, et non des moindres, pour détourner la vie ordinaire et l'approfondir dans l'apparence, est l'idéologie. Cette dernière aveugle en permanence le sujet, qui ne peut voir la réalité qu'à travers un rideau de nuées, tissés entièrement à partir d'idées et idéaux préconçus. **Hannah Arendt** explique la politique aveugle de Washington, depuis la fin de la seconde guerre mondiale, par « l'idéologie globalisante ». Cette dernière se fonde sur la croyance de pouvoir « expliquer l'histoire et en prévoir valablement l'évolution future », *Du mensonge en politique*, IV. L'idéologie annule le réel, et dans son auto-aveuglement le sujet adopte la posture de dénégation, puisque « toutes les données qui ne concordaient pas avec elle étaient rejetées ou délibérément ignorées. » (*Ibid.*) L'aveuglement est tel que le vice-président américain Johnson ne se dessaisit pas de cette idéologie, alors qu'il a eu un contact direct avec son absurdité au Vietnam : « [...] on aurait pu penser que ce jeu de parallélisme allait s'écrouler sous l'absurdité ; il n'en fut rien. » (*Ibid.*) Ce n'est pas le déroulement de la vie réelle qui est de mise, mais la mise en œuvre, fût-elle insensée, de l'idée préfabriquée par des hommes affamés de l'histoire. Dès lors, une composante de l'idéologie, en l'occurrence «la théorie des dominos », incite les décideurs à « « ne pas prêter attention à l'ennemi », et cela en pleine guerre ! » (*Ibid.*) L'idéologie n'induit pas en erreur sur les moyens seulement, mais également sur les objectifs : « la politique et les buts poursuivis se situaient eux-mêmes en-dehors des réalités. » (*Ibid.*) Dans les « pays qui sont dirigés tyranniquement par un pouvoir idéologique » (*Vérité et politique*, II), on va même jusqu'à interdire de parler des faits réels, vécus et observables : « Il était dangereux de parler des camps de concentration et d'extermination, dont l'existence n'était pas un secret » (*ibid.*). Et si cela est empêché dans les démocraties, par la presse, comme *Le New York Times* (*Du mensonge en politique*, V) ou par des principes, comme celui de Montesquieu, « freins et contrepoids [...] le pouvoir arrête le pouvoir » (*Vérité et politique*, III), force est de noter que la différence est de degré non de nature : « dans la mesure où des vérités de fait malvenues sont tolérées dans les pays libres, elles sont souvent consciemment ou inconsciemment transformées en opinion», (*Vérité et politique*, II). Cette vie déchirée par l'idéologie est magistralement mise en scène par **Musset**. Le dramaturge met en scène et renvoie, dos à dos, toutes les idéologies, qui croient, et qui veulent faire croire, au caractère salutaire de telle ou telle vision préconçue, surtout l'idéologie du héros capable d'agir seul sur la scène de l'histoire. L'échec est cuisant : « Je suis plus creux et plus vide qu'une statue de fer-blanc. » (Acte V, 7) La seconde nature du personnage est le résultat de sa croyance aux effets miraculeux d'une quelconque idéologie, comme la pensée libertine. Le libertin approche le monde conformément à un schéma préétabli et qui l'aveugle entièrement, l'acculant à vivre dans l'illusion. Le résultat est une violence inouïe contre soi-même, qui n'a rien à envier aux ascétiques les plus déterminés : écoute attentive ; étude de la physionomie ; dissimuler et simuler, etc. (cf. L. LXXXI)

3. Le théâtre

La vie, ainsi approfondie dans la foi et l'idéologie, se transforme en théâtre. Il est effectivement le lieu le plus approprié pour l'apparence. C'est la scène adéquate pour l'homme qui s'est dévidé lui-même de son être, en lui substituant le paraître. Au théâtre, on ne vit pas, mais en endosse un rôle. Florence semble devenir un spectacle, où l'humanité, ennuyée par la clarté propre au factuel, s'essaie au jeu de l'obscur, qui fait croire en l'existence d'un sens caché du monde vécu. C'est ce décor, au-delà ou en-deçà de la réalité, qui fait croire au sujet qu'il peut supprimer la transparence et se réfugier dans les masques successifs, aptes à approfondir son existence. Le cardinal Cibo et Lorenzo illustrent pleinement cette croyance. Alors que l'un ne se manifeste jamais à visage découvert, l'autre joue plusieurs rôles : le débauché, le cynique, le poltron, etc. Cette panoplie de masque est justifiée par Lorenzo qui reproche à Philippe Strozzi le caractère superficiel de sa vie : « J'en ai parcouru toutes les profondeurs [...] tandis que vous admiriez la surface. » (Acte III, scène 3). Lorenzo donne l'impression de n'être qu'un personnage qui synthétise les héros du théâtre classique, et qui semble vivre dans le fonds commun de ce dernier : « Je suis très fort sur l'histoire romain. » (Acte II, 4) Il est lui-même convaincu de n'être qu'un rôle : « Quand j'ai commencé à jouer mon rôle de Brutus... » (Acte III, 3) Curieusement, le personnage, en se croyant capable de bien vivre, à travers l'apparence, se dépouille de toute consistance, et devient, en fin de compte, l'ombre d'autres, eux-mêmes fictifs. La parole n'est pas idiolecte (usage personnelle d'une langue), mais psittacisme (perroquet). C'est ainsi qu'il reprend la fameuse exclamation de *Hamlet* de Shakespeare : « Ah ! Les mots, les mots, les éternelle paroles. » (*Lorenzaccio*, (Acte IV, 9)) Et le théâtre est si vaste et universel qu'il accueille tous les hommes : « Tout le monde en faisait autant que moi [...] l'Humanité souleva sa robe » (Acte III, 3) Et ce n'est pas la marquise de Merteuil qui peut s'en exonérer. À « l'esprit de l'auteur » s'ajoute, chez elle, « le talent du comédien » (L. LXXXI) pour pouvoir se « déployer sur le grand Théâtre » (*ibid.*) Et ce dernier peut se définir facilement comme la société mondaine, dont les membres, tout au long du roman, s'observent, se classent et déclassent. Mme de Tourvel demande à Valmont de cesser immédiatement ses avances, non par conviction intimes, mais pour qu'elle échappe au blâme du « public toujours prompt à mal penser d'autrui. » (L. XLI) Et au théâtre comme au théâtre ! Il y a le metteur en scène, le comédien de talent et les pauvres acteurs, comme en témoigne la lettre LXIII que la marquise adresse au vicomte de

Valmont : « C'est de vos soins que va dépendre le dénouement de cette intrigue. Jugez du moment où il faudra réunir les acteurs. » Sauvegarder sa réputation devant le public ne préoccupe pas la présidente de Tourvel seulement, mais également la présidence du bureau ovale à Washington. Ce qui inquiète cette dernière n'est pas la défaite militaire face à l'ennemi, mais ses conséquences « sur la *réputation* des États-Unis et de leur président. » (*Du mensonge en politique*, II) Arendt note avec étonnement que « l'objectif primordial » de la politique américaine « n'était en fin de compte ni la puissance, ni le profit », mais « la formation même de cette image [...] avec [d]es termes de « scénarios » et de « publics », empruntés au vocabulaire du théâtre. » (*Ibid.*) Si la chose est tolérable chez un Lorenzo, imbu de lui-même « dans les ruines du Colisée antique », ou encore chez Mme de Tourvel, dont l'intelligence est affaiblie par la dévotion, elle ne peut être qu'une « folie », au niveau de l'État : « Voilà bien quelque chose de nouveau dans cet immense amas de folies humaines enregistrés par l'histoire. » (*Ibid.*) La folie réside dans le fait qu'« aucun pouvoir existant n'est nulle part tout à fait assez grand pour rendre son « image » définitivement mystifiante. » (*Vérité et politique*, IV) C'est justement la démystification des tentatives de mystifier- faire croire par tous les moyens- qu'il convient à présent d'aborder.

III. Démystifier pour rétablir la vérité de la vie

La transfiguration du monde en lieu au priment les fausses lumières et les décors fracassants, et où le moi s'efforce de croire ou faire croire, au risque de déformer l'autre ou se déformer soi-même, fonde les obstacles qui empêchent d'accéder à la réalité. Un travail d'iconoclaste doit être opéré, pour entraîner le crépuscule des idoles et les démolir, en démontant ls mécanismes de séduction. Dès lors, le sujet libéré de cette toile hybride, qui l'induit d'erreur en erreur, en lui inculquant des croyances aussi insensées que maniaques, peut renouer avec la vie dans son immédiateté et sa transparence originelle.

1. Penser la mystification

Rien n'est évident pour l'esprit qui nie, et qui ne se fatigue jamais de gratter le vernis. Le démantèlement des ressorts de la machine des croyances, qui subtilise la vérité, et la remplace par l'apocryphe, est d'abord un projet. Autant dire une posture héroïque, qui risque d'affronter l'opinion, toujours prête à défendre violemment l'obscur et l'insensé. **Hannah Arendt** indique dans la note en bas de la première page de *Vérité et politique* les dangers encourus par elle, lors de la recherche de la vérité : « L'étonnante quantité de mensonges utilisée dans la "polémique". » Elle s'inscrit consciemment dans la lignée des « chercheurs et diseurs de vérités », qui sont « couverts de ridicule », dans leur tour d'ivoire, et qui « risque[nt] [leur] vie », quand ils pensent aux « concitoyens », et veulent les « délivrer de la fausseté et de l'illusion. » (*Ibid.* I) C'est pour dévoiler les mécanismes du monde de l'apparence, et pour aider le lecteur à pouvoir démêler le vrai du faux, la vérité de l'opinion, qu'elle écrit cette véritable propédeutique. Aussi, son marteau nietzschéen, à souhait, s'abat-il en premier lieu sur une croyance qui a vraiment la vie dure : « Est-il de l'essence même de la vérité d'être impuissante et de l'essence même du pouvoir d'être trompeur ?» (*Ibid.*) L'effort intellectuel de **Hannah Arendt**, dans les deux essais, est très subtil et se déploie sur plusieurs niveaux pour redorer le blason de la vérité. Les philosophes, les hommes d'État, les démagogues, les pays libres, les dictatures, les responsables des relations publiques, les responsables des décisions, figurent tous dans la scène conclave, la vraie, pour les confondre et les mettre en face de leurs balivernes et affabulations. La clôture de *Vérité et politique* restitue à la vérité sa définition si évidente et qui crève l'œil : « Nous pouvons appeler la vérité ce qu'on ne peut pas changer. » Toutes les tentatives de faire croire à autre chose s'écroulent lamentablement. L'auteur des *Liaisons dangereuses* ne vise pas autre chose, lui qui note dans la préface du roman : « Il me semble au moins que c'est rendre service aux mœurs, que de dévoiler les moyens qu'emploient ceux qui en ont de mauvaises pour corrompre ceux qui ont de bonnes. » Là aussi le marteau n'épargne aucun acteur. Les roués, les dévots, les naïfs, bref tout le tumulte mondain est soumis à un regard scrutateur, menant à quelques vérités déployées dans le recueil épistolaire : « On y trouvera aussi la preuve et l'exemple de deux vérités importantes qu'on pourrait croire méconnues, en voyant combien peu elles sont pratiquées… » Comme tout diseur de vérité, il sait que l'humanité déformée par les fausses croyances ne manquera pas de se liguer contre lui : « Les hommes et les femmes dépravés… les prétendus esprits forts… les dévots… les personnes d'un goût délicat… le commun des lecteurs. » Pour **Musset**, le spectacle dans un fauteuil est une aubaine, pour le lecteur attentif, pour percevoir, à travers les intrigues entrelacées, la grande quantité de masques et de mensonges qui s'emploient à berner les gens, non seulement dans le théâtre, mais dans la vie. Trois grandes figures mensongères sont sanctionnées, dans cet effort de démystification. La posture d'indifférence, soit par débauche (Le duc), soit par hamlétisme (Strozzi) ; celle de la compromission (Cibo, Bindo, Venturi) ; celle du terrorisme (Lorenzo). (Cf. la présentation de Florence Naugrette, GF, 2008). **Musset**, mine de rien, ironise et démasque la croyance de Chateaubriand en la fusion de l'art et de la religion (Acte II, 2. Cf. la note de l'édition précitée.) Effectivement une foi pompeuse ne peut que séduire davantage le pauvre peuple : « Ces pompes magnifiques de l'Église romaine ! Quel homme pourrait y être insensible ?» (*Ibid.*)

2. Le langage

L'un des piliers de la mystification, qui est visé par la pensée critique, est le langage. Chez la philosophe vigilante ou l'artiste sensible et délicat, c'est un devoir que de dévoiler l'art de séduire par l'éloquence. En temps de guerre, le langage biaisé constitue « l'infrastructure de toute la politique », à tel point que les lecteurs des documents officiels « risquent fort de s'enliser. » Le langage ici est destiné à tromper non communiquer. Le célèbre medium devient moyen pour des « déclarations mensongères de toute espèce, de la tromperie consciente ou de l'autosuggestion. » Les « spécialistes de la solution des problèmes » décrivent la réalité, non dans sa transparence, mais « dans le froid langage des chiffres et des pourcentages » ce qui les empêche de voir à l'œil nu la « misère » que cela cause aux autres. (*Du mensonge en politique*, II) Le langage peut être le support de la chose et son contraire. Il est donc apte à promouvoir deux opinions différentes sans pouvoir trancher clairement. Il est donc l'outil le plus utilisé pour tromper et faire croire ce qu'on veut, non ce qu'on doit : « Il faut qu'il y ait en vous quelque chose de vraiment divin pour que vous puissiez plaider si éloquemment la cause de l'injustice sans être pourtant convaincus vous-mêmes qu'elle vaut mieux que la justice », s'exclame Socrate, non sans ironie, face à Thrasymaque, Glaucon et Adimante (*Vérité et politique*, III). Celui qui sait cette propriété du langage peut se maintenir sur la scène, sans se donner la peine d'accommoder sa parole avec quelconque vérité ; « Il dit ce qu'il n'est pas, parce qu'il veut que les choses soient différentes de ce qu'elles sont. » (*Ibid.*, IV) C'est la leçon, celle de la persuasion et du vraisemblable, que Mme de Merteuil donne à la pauvre et sincère Cécile : « Vous devez donc moins chercher à lui dire ce que vous pensez, que ce qui lui plaît davantage. » (L. CV) Manier le langage est le moyen privilégié du séducteur, qui désarme la proie, épuisant sa force devant les assauts des mots, comme le remarque Mme de Merteuil dans sa lettre au vicomte de Valmont à propos de Mme de Tourvel : « Je crois qu'elle les épuisera (les forces) pour la défense du mot. » (L. XXXIII) Dans *Lorenzaccio*, le langage s'apparente aux différents masques qui paradent sur la scène. Le langage n'est pas utilisé pour manifester sa pensée sincère ou son identité, mais pour dissimuler. Lorenzo excelle dans ce détournement de la parole, qui lui permet d'endosser tour à tour les rôles susmentionnés. La maîtrise est telle que le peuple refuse de le croire, lorsqu'il lui dit la seule parole sincère : « tout le monde refuse de me croire. » (Acte IV, 7) Quant au cardinal Cibo, il fait du langage son masque habituel.

3. Le mensonge

Le mensonge, sous toutes ses formes, est l'aboutissement logique du détournement du langage. Il s'agit du moyen le plus efficace pour mystifier l'autre ou induire soi-même en erreur. Faire croire relève de la rhétorique persuasive, du vraisemblable non le vrai. C'est pourquoi le mensonge est inévitable. Le monde est peuplé de masque, où le paraître domine. Le mensonge n'est pas seulement souhaitable, mais obligatoire, comme le remarque la marquise de Merteuil, dans sa lettre d'initiation à Cécile : « Vous dites tout ce que vous pensez, cela peut passer de vous à moi [...] mais avec tout le monde ! avec votre Amant surtout ! vous auriez toujours l'air d'une petite sotte. » (L. CV) Le mensonge, protéiforme, même lorsqu'il est identifié comme tel par la proie, finit par la désarmer. C'est le drame de Mme de Tourvel, qui a tout essayé pour fuir et éconduire le vicomte de Valmont (elle le chasse du château de Mme de Rosemonde ; elle prend la fuite ; dans la lettre XXVI, elle blâme chez lui les procédés par trop artificiels), en vain, puisqu'elle succombe à la fin. C'est le même principe d'activité en politique. Pour persuader le public, le mensonge doit être diffus et sans scrupule, comme le note **Hannah Arendt**, dans *Du mensonge en politique*, I : « le mensonge a pu proliférer au sein de tous les services officiels, tant civils que militaires. » Il est tentant de mentir, car tout propos mensonger aurait pu exister, il est donc vraisemblable. C'est dans le fonds du vraisemblable que le menteur puise ses versions mensongères : « Le menteur possède le grand avantage de savoir d'avance ce que le public souhaite entendre ou s'attend à entendre. » (*Ibid.* I) Le pouvoir persuasif du mensonge est tel qu'il est considéré comme légitime dans l'exercice politique : « Les mensonges ont toujours été considérés comme des outils nécessaires et légitimes. » (*Vérité et politique*, I). Dans *Lorenzaccio*, le mensonge est si subtil que la seconde nature devient elle-même l'identité du personnage. Philipe est perplexe devant Lorenzo : « Es-tu dedans comme au-dehors une vapeur infecte ?» (Acte III, 3) À force de porter des masques mensongers, le personnage est à la fois soi-même et un autre. La victime du mensonge n'est pas seulement l'autre, mais le menteur lui-même qui se dédouble misérablement : « Comment le cœur peut-il rester aussi grand, avec des mains comme les tiennes ?, s'interroge Philippe (*ibid.*) Au demeurant, tous les gens mentent dans ce grand carnaval qu'est Florence : « tout le monde en faisait autant que moi ; tous les masques tombaient devant mon regard. » (*Ibid.*) Le mensonge dénature la société et la politique en spectacle.

Conclusion

Articulées sur le propos de Nietzche, qui stipule que la vie n'est apparemment faite que pour l'apparence mystificatrice, les œuvres considérées ont pu explorer les différentes facettes de cette assertion. Le monde des croyances s'est révélé dans toute sa complexité et sa richesse. L'illusion commence d'abord par le constat amer et décevant de l'insuffisance originelle de la vie. Le monde, en lui-même, est ennuyeux, trivial et n'offre au sujet, assoiffé d'éternité, que la seule mort pour horizon. Elle s'approfondit, ensuite, par la croyance de pouvoir contourner ou dépasser cette insuffisance, en se fiant à un autre monde forgé de bout en bout. Celui de la foi en forces transcendantes, de l'idéologie ou encore la transformation du monde en théâtre. Mais, cette fuite de la vérité dans l'art, a ses limites, car le réel résiste et oppose sa consistance indéniable au factice. Face aux conséquences désastreuses de cette fuite, on renoue avec la vie en elle-même, sans fard ni illusion. Ce retour nécessite d'abord une certaine volonté de savoir, afin de démanteler les mécanismes de la démystification, tel le langage et le mensonge.

L'historien Lucien Febvre dans son livre *Le problème de l'incroyance* au XVIe siècle, écrivait : « Ne pas croire : on dirait [...] qu'il est si facile pour un homme, si peu conformiste qu'on l'imagine d'ailleurs, de rompre avec les habitudes, les coutumes, les lois même des groupes sociaux dont il fait partie [...] alors qu'au contraire le nombre des "esprits forts" qui tentent de secouer le joug est infime ».

➥ *Les trois œuvres au programme confirme-t-elle cette difficulté de rompre avec les croyances dominantes de son époque ?*

MICHEL DELATTRE

Analyse du sujet

- L'historien constate qu'il fut longtemps exceptionnel de ne pas être croyant, parce qu'on risquait d'être réprimé, mais aussi parce qu'il est difficile de ne pas adhérer aux idées dominantes de son époque. Il faut pour cela être un « esprit fort ». Le sujet invite à prendre appui sur les trois œuvres au programme afin de montrer comment elles permettent d'aborder cette difficulté de façon plus large, au-delà du religieux, à propos des croyances, habitudes et coutumes dans lesquelles chacun est immergé.

PROBLÉMATIQUE

▶ Longtemps, la liberté de penser a été fortement entravée, le caractère sacré, non seulement des dogmes religieux, mais également du pouvoir en place, n'admettaient aucune remise en question. La modernité et l'époque contemporaine ont au contraire promu la liberté de conscience, désormais inscrite dans le droit. On peut cependant se demander si ce cela suffit pour permettre réellement de juger par soi-même en s'émancipant du poids des croyances et valeurs collectives.

PLAN

Introduction

Dans ses deux écrits sur les rapports entre vérité et politique, Hannah Arendt rapporte la même anecdote médiévale : un guetteur chargé de veiller à ce qu'aucun ennemi ne vienne attaquer la forteresse, sonne l'alerte par plaisanterie. Tout le monde se précipite sur les remparts et lui-même finit par se laisser prendre à son jeu et attend de pied ferme l'ennemi. Cette fable illustre « dans quelle mesure notre appréhension de la réalité dépend du partage du monde avec les autres hommes, et quelle force de caractère il faut pour s'en tenir à quelque chose, vérité ou mensonge, qui n'est pas partagé. »

Nos jugements et valeurs épousent nombre de croyances communes. Héritiers de la promotion par l'époque moderne de la liberté de pensée et d'expression, puis de son inscription dans le droit au cours des XVIIIe et XIXe siècles, un espace privé de jugement et d'action, échappant aux pressions collectives, nous serait désormais préservé. Les idéologies du XXe siècle et les drames auxquels elles ont conduit aurait même inauguré une « ère du soupçon » généralisé. Nous ne serions plus dupes…

Les Liaisons dangereuses, *Lorenzaccio* et les deux essais politiques d'**Hannah Arendt**, qui couvrent des époques qui sont autant d'étapes de la promotion de la liberté de juger et d'agir en privé, nous permettent d'interroger la réalité de cette possibilité d'« être nous-mêmes ». Nous examinerons d'abord dans ce but le poids de la réputation ; nous nous demanderons également si nous appartenons vraiment à la génération de la libre pensée et de la « fin des idéologies » ; enfin, nous pourrons évoquer les formes possibles de dissidence.

I. Le souci de la réputation

1. L'art de gérer les apparences

Une préoccupation est centrale dans les trois œuvres évoquées : la réputation. Les USA, selon **Arendt**, s'engagent dans la guerre du Vietnam avant tout pour conforter leur image de grande puissance à laquelle les alliés peuvent se fier ; la question de l'image publique de chacun des personnages est centrale dans *Les Liaisons*. Quant à Lorenzo, il doit résoudre en matière de « contre-réputation » une équation complexe : à la fois passer pour un ignoble complice du Prince et pour un allié potentiel des Républicains. L'ancien amateur des arts et des sciences se sera longtemps donné en spectacle sur le théâtre des vices d'Alexandre, simulant la lâcheté et subissant les pires humiliations publiques, pour donner à son projet de régicide une chance d'aboutir.

2. La pudeur des femmes face à la volonté masculine de « conquêtes »

L'image de soi supplanterait donc la réalité. Mais les règles de ce jeu ne sont pas les mêmes pour les femmes et les hommes : « Tout l'orgueil de votre sexe ne suffirait pas pour remplir l'intervalle qui nous sépare » : déclare la Marquise de Merteuil à Valmont dans la longue lettre CXXXI. Parole de libertine, qui vise à montrer qu'elle est parvenue à inverser le système de valeurs dominant où les hommes peuvent s'enorgueillir de ce qui brise la réputation des femmes. Leur image publique est d'autant meilleure qu'ils multiplient ostensiblement les conquêtes tandis que les femmes doivent dissimuler leurs liaisons, toujours dangereuses pour leur réputation. Aussi, la Marquise veille à empêcher ses amants de se prévaloir publiquement de ce qu'elle leur a accordé, en détenant sur chacun un secret qui ruinerait sa réputation. Les hommes n'ont pas ces soucis : « Pour vous autres hommes, les défaites ne sont que des succès de moins. Dans cette partie si inégale, notre fortune est de ne pas perdre, et votre malheur est de ne pas gagner ». — « Mais moi, qu'ai-je de commun avec ces femmes inconsidérées ? », s'exclame-t-elle. Car, au prix d'une stratégie autrement plus subtile que celle de l'engeance masculine, il lui a fallu déployer un art de faire que « ces tyrans détrônés » deviennent « ses esclaves ». Cette stratégie consiste également à jouer la comédie en sachant que « l'amour que l'on nous vante comme la cause de nos plaisirs, n'en est au plus que le prétexte ». Parole que tout homme peut revendiquer à découvert, non une femme qui en serait punie par une réputation, au mieux, de « femme facile ». Deux siècles ont passé. Y échappent-elles toujours ?

On ne plaisante donc pas avec la réputation des femmes. On notera que dans l'*Émile*, Rousseau, souvent cité par **Laclos**, érige en principe que l'éducation de son élève ne doit pas se préoccuper de ce qu'on pense de lui. Sauf pour les femmes. Ce principe alors s'inverse : c'est à leur réputation qu'elles devront en priorité veiller ; et quand elles y failliraient, même innocentes, elles en seraient coupables, les apparences mal gérées prenant soudain le pas sur la réalité. On le vérifie d'ailleurs dans *Lorenzaccio* :

il est remarquable que le seul moment où l'on voit des Républicains passer aux actes, en l'occurrence les frères Strozzi, c'est lorsque la réputation de leur sœur, pourtant innocente, est mise en cause.

A contrario, lorsque ce souci de la réputation disparaît, c'est un signe de décadence. Les mœurs de Florence sont tellement dégradées que, dit Lorenzaccio : « les mères pauvres soulèvent le voile de leurs filles pour laisser voir leur beauté, quand [il s]'arrête au seuil de leurs portes ».

3. Le souci de leur image chez les grandes puissances

Dans un autre domaine, la communication politique est, elle-aussi, gouvernée par le souci d'entretenir une « image », au sens où en parle Arendt. Le comportement des USA au moment de la guerre du Vietnam en est selon elle l'illustration : cette guerre n'aurait aucune autre cause crédible que le souci de veiller à la réputation de ceux qui la déclenchèrent. Les incidents du Golfe du Tonkin auraient été instrumentalisés pour justifier l'action de l'armée américaine au Vietnam, la décision ayant été prise des mois auparavant. Ce souci de l'image impose de « [se] comporter comme la plus grande puissance du Monde », au chevet de ses alliés, fussent-ils « un petit pays arriéré »... La publication des *Documents du Pentagone* a révélé que l'objectif n'était pas d'accroitre la puissance américaine ; il n'était pas économique ; pas même, à bien y regarder, de soutenir la population sud-vietnamienne, de contenir l'influence chinoise ou de faire reculer le communisme dans le Monde. Et même lorsque la défaite apparaîtra inévitable, il s'agira essentiellement de « sauver la face » – de préserver la réputation des USA en tant que gendarme du Monde et partenaire fiable de ses alliés.

II. Le poids des préjugés dominants

1. Croyances religieuses et valeurs publiques

Dans la transmission et la gestion des valeurs dominantes, la religion, telle que présentée dans *Les Liaisons* et dans *Lorenzaccio* joue un rôle important et ambigu, voire hypocrite. Les cérémonies religieuses, la confession, le couvent, concourent en effet au maintien d'un ordre social en conférant une dimension sacrée à des valeurs solidaires de cet ordre. Et par définition, le sacré est ce qui n'admet aucune remise en question.

Les libertins prennent donc leur distance avec les dévotes et dévots mais, comme on le voit dans l'entreprise de Valmont auprès de la Présidente, la croyance religieuse dresse des obstacles à qui veut séduire. En enfermant les jeunes filles jusqu'à l'heure de leur mariage, elle protège au moins momentanément leur vertu, au risque, comme on le voit avec Cécile, de les rendre vulnérables. Mais inversement, c'est l'intercession d'un ecclésiastique naïf qui permettra le retour de Valmont vers Mme de Tourvel, après sa première rupture. Et c'est le confesseur de Merteuil adolescente qui, par la rigueur de sa condamnation de la sexualité, l'amène à conclure que le mal étant décrit si grand, le plaisir doit être extrême. À l'issue de cette association entre l'interdit, le désirable et leur instrumentalisation par un pouvoir diffus, association que le philosophe Michel Foucault n'aurait pas désavouée, « au désir de le connaître succéda celui de le goûter. »

La représentation du religieux dans *Lorenzaccio* n'est guère plus reluisante : Alexandre est un bâtard du pape qui exerce une autorité fictive, encadrée par le cardinal Cibo. La façon dont ce cardinal manipule sa belle-sœur en vue d'en faire, via un adultère, la complice de son contrôle du Duc permet à Musset, par le détour d'une action située au XVIe siècle, d'évoquer les luttes anticléricales du XIXe siècle, dénonçant à la fois la volonté catholique de s'immiscer dans les affaires politiques et les tartufferies de l'Église : « Ce qu'on appelle vertu, est-ce donc l'habit du dimanche que l'on met pour aller à la messe ? », demande Philippe Strozzi. Anticléricalisme, plus qu'hostilité systématique envers la religion, car déjà Mme de Merteuil dénonçait le fait d'« avoir pour le prêtre, le respect et la foi qui n'est due qu'à la divinité » (Lettre LXXXI).

2. Les dessous de la condition féminine

Les préjugés relatifs à la réputation respective des hommes et des femmes, déjà évoqués, sont en réalité l'instrument d'une domination réelle, qui mérite d'être interrogée. Si la gestion des apparences permet à une femme comme la Marquise de passer pour « une femme honnête et qui conserve toute la modestie convenable à son sexe », on observe alors de sa part une forme résiduelle de soumission à cet ordre. La libération de la libertine ne va pas jusqu'à braver l'opinion publique à découvert. C'est que les représentations sociales sur ce sujet ont une efficacité qui tient à ce qu'elles sont partagées par ceux qui en tirent bénéfice et celles qui en sont victimes. Version masculine : « La femme qui garde une volonté à elle, n'aime pas autant qu'elle le dit » écrit Valmont à Danceny (Lettre LXXXIX). Version féminine : « L'homme jouit du bonheur qu'il ressent, et la femme de celui qu'elle procure » dit Madame de Rosemonde à la Présidente, dans la Lettre CXXX, qui doit être lue comme le constat d'une fatalité qui, ignorée, expose à la perdition. Pour des raisons comparables les femmes, plus que les hommes, doivent également avoir le souci de leur apparence physique, atout de leur image sociale. Les descriptions des *Liaisons* s'y attachent, jusqu'au contre-exemple qu'est la vérole de la Marquise : « maintenant, son âme était sur sa figure ». Aussi, si dans *Les Liaisons* comme dans *Lorenzaccio*, les femmes sont des proies, d'une façon qui n'est pas davantage réconfortante, elles perdent tout attrait, passé un certain âge, comme c'est le cas de Mme de Rosemonde et de la mère de Lorenzo. On remarque d'ailleurs, à ces deux exceptions près, l'absence totale de femmes qui ne seraient pas présentées comme désirables.

3. Les idéologies politiques

À ces préjugés sociaux s'ajoutent les croyances politiques, qui prennent souvent la forme d'idéologies : ces processus par lesquels, comme les décrivait le sociologue Émile Durkheim à la fin du XIXe siècle, un système d'idées logiquement cohérentes viennent se substituer à la connaissance des faits. On a ainsi vu comment un certain souci de préserver une image de soi dans le contexte de la Guerre froide, avait conduit les États-Unis à falsifier la réalité. Dans ce processus, Hannah Arendt met en cause « les spécialistes de la résolution des problèmes » (que dans le langage actuel on nommerait technocrates), déconnectés de la réalité, à laquelle ils substituent leurs calculs et raisonnements abstraits. Ils sont eux-mêmes victimes de croyances dont ils n'imaginent pas qu'elles puissent être légitimement contestées. C'est pourquoi, selon Hannah Arendt, « l'échec désastreux de la politique américaine d'intervention armée ne résulte pas en fait d'un enlisement, mais bien du refus délibéré et obstiné, depuis plus de vingt-cinq ans, de toutes les réalités, historiques, politiques et géographiques ».

Mais Arendt évoque pire : les entreprises de « mensonges organisés » par les gouvernements totalitaires, qui visent à substituer à la réalité une représentation d'ensemble totalement reconstruite et suffisamment cohérente en apparence pour être admise par l'opinion publique (« la fabrication d'une autre réalité »). On doit bien admettre que c'est le spectacle qu'offrent, non seulement les fanatismes encouragés par les embrigadements politiques ou religieux, mais, même si c'est à un moindre degré, tous les aveuglements partisans.

L'habileté des politiques consiste alors à façonner l'opinion publique en usant des moyens de propagande susceptibles d'obtenir l'adhésion générale. Ces manipulations, comme le dénonce « Vérité et Politique », s'inspirent des méthodes publicitaires qui ont fait le succès de *Madison Avenue*, c'est-à-dire de la consommation de masse. Cela a pour effet que – et pas seulement dans les États totalitaires – « tout un groupe de gens, et même des nations entières, peuvent s'orienter d'après un tissu de tromperies auxquelles leurs dirigeants souhaitaient soumettre leurs opposants ». On peut même sans doute aller plus loin et se demander si cette habileté ne consiste pas parfois à présenter comme vérité démontrée ce qui n'est qu'un choix politique parmi d'autres possibles, habileté qui débouche sur le fameux « *there is no alternative* », qui est la négation même de la politique.

Arendt prend pour exemple d'idéologies les nombreuses formes de tromperies collectives qui ont proliféré dans les deux camps de la Guerre froide. L'anticommunisme viscéral conduisait à méconnaître les horreurs commises au Vietnam et à négliger certaines misères populaires et certaines politiques néocoloniales. La propagande pro-soviétique conduisaient à ignorer les goulags. C'est en suivant cette logique d'illusions partagées qu'ont été possibles des décennies d'effacement de la vérité historique et scientifique, jusque dans les manuels scolaires, qui conduisirent à une adhésion massive à des contrevérités, ce que savaient très bien pratiquer le lyssenkisme sous le régime soviétique, ou le « Ministère de l'éducation du peuple et de la propagande » sous le nazisme.

Si la politique est trop souvent un art du mensonge selon **Arendt**, dans *Lorenzaccio*, elle n'est qu'un simulacre d'exercice du pouvoir, du moins si l'on parle de celui du Duc, marionnette dont le Pape et Charles Quint sont les metteurs en scène et dont la Cardinal Cibo tire les ficelles : « préfet de Charles Quint, commissaire civil du Pape » dit la Comtesse de Cibo. Le peuple le sait ; les « républicains » également. On peut cependant aller plus loin : la tyrannie que les débauches du Duc exerce sur le peuple, n'est qu'une mascarade dissimulant que les vrais pouvoirs et enjeux sont ailleurs. Car après le meurtre du tyran, il suffit de changer de marionnette. Personne ne s'y oppose. L'exercice du pouvoir apparent est un simulacre, efficace, dissimulant ceux qui en sont les vrais bénéficiaires.

III. Les figures de la marginalité

1. L'exemple des libertins

Le constat des très nombreux mécanismes conduisant à diverses formes de croyances collectives invite alors à se demander si ce qui prendrait la forme d'une dissidence est possible.

Un premier exemple de cette dissidence pourrait être cherché dans la posture des libertins, telle que décrite dans *Les Liaisons*. Cette posture est certes figurée comme une rupture avec les croyances dominantes et une indifférence vis-à-vis de l'opinion : « Si j'ai trop méprisé, peut-être, les vaines clameurs d'un public dont je fais peu de cas, il n'en est pas ainsi de votre estime » écrit Valmont à la Présidente (lettre XXXV). Voire… Quant à la Marquise dans la Lettre LXXXI, elle déclare que ses principes ne sont pas ceux des autres femmes, « donnés au hasard, reçus sans examen, et suivis par habitude », car, dit-elle : « Je puis dire que je suis mon ouvrage ». Mais pour l'un comme l'autre, nous avons observé que les croyances dominantes sont certes contournées, mais certainement pas ignorées et encore moins combattues au grand jour. Et surtout : ils ne remettent pas en cause l'ordre établi, ils en jouent. De leur correspondance transparait ainsi la conviction partagée d'appartenir à un monde supérieur, ce qui les conduit à mépriser leur entourage. Leur libertinage les inscrits incontestablement dans la marginalité, mais cela passe par une nouvelle forme de domination. On peut à ce sujet se demander s'il n'y a pas quelque chose de commun entre la morgue aristocratique et tyrannique d'Alexandre et le mépris des libertins pour leurs victimes.

2. L'espace de l'art et des sciences, un espace de retrait ?

Les trois œuvres évoquent un autre espace de marginalité : celui des arts et des sciences. Les scientifiques et historiens, auteurs de vérités rationnelles ou factuelles, selon **Arendt**, se mettent en danger dès qu'ils prétendent les opposer aux croyances du plus grand nombre. Désormais, « tandis que probablement aucune époque passée n'a toléré autant d'opinions diverses sur les questions religieuses ou philosophiques, la vérité de fait, s'il lui arrive de s'opposer au profit et au plaisir d'un groupe donné, est accueillie aujourd'hui avec une hostilité plus grande qu'elle ne le fut jamais ». À tel point, pour prendre des exemples limites, qu'il était encore plus dangereux de révéler l'existence des chambres à gaz ou des goulags, qui n'étaient selon elle aucunement des secrets, que d'exprimer des opinions critiques sur le nazisme ou le communisme.

Les arts constituent-ils une autre forme de retrait ? La question est loin d'être tranchée. Présentés comme complice de la religion dans *Lorenzaccio*, ils contribuent à ce qu'elle soit perçue comme « une colombe compatissante qui plane sur tous les rêves et tous les amours » (Acte II, sc. 2). Le peintre Tebaldeo en est l'illustration, dont la foi, apparemment sincère, concerne davantage les représentations picturales du divin que les turpitudes du clergé réel : « je suis un desservant bien humble de la religion de la peinture ». Celle-ci y est présentée par son auteur comme l'art de « réaliser des rêves ». Mais s'il refuse de souiller son art en acceptant de peindre le portrait d'une courtisane, il n'ignore pourtant pas que « l'art, cette fleur divine, a quelquefois besoin du fumier pour engraisser le sol qui la porte ». Lorenzo n'a guère de mal à dénoncer la stérilité sociale d'une telle démarche : « les familles peuvent se désoler, les nations mourir de misère, cela échauffe la cervelle de monsieur ». Image renforcée par les deux précepteurs des enfants Strozzi et Salviati, caricatures burlesques exclusivement préoccupées par un sonnet sur la liberté, alors que, suite à l'assassinat du Duc, la ville est en effervescence.

3. La dissidence politique

On retrouve une stérilité politique comparable à celle de l'espace esthétique dans l'attitude des républicains. Leur engagement politique se réduit au bout du compte à l'amour des mots : « Aligneurs de mots », traducteurs et débiteurs de vers latin, cet engagement se réduit lui aussi à se référer à des rêves : « « La liberté, la patrie, le bonheur des hommes, tous ces mots résonnent [...] comme les cordes d'une lyre ». Ils ne sont à leur façon pas moins déconnectés de la réalité sociale que les « spécialistes de la résolution des problèmes » dénoncés par Arendt.

La trajectoire qui conduit de Lorenzo, lui-même amoureux des arts, à Lorenzaccio, le tyrannicide devenu nihiliste et dénonçant auprès de Philippe Strozzi les dangers de l'idéalisme et du romantisme politiques, conforte ce sentiment que la dissidence n'est pas une voie sans écueil.

Conclusion

Les trois œuvres évoquées nous dressent un tableau très pessimiste quant à la possibilité de rompre avec les croyances et les réalités de l'époque dans laquelle on se trouve. S'il n'est pas faux, comme l'écrivait Hegel, « que chacun est fils de son temps » et que « nul ne peut sauter au-dessus de son époque », il n'est pas non plus exact – et là n'était d'ailleurs pas sa thèse – qu'on ne puisse ni échapper aux croyances et préjugés collectifs, ni transformer le système de valeurs dans lequel on se trouve inscrit. À certains égards, les trois œuvres nous permettent de mesurer la distance parcourue à travers le temps, même s'il ne s'agit que d'une partie du chemin : la perception des femmes et leur domination par les hommes ne correspondent plus vraiment au tableau proposé par *Les Liaisons* ou par *Lorenzaccio*, pas plus que le statut de la sexualité. Les idéaux républicains se sont davantage inscrits dans la réalité politique depuis le XIXe siècle et *a fortiori* depuis la Renaissance florentine. Et les oppositions massives du peuple américain à la guerre du Vietnam ont très certainement contribué au retrait des G.I. Cela ne signifie évidemment pas que dans ces différents domaines, des avancées nouvelles ne soient pas souhaitables, mais ces constats permettent au moins d'affirmer qu'elles sont possibles.

« Faire croire » au cinéma, quelques exemples…

PHILIPPE HENRY

Voici six films en particulier, à voir ou à revoir, qui pourront accompagner votre réflexion sur le thème « faire croire », et permettront d'illustrer à propos vos dissertations. Naturellement c'est un choix arbitraire et de nombreuses autres références pourraient également convenir. Notez que *Lorenzaccio* a très peu d'adaptations filmiques, du moins qui seraient faciles à se procurer. Néanmoins il existe sur la chaîne INA une représentation filmée avec Francis Huster dans le rôle-titre, mise en scène par Franco Zeffirelli, et réalisée par Jean-Paul Carrère (1977).

Les liaisons dangereuses, de Stephen Frears, avec Glenn Close, Michelle Pfeiffer, Uma Thurman, Keanu Reeves, John Malkovich (1988)

Le cinéma dépeint ici des individus qui font croire ce qu'ils ne sont pas, font croire à des intentions et des sentiments qu'ils n'ont pas. Michelle Pfeiffer incarne une Madame de Tourvel touchante, sensible, croyante et amoureuse, fidèle en cela au roman par lettres. En revanche, Uma Thurman, jouant Cécile Volanges, paraît tout au contraire sensuelle, non sans maturité, en cela moins ingénue que ne le laissait penser l'auteur originel. Le film brille par l'excellence des interprètes, le côté cérébral de l'intrigue étant bien restitué par une photographie épurée. En particulier les rôles de Valmont et de la marquise de Merteuil sont inquiétants, nimbés d'un mysticisme à rebours. Comme une anticipation des rôles de *John Wick* et de Neo, combattant à l'épée, l'ingénu Danceny joué par Keanu Reeves devient meurtrier, à contre-cœur, à la fois de son rival, i.e. Valmont / Malkovich, et dernier instrument du meurtre symbolique de la marquise de Merteuil, qui sera unanimement huée à l'opéra, jouée ici par l'inoubliable Glenn Close (dernier plan, fondu sur fond noir d'un visage en pleurs, regard caméra). Sans doute un chef-d'œuvre.

Valmont, de Milos Forman, avec Annette Bening et Colin Firth (1989)

Autre adaptation des *Liaisons*, ce second film, qu'on pourrait qualifier de reconstitution historique, davantage encore que pour le précédent, a une tonalité cependant comique, voire farcesque par endroits. Le message est peut-être plus optimiste et moins « moralisateur » que celui de la précédente adaptation. Colin Firth joue un Valmont sympathique, une sorte de pitre d'apparence juvénile et bienveillant, comme s'il avait perdu tout le côté inquiétant et désincarné du personnage dans l'interprétation de John Malkovich. Le personnage de Colin Firth est tendre par moments, inventif, astucieux, et son valet Azolan, plus rondouillard, plus maladroit, fait parfois penser au Sganarelle de Molière, celui de *Dom Juan ou le Festin de pierre*. Le film brille par ses décors et continue l'exploration par Milos Forman du monde étincelant du XVIIIe siècle, tel qu'imaginé par lui dans son *Amadeus* de 1984.

Ne pas oublier la version de Roger Vadim, avec Gérard Philipe et Jeanne Moreau (1959), ainsi qu'une série créée par Harriet Warner (2022-2023) conçue comme « prequel » à l'intrigue de Choderlos de Laclos. Des épigones d'adaptations plus libres encore des *Liaisons*, ajustées au monde contemporain, abondent, dont *Sex Crimes* de John McNaughton (1998), *Sexe Intentions* de Roger Kumble (1999), et le non moins dispensable *Liaisons dangereuses* de Rachel Suissa (2022).

Pentagon papers (aka *The Post*), de Steven Spielberg, avec Meryl Streep, Tom Hanks (2017)

Dans ce cas, l'illusion vient d'une forme de mensonge gouvernemental, à l'échelle de tout un pays : c'est le récit à la fois du redressement financier d'un journal, le *Washington Post*, et la mise au jour de documents extraits d'une étude secrète du Pentagone, sur la commande à l'origine de Robert McNamara, détaillant les déboires de l'armée américaine au Vietnam et la connaissance éhontée d'un échec inéluctable, mais caché à la nation – l'État américain mentant sans vergogne à son peuple, et ce depuis des années. C'est le débat sur la contradiction entre vérité de fait et vérité de droit, c'est l'important conflit de valeurs engendré par la prétendue « raison d'État », ou plutôt déraison d'un gouvernement obtus, qui aboutira – c'est la dernière séquence du film – au scandale du Watergate, le cambriolage raté du siège de campagne démocrate en 1972, scandale qui mettra fin à la présidence de Richard Nixon deux ans plus tard. Nous voyons comment les journalistes travaillent, à tâtons, par l'intermédiaire d'appels téléphoniques depuis des cabines de rue, souvent écourtés, à cause des écoutes du gouvernement. Tom Hanks, en rédacteur en chef, et Meryl Streep en propriétaire de journal, sont époustouflants de vérité. Ou comment le cinéma « fait croire » et emporte les spectateurs. Une citation du film est à rapprocher des propos d'Hannah Arendt, sur la démocratie : « sa mission est de servir les gouvernés et non les gouvernants ». Voilà un hommage très réussi à la liberté de la presse, et à l'importance de rendre publique toute vérité de fait afin de pouvoir en débattre.

Notons aussi l'existence, produit par Netflix, du film *The Landromat* de Steven Soderbergh, avec Meryl Streep, Gary Oldman, Antonio Banderas (2019). C'est, là aussi, un peu la version comique du film précédent : l'affaire des Panama Papers, racontée de façon burlesque. Notons l'existence d'autres films importants sur le thème du dévoilement d'un mensonge d'État, ou d'ordre financier, ou encore institutionnel, par exemple concernant les abus de l'Église : *Les hommes du président* d'Alan Pakula avec Robert Redford et Dustin Hoffman (1976) sur l'action de deux journalises du Washington Post pour révéler le Watergate, *The Big Short* d'Adam McKay, avec Christian Bale (2015), relatant l'escroquerie des « subprimes » aux USA en 2008, *Spotlight* de Tom McCarthy, avec Michael Keaton, Rachel McAdams et Mark Ruffalo (2015), sur la révélation des abus sexuels au sein de l'Église catholique américaine. Signalons, sur un thème similaire, le très bon film de François Ozon, *Grâce à Dieu*, avec Melvil Poupaud (2018).

Citizenfour, de Laura Poitras, avec Edward Snowden, Laura Poitras, Glenn Greenwald, Julian Assange (2014)

Ce film documentaire sur Edward Snowden, ex-ingénieur des réseaux informatiques employé par la NSA, a reçu de nombreux prix, dont l'Oscar du meilleur documentaire en 2015. C'est ce film qui a contribué à sécuriser le lanceur d'alerte, tout en rendant publiques ses découvertes : les États-Unis d'Amérique ont mis en place un réseau planétaire de surveillance d'Internet et des ondes radio millimétriques (les micro-ondes GSM de nos téléphones portables). Selon Snowden, nous sommes surveillés, en permanence, et rien ne peut échapper à ce réseau, sauf précautions draconiennes (expliquées par Snowden dans le film). Les « Five Eyes », USA, Canada, Angleterre, Australie, Nouvelle-Zélande, coopèrent étroitement pour enregistrer tout message, quelle que soit sa nature ou son contenu, à l'échelle mondiale, des individus comme des sociétés. Nous croyons échapper à toute intrusion dans nos communications privées, alors que c'est exactement l'inverse qui se produit : notre monde numérique est sous écoute permanente. À noter aussi la fiction *Snowden* d'Oliver Stone, avec Joseph Gordon-Lewitt et Shailene Woodley (2016).

Matrix, de Lana et Lilly Wachowski, avec Carrie-Anne Moss, Laurence Fishburne, Keanu Reeves, Hugo Weaving (1999)

Lorsque c'est le monde qui est fabriqué, corrompu, quand le monde nous fait croire être réel. Ici la vacuité des apparences éclate au grand jour : comme aurait très bien pu l'expliquer Kant, personne n'a aucune idée de ce qu'il est, le réel, au fond nous n'en connaissons que les phénomènes, c'est-à-dire qu'une interprétation très partielle, dépendant étroitement de filtres, de grilles qui structurent notre esprit. Cette fiction qui donnera lieu à une fresque de pas moins de quatre épisodes est fondée sur le premier roman de William Gibson, *Neuromancien*, paru en 1984. La vérité sur toutes choses, c'est qu'une matrice informatique simule la réalité, c'est donc la « Matrice », qui est au cœur de ce film de science-fiction hors-norme, et dont les suites ne font que démultiplier ce message originel. Dans cette réalité programmée, décidée par une Intelligence Artificielle toute-puissante, quelques humains, dont Thomas Anderson aka Neo (joué par Keanu Reeves), Morpheus (interprété par Laurence Fishburne), et Trinity (incarnée par Carrie-Anne Moss), résistent. Ce petit groupe d'humains, destiné à s'accroitre et se diversifier au fil des volets successifs, est en prise avec une entité informatique, d'apparence humaine, l'Agent Smith (rôle tenu par Hugo Weaving), sorte d'antivirus surpuissant. Le film interroge les divers degrés de réalité ou d'illusion que recèle notre monde, voire tous les mondes possibles. Non seulement c'est le cinéma qui nous « fait croire », après l'amour et la politique, mais c'est l'existence en tant que telle qui exige de « croire » pour survivre. D'autres films mettent en scène cette falsification métaphysique du réel, notamment *Brazil* de Terry Gilliam avec Jonathan Pryce (1985), *The Truman Show*, de Peter Weir avec Jim Carrey (1998), ou encore *The Island* de Michael Bay, avec Scarlett Johansson et Ewan McGregor (2005).

La nuit de Varennes, d'Ettore Scola, avec Jean-Louis Barrault, Marcello Mastroianni, Jean-Claude Brialy, Hanna Schygulla, Harvey Keitel (1982)

Enfin il faut envisager, articulés ensemble, l'existence d'individus rusés, libertins, et d'un monde en pleine mutation, en pleine incertitude : quel meilleur cadre pour l'expérimenter que l'été 1791 en France, en pleine période révolutionnaire. Dans une première partie, le spectateur assiste à la course à cheval et en voiture de Restif de la Bretonne, interprété par l'inoubliable Jean-Louis Barrault, qui souhaite rattraper la malle-poste partie vers l'est de la France. Ce faisant, rencontre improbable quoique non impossible historiquement, entre Restif et Casanova, joué par un Marcello Mastroianni transfiguré, habité de philosophie. La seconde partie, plus inquiétante, se situe à Varennes, dans une auberge où ont été retrouvés le roi, la reine et leurs enfants (joués quasiment hors-champ par Michel Piccoli et Éléonore Hirt, non crédités). Là, l'extraordinaire Jean-Louis Trintignant, alias Monsieur Sauce, déclame sa haine du désordre et le bonheur d'avoir serré le roi sur son cœur : « chut, il ne faut pas réveiller les enfants ! » Le peuple ne veut pas que le roi soit caché, il ne veut pas sa fuite, mais il ne veut pas non plus la mort du roi : le peuple veut que le roi, la reine et leurs enfants rentrent à Paris. Le roi est comme un père dont on exige qu'il reste à la maison. L'aristocrate interprétée par Hanna Schygulla, réfugiée à l'auberge, se prosterne devant l'habit royal qu'elle a précieusement conservé. En même temps, la foule est une poudrière munie de flambeaux, elle chante la Carmagnole, la misère est là : tout peut exploser à chaque instant. Notons enfin que les mots de la séquence finale énoncés par Jean-Louis Barrault sur le monde de 1992 sont réellement de Restif de la Bretonne.

Les auteurs

- **Patrice Begnana** : Agrégé de Philosophie, a enseigné pendant dix-sept ans le français-philosophie en classes préparatoires scientifiques, enseigne actuellement en CPGE EC au lycée Paul Gauguin de Papeete (Tahiti).
- **Audrey Blind :** Agrégée de Lettres modernes, licenciée de philosophie, elle enseigne en lycée ainsi qu'en CPGE scientifiques au Lycée Albert Schweitzer de Mulhouse depuis 2014. Elle est membre de jury de concours depuis 2019. Elle a publié trois articles sur la poétique de Paul Claudel en participant à des colloques et séminaires de recherche.
- **Adrien Bordais** : Professeur agrégé de Philosophie, enseigne actuellement au lycée de la Perverie à Nantes.
- **Brahim Boumeshouli** : Professeur agrégé de Lettres, titulaire d'un Master de recherche en littérature de l'Université de Dijon, doctorant en Lettres (sur l'œuvre de Jean Echenoz). Il enseigne le français-philosophie au centre des classes préparatoires aux grandes écoles, Salmane Al Farissi, à Rabat-Salé. Il enseigne Français-Philosophie au lycée d'excellence (CPGE) de Benguérir au Maroc.
- **Michel Delattre** : Agrégé de philosophie, titulaire d'un DEA sur Michel Foucault, a été tour à tour professeur de philosophie en lycée (dont classes préparatoires) et en Instituts de formation des maîtres ; chargé de cours à l'Université d'Aix en Provence ; enseignant et responsable du site de Gennevilliers de l'Université de Cergy-Pontoise ; enseignant en philosophie politique, directeur des études et en charge des concours et de la démocratisation à Sciences Po Saint-Germain-en-Laye. Auteur des ouvrages *Le Devoir*, *La Raison* et *Platon* aux Éditions Quintettes, d'une édition commentée des *Méditations Métaphysiques* de Descartes aux Éditions Hatier, où il a été directeur de collection pour la Philosophie, et de contributions à des ouvrages collectifs aux Éditions Ellipses.
- **Lahoucine El Merabet** : Docteur en littérature française, agrégé de Lettres modernes, ancien élève de la faculté des lettres d'Ibn Zohr à Agadir, de la faculté des Sciences de l'Éducation et de l'École Normale Supérieure à Rabat, membre du Laboratoire d'études et de recherches en langue, littérature, culture et identité (LLCI) à la faculté des Lettres et des Sciences humaines d'Agadir, auteur de *L'écriture du temps dans Sylvie de Gérard de Nerval* (2016), de *La Sensibilité pensante à l'œuvre dans Le Livre du sang de Khatibi* (2018), de *La vérité littéraire entre la sensibilité et la pensée chez Gérard de Nerval* (2020) et d'une trentaine d'articles littéraires et philosophiques parus aux Éditions Ellipses. Il enseigne Français-Philosophie au lycée d'excellence (CPGE) de Benguérir au Maroc.

- **Dalie Farah** est romancière et dramaturge. Agrégée, elle enseigne la littérature et la philosophie à des classes préparatoires au lycée Jean Zay de Thiers. Elle publie ses romans aux Éditions Grasset : *Impasse Verlaine* (2019, Poche 2021) ; *Le Doigt* (2021, Poche 2023) ; *Retrouver Fiona*, (2023, Poche 2024) Dalie Farah entreprend un travail d'écriture théâtral ancré dans sa ville : *Gens de Clermont*. Elle utilise aussi la comédie pour aborder des sujets philosophiques comme *L'apocalypse de Suzanne* qui interroge la manière d'aimer au XXIe siècle. Elle écrit et publie aussi des critiques et des chroniques (littérature, théâtre, danse, cinéma). daliefarah.com
- **Nadège Goldstein** : Professeure agrégée de chaire supérieure en Philosophie enseignant en classe de khâgne (première supérieure Lettres ENS LSH Lyon) au lycée Masséna de Nice, chargée de cours à la faculté de Nice depuis 2001, ayant enseigné 12 ans en CPGE scientifiques.
- **Valentin Grimaud** : ancien élève de l'École Normale Supérieure de Lyon, agrégé de lettres modernes, il enseigne dans un lycée francilien ainsi qu'à des publics du supérieur (ENSTA Paris ; Université Gustave Eiffel). Il publie par ailleurs des ouvrages sur la voix dans les musiques populaires (*Mariah Carey, Casta Diva*, 2020, *Céline Dion. Vestale*, 2022, éditions Le mot et le reste, «Le Rossignol et la Banshee», revue *Audimat*), et travaille comme co-auteur et traducteur pour Grasset.
- **Philippe Henry** Professeur de Philosophie au lycée Pierre de La Ramée à St-Quentin, après avoir été principal-adjoint d'un collège, et professeur de lettres-histoire en lycées professionnels. Auteur de trois recueils de poésie en auto-édition chez Amazon.
- **Mustapha Jbilou** : Ancien élève de l'ENS Martil au Maroc, agrégé de français et major de sa promotion, il enseigne Français- philosophie dans le centre CPGE Al Khansa à Casablanca et la communication à L'université Mohamed VI des sciences et de la santé (UM6SS). Il publie fréquemment des articles chez Ellipses.
- **Laurence Lecarpentier :** Agrégée de Lettres modernes, ancienne élève de l'université de Tours et de l'université Paris-IV Sorbonne, correctrice de plusieurs concours d'écoles d'ingénieurs, elle enseigne en CPGE scientifiques depuis treize ans au lycée Vaucanson de Tours.
- **Milène Moris** : Agrégée de Lettres modernes et docteur en Lettres. Elle enseigne en filière scientifique en CPGE au lycée Richelieu de Rueil-Malmaison et au lycée Jacques Prévert de Boulogne-Billancourt. Sa thèse : «Vision et poésie dans l'œuvre romanesque de Sylvie Germain», a été publiée aux éditions Honoré Champion.
- **Vincent Puymoyen** : Professeur certifié de Lettres modernes, enseigne au lycée Jules Lesven à Brest, interrogateur en CPGE aux lycées Jules Lesven et La Pérouse-Kerichen. A publié des textes poétiques dans diverses revues (*Encres vives* et *La revue littéraire*, Leo Scheer) ainsi que deux romans noirs, *Le carré parfait* et *Le manoir* aux éditions Ovadia, avril 2023.

- **Julie Reynaud** : Agrégée et docteur en Philosophie, enseigne en Classes Préparatoires ECS et PCSI au lycée Joffre à Montpellier, en ECE au lycée La Merci à Montpellier. Elle est, d'autre part, chargée de cours en licence de Philosophie à l'Université Montpellier III, Paul Valéry.
- **Sophie Rochefort-Guillouet** : Ancienne élève de l'École Normale Supérieure en Lettres classiques et de l'Institut d'Études Politiques de Paris, enseigne l'Histoire comparée de l'Europe et de l'Asie et l'Histoire de l'Art à Sciences-Po Paris ainsi que la Littérature à l'Université de Rouen, dans la section Humanités et Monde contemporain du département des Lettres et Sciences humaines.

Dépôt légal : juin 2023 N° imprimeur : 062375663

Imprimé en France par Présence Graphique - Monts.